Die moderne Zivilisation ist ohne Elektrizität undenkbar. In Deutschland überziehen 30000 Kilometer Hochspannungsleitungen das Land. Etwa 12000 Kilometer Oberleitungen erstrecken sich den Bahngleisen entlang. Ca. 18000 Rundfunk- und Fernsehtürme erheben sich – nicht gerade idyllisch – auf Hügeln und Bergen. In absehbarer Zeit werden C- und D-Mobilfunknetze von etwa 10000 Funktürmen gespeist. Daß diese künstlich geschaffenen elektromagnetischen Felder auch biologische Auswirkungen haben, wird heute kaum mehr bestritten. Heftig umstritten ist jedoch die Intensität und das Ausmaß der vom sogenannten Elektro- und Magnetosmog ausgehenden Gefährdungen für das Wachstum und die Gesundheit von Pflanzen, Tier und Mensch.

In Zusammenarbeit mit der Forschungsstelle für Politische Ökologie an der Universität München hat die Schweisfurth-Stiftung es verdienstvollerweise unternommen, sowohl die natur- als auch die sozialwissenschaftliche Dimension der Problematik umfassend vorzustellen. Die Beiträge zu diesem Band reichen denn auch von der Geschichte der Elektrifizierung über die medizinische Würdigung der Gesundheitsgefährdungen bis hin zu möglichen baubiologischen und rechtlichen Konsequenzen zum Schutz der menschlichen Gesundheit.

Herausgeber und Autoren: siehe S. 266ff.

Strom des Lebens – Strom des Todes

Elektro- und Magnetosmog im Kreuzfeuer

Herausgegeben von
Peter Cornelius Mayer-Tasch und
Bernd Michael Malunat

Fischer
Taschenbuch
Verlag

fischer alternativ
Eine Reihe des Fischer Taschenbuch Verlags
Herausgegeben von Rudolf Brun

3.–4. Tausend: September 1995

Originalausgabe
Veröffentlicht im Fischer Taschenbuch Verlag GmbH,
Frankfurt am Main, März 1995

Gesamtherstellung: Clausen & Bosse, Leck
Printed in Germany
ISBN 3-596-12483-2

Gedruckt auf chlor- und säurefreiem Papier

Inhalt

Vorwort

Der Strom, von dem im Titel wie auch in den einzelnen Beiträgen dieses Bandes (zumindest auch) die Rede ist, durchfließt unser Land und unser Leben von Norden nach Süden, von Westen nach Osten, vice versa, kreuz und quer. Paradoxerweise ist er der »Tropf«, an dem unser leibliches Leben und Streben inzwischen allenthalben hängt. Mit diesem Strom sind wir allesamt aufgewachsen. Von Kindheit an ist er uns zur Selbstverständlichkeit geworden – zu einem zwar mit einigen Besonderheiten behafteten, aber eben doch hilfreich-harmlosen Gefährten unseres Handels und Wandels.
Daß dieser ach-so-hilfreiche Gefährte jedoch alles andere als harmlos ist, ist nur wenigen bekannt gewesen, wurde nur zögernd und ungern zur Kenntnis genommen. Und auch heute noch, da sich die wissenschaftlichen Belege für die von ihm ausgehenden Gesundheitsgefährdungen mehren, sind die Verdrängungs-, Verschleierungs- und Verzögerungskünstler nicht minder allgegenwärtig wie der trojanische Reiter selbst. Verdrängt wird, weil man auf seine Dienste nicht mehr verzichten kann oder will; verschleiert wird, weil an ihm direkt und indirekt viel verdient wird; verzögert wird (die Aufklärung nicht zuletzt durch die öffentliche Hand), weil ihre wirtschaftlichen und politischen Interessen mit denen der Stromerzeuger und (indirekt auch) der Elektroindustrie aufs engste verflochten sind und den Vertretern derselben auch schon allzuviel Macht eingeräumt worden ist. »Alle (von der Bundesregierung geförderten) Forschungsvorhaben«, schrieb der Staatssekretär Clemens Stroetmann in seiner Antwort vom 31.8.1993 auf eine Anfrage des Bundestagsabgeordneten Klaus Lennartz, »haben eine mehrjährige Laufzeit.« Zwischenberichte lägen zwar vor, sie enthielten aber »noch keine publizierbaren Ergebnisse« (BT-Drucksache 12/5622).
Dieses Buch publiziert »publizierbare Ergebnisse« über Ströme des

Lebens und Ströme des Todes. Vorgestellt wurden sie auf einem von der Münchner Schweisfurth-Stiftung und der Forschungsstelle für Politische Ökologie am Geschwister-Scholl-Institut der Universität München im November 1993 veranstalteten Symposium. Die Herausgeber hoffen, der wachsenden Zahl zu Recht besorgter Bürger mit diesem Buch den Dienst zu erweisen, der ihnen von vielen Wissenden verweigert wird.

München, im Sommer 1994

P. C. Mayer-Tasch
B. M. Malunat

I. Einleitung

Peter Cornelius Mayer-Tasch

Ströme des Lebens, Ströme des Todes

Eine politökologische Betrachtung

I

Wie bei allen ökologischen Problemen geht es auch bei der Frage, ob und – wenn ja – inwiefern die Menschen in den technisch hochentwickelten Zivilisationsmilieus von einem allgegenwärtigen Elektro- und Magnetosmog bedroht werden, zuallererst um das *subjektive Gefühl* der Betroffenheit. Wo dieses subjektive Gefühl der Betroffenheit nicht vorhanden ist, wird auch eine objektive Betroffenheit nicht hinreichend erforscht werden. Nicht nur, aber auch so läßt sich der paradoxe Umstand erklären, daß auch im Bereich der Elektromagnetik der Stand der Technik samt ihrer vielfältigen physikalischen und chemischen Extensionen der biologischen Einsicht in die Auswirkungen dieser Technik auf unser aller Leben und Gesundheit weit voraus zu sein scheint, während es doch wohl gerade umgekehrt sein müßte. In seiner Entscheidung vom 18. Februar 1993 zur vorläufigen Untersagung der Betriebsgenehmigung für einen Funkturm hat das Verwaltungsgericht Gelsenkirchen dieses Syndrom auf den Punkt gebracht: »Nicht die Fähigkeit, zu erkennen«, heißt es in der Begründung, »sondern die fehlende Bereitschaft, ... Erkenntnisse zu gewinnen, ist die Ursache für die gegenwärtige Unmöglichkeit, verläßliche Aussagen über den Grad der Gefährdung der körperlichen Integrität des Menschen durch die Effekte elektromagnetischer Felder zu machen«[1].

Die Verpflichtung auf andere Lebensaufgaben (und damit auch Fachferne) hat mich daran gehindert, eigene Erkenntnisse über die biologischen Auswirkungen elektromagnetischer Felder auf die menschliche Gesundheit zu gewinnen. Die für einen Nicht-Naturwissenschaftler vielleicht eher ungewöhnliche frühzeitige und nachhaltige Begegnung mit Sachverständigen sowie auch einschlägige eigene Erfahrungen haben allerdings ein subjektives Gefühl der Betroffenheit und damit auch mein Bedürfnis, diesen Problemkreis naturwissenschaftlich geklärt zu wissen, schon seit beinahe zwei Jahrzehnten in wachsendem Maße verstärkt. In den 70er Jahren und auch noch während eines gut Teils der 80er Jahre war jedoch – von dem kleinen Kreis der Pioniere einmal abgesehen – die Bereitschaft, das Thema »Elektrosmog« auf öffentlichen Foren zu thematisieren, selbst in den mir vertrauten ökologischen Kreisen äußerst schwach entwickelt, zumal auch die dort vertretenen Physiker ausgesprochene Berührungsängste zu erkennen gaben. Daß sich das Blatt inzwischen gewendet hat, ist unverkennbar.

Zu dem – durch mannigfache persönliche Erfahrungen vermittelten – Gefühl der subjektiven Betroffenheit kam und kommt aber auch noch das – durch mein Berufsethos vermittelte – Gefühl sozusagen objektiver Betroffenheit. Das Zusammenwirken dieser beiden Dimensionen der Betroffenheit mag erklären, warum sich der Nicht-Fachmann in die Rolle und in die Reihe der Dränger und Beweger hineingeführt sah und sieht.

Die Problematik des Elektro- und Magnetosmogs ist nicht zuletzt auch von politikwissenschaftlicher Bedeutung. Zusammen mit der aus der Liebe zur Weisheit lebenden Philosophie – der Mutter aller Wissenschaften – gehört die um die richtige Ordnung der öffentlichen Dinge (d. h. also: der res publicae) besorgte Politikwissenschaft zu den ältesten und im Verständnis der abendländischen Antike auch vornehmsten Wissenschaften. Ihren Wert und ihre Würde bezog die Politikwissenschaft seit eh und je aus der diskursiven Begleitung der normativen Aufgabe der Politik – der Vorsorge nämlich für das gemeine Wohl der in einem Gemeinwesen Verbundenen, dem Auftrag, ihren »Nutzen zu mehren« und »Schaden (von ihnen) zu wenden«, wie es hierzulande in der für die Inauguration der Inhaber politischer Spitzenämter vorgesehenen Eidesformel heißt. In diesem Sinne gehörte und gehört es auch zu den angestammten Aufgaben der Politikwissenschaft, die um die techne – um Kunst und Kunstfertigkeit also – kreisenden Wissenschaften normativ zu umhegen. Just zu dem Zeitpunkt allerdings, als die naturwissenschaftlich-technischen Disziplinen ihren Siegeszug antraten, im 15. und 16. Jahrhundert also, schien diese überkommene Ordnung nach und nach in Vergessenheit zu geraten, um dann sporadisch wieder der Vergessenheit entrissen zu wer-

den, während die Karawane des technisch-ökonomischen Fortschritts mehr oder minder unbeirrt und ungehindert ihres Weges zog.
Die Besinnung auf tradierte Ordnungssequenzen mag gerade in unserer trotz aller Kassandrarufe unbeirrbar technikbesessenen Zeit nicht nur die Chance der Rück-Versicherung, sondern auch die Chance der wechselseitigen interdisziplinären Befruchtung eröffnen. Gerade die politikwissenschaftliche Teil-Disziplin, der ich mein spezielles Augenmerk widme, die Politische Ökologie nämlich, ist in besonderem Maße auf diese Art von Zusammenarbeit angewiesen.
Politische Ökologie ist – ganz kurz gesagt – der Versuch, in einer zu Destabilisierung und Chaos tendierenden zivilisatorischen Situation geistes- und gesellschaftswissenschaftliche Erkenntnisse mit naturwissenschaftlichen Erkenntnissen derart zusammenzuführen, daß sie sowohl die Natur als auch den – ihr gliedhaft zugehörigen – Menschen zu stützen und zu stärken vermögen, statt sie zu zernützen und zu schwächen[2].
Soviel also vorweg. Und nun zum Thema selbst – einem Thema, das uns in seinem Kern an die Voraussetzungen und an seiner Peripherie an die Grenzen unserer physischen Existenz führt. Ströme des Lebens und Ströme des Todes überstrahlen unser ganzes Leben. Die ersteren zu nutzen und zu fördern, die letzteren zu meiden und zu bannen ist nicht nur das Bestreben jedes einzelnen Menschen, sondern auch – wie schon betont – vornehmste Aufgabe vor- und nachsorgender Politik. Der Einkreisung ihrer Ambivalenz widme ich die nun folgenden Bemerkungen.

II

Ströme des Lebens, Ströme des Todes. Was heißt das eigentlich? »Panta rhei«[3] heißt es in einem berühmten Fragment des an die altionische Kosmologie anknüpfenden Vorsokratikers Heraklit von Ephesus (ca. 544– ca. 480 v. Chr.): »Alles fließt«; das Leben – und selbst der Tod – ist ein Strom, in den wir nicht zweimal steigen können. Alles ist im Fluß. Es gibt Ströme, die unser Leben entstehen und gedeihen lassen, und es gibt Ströme, die uns – zumindest körperlich – wieder vergehen lassen – Ströme also, die wir zum Leben brauchen, und Ströme, die wir zum Sterben brauchen. Denn – um noch einmal

Heraklit zu zitieren – »Gott ist Tag und Nacht, Sommer und Winter, Krieg und Frieden, Sättigung und Hunger«[4] – und natürlich auch Leben und Tod. Alles hat aber eben auch »seine Zeit und seine Weise«[5]. Für die *Ströme des Lebens* gilt dies wie für die *Ströme des Todes*. Und selbst dann, wenn man mit einem anderen Vorsokratiker, Anaximander nämlich von Milet (ca. 609– ca. 546 v. Chr.), davon ausgeht, daß wir uns nach dem Maß unserer Ungerechtigkeit (bzw. Gerechtigkeit) und der Ordnung der Zeit[6] von Strömen des Lebens stärken lassen dürfen und von Strömen des Todes schwächen lassen müssen, so ist es ein grundlegend und grundstürzend wichtiges individuelles und kollektives Anliegen, sich dieser Ströme bewußt zu werden, um dann im Umgang mit ihnen unser Schicksal so oder so zu erfüllen.

Daß es sich bei dem Strom, von dem bei Heraklit die Rede ist, nicht um so etwas wie elektrischen Strom handeln kann, versteht sich von selbst. Zwar vermuteten die Griechen im Elektron – im Bernstein also – die (hypothetische) Substanz der Elektrizität; über das Wissen zur Herstellung künstlicher Elektrizität verfügten sie aber noch nicht. Gemeint ist vielmehr der Strom, gemeint sind die Ströme, ohne die Leben nicht sein kann. Derartige Ströme sind allerdings mannigfaltig, und manche sind für alle Lebewesen von so existentieller Bedeutung, daß es schwerfällt, sie in eine sinnvolle Ordnung zu bringen. Wenn überhaupt, so bietet sich die Rangfolge für die Entstehung und Erhaltung pflanzlichen, tierischen und menschlichen Lebens sowie auch die zeitliche Folge ihres Auftretens als Kriterium der Ordnung an.

Sowohl im Sinne der Rang- als auch im Sinne der Zeitfolge ganz am Anfang stehen jene Ströme, die zumindest die Entfaltung der Lebensordnung bzw. der Lebensordnungen überhaupt erst ermöglichten. In erster Linie denke ich dabei natürlich an die schier unermeßliche Fülle der Sonnenströme, ohne die es auf unserem Planeten kein Leben gäbe. Die von der – in den Ursprachen der Völker bald väterlich, bald mütterlich verstandenen – Sonne ausgehenden Energieströme spenden aber nicht nur die Kraft, aus der alles Leben entstand; sie erhalten auch weiterhin alles Leben am Leben. Zumindest im Sicht- und Fühlbaren war, ist und bleibt der Licht- und Wärmestrom der Sonne der Strom des Lebens schlechthin. Daß die Sonne in vielen Frühkulturen verherrlicht und vergöttlicht wurde, kann daher auch kaum verwundern. Als markantes Beispiel mag die um 1400 v. Chr.

von Amenophis IV zelebrierte, das Christenum in vielem vorwegnehmende monotheistische Sonnenreligion dienen, die so großartige kulturelle Leistungen wie den von Ech-en-Aton selbst verfaßten Sonnengesang hervorgebracht hat.[7]
Die Sonne verweist uns auch auf den Prozeß der Evolution, diesen mächtigen Zeit-Strom, der (nach heutigen Erkenntnissen) in etwa 4,5 Milliarden Jahren die Erde entstehen ließ, ehe vor etwa einer Million Jahren dann wohl die ersten Hominiden und vor ca. 250000 Jahren der – seit der Emigration aus Afrika vor 70–40000 Jahren zum Homo sapiens sich entwickelnde – Homo habilis das – mit dem vielbeschworenen ›Licht der Welt‹ identische – ›Licht der Sonne‹ erblickte.[8] Ohne diesen Sonnenstrom gäbe es keinen Menschen.
Sich als elektrische Impulse manifestierende Ströme des Lebens gehen aber nicht nur von der Sonne, sondern auch von der sonstigen, den Menschen umgebenden Natur aus – von Pflanzen und von Tieren, von Wind und Wolken, vom Wasser und der Erde. Pluszonen im Magnetfeld der Erde – dem sog. Globalgitter – aktivieren, Minusfelder dämpfen. So wenigstens habe ich es von der Radioästhesie gelernt und so habe ich es am eigenen Leib erfahren. Elektromagnetische Impulse können von der »unsichtbaren Umwelt« (wie Herbert König sie in seinem gleichnamigen Werk nennt[9]) angefordert, ja abgerufen werden – durch das Raunen von Runen etwa, durch Singen oder auch bloßes Sprechen. Jeder sensible Rhetor kennt das Phänomen, daß ihm beim Sprechen Kräfte zuwachsen – Kräfte aus dem Äther, Kräfte übrigens, die man seit geraumer Zeit (wenn auch bislang noch nicht mit durchlschlagendem Erfolg) »technisch zu konvertieren versucht«[10]. Auch von Kunstwerken – Gemälden etwa, Plastiken, Musikstücken oder Photos – können ent- oder verspannende, heilende oder kränkende elektromagnetische Impulse ausgehen. Auf Homöopathie und sonstige naturnahe Heilweisen spezialisierte Kur- oder Krankenhäuser machen sich dieses Phänomen bei der Rehabilitation insbesondere von Infarkt- und Krebspatienten zunutze. Ja, selbst das lediglich interne Imaginieren vermag Ströme des Lebens im Menschen zum Fließen zu bringen oder auch zu blockieren, vermag etwa Infekte abzuwehren, niederzuhalten oder auch einzuladen und anzuziehen. Und dasselbe gilt natürlich auch für die gezielte Übertragung von energetischen Impulsen auf Pflanzen, Tiere und Menschen.
Auch der Mensch selbst nämlich steht im kosmischen Kraftstrom, ist

Teil des allgegenwärtigen Strömens, ist Sender und Empfänger. Auf der Basis feinster (natürlicher) elektrischer Informationen werden seine Lebensabläufe organisiert und gesteuert – durch etwa 6×10^{26} Teilchen (wenn ich meinen Quellen vertrauen darf), durch 60 Billionen Zellen mal 100 Milliarden Teilchen also, die alle ihr eigenes elektrisches Feld besitzen und in ständiger Wechselbeziehung zueinander stehen[11]. Der Mensch selbst also ist sozusagen Strom. Sein Atem und sein Blut, all seine Körpersäfte, seine Gedanken und Gefühle – auch die, die Herausgeber und Mitautoren dieses Buches zusammengeführt haben – werden meßbar oder auch maßlos durch elektrische Impulse gesteuert: über Gehirn und Nerven, Motorik, Mimik und Gestik, das Hören und das Sehen, was wir aufnehmen und was wir abgeben – Heilendes und Kränkendes, Ströme des Lebens und Ströme des Todes.

Um diese vitalen, sein physisches, psychisches und wohl auch sein geistiges Leben tragenden *Ströme* in Bewegung zu setzen und in Bewegung zu halten, bedarf es auch sehr handfester Zuflüsse, die sich vielleicht zur Formel »Speis' und Trank« verkürzen lassen, die aber in gewissem Sinne den Kern der Vision vom guten Leben ausmachen, dem die meisten Menschen – wenn vielleicht auch auf verschiedenen Bewußtseinsebenen – unermüdlich nachhetzen. Diese irdische Vision vom guten Leben war es auch, die uns die künstlichen technischen Ströme hat ins Haus und übers Land ziehen lassen. Sie ergänzen, ersetzen, überlagern, stören und zerstören wohl auch die natürlichen Ströme; sie haben uns in den elektromagnetischen Dschungel geführt, von dem eine ständig wachsende Zahl von Menschen befürchtet, daß er uns in absehbarer Zeit zu verschlingen droht.

Zahlen sagen nicht alles, aber doch einiges. Wie fleißige Leute ausgerechnet haben, überziehen heute Hochspannungsleitungen in einer Länge von ca. 30000 km unser Land, ca. 12000 km Oberleitungen begleiten Eisenbahngeleise, ca. 10000 Rundfunk- und Fernsehtürme und ca. 12000 Richtfunktürme zieren deutsche Berge und Hügel. In absehbarer Zeit werden die C- und D-Mobilfunknetze von zusammen ca. 10000 Funktürmen gespeist werden.[12]

Eines zumindest verdeutlichen solche Zahlen unbestreitbar – das Ausmaß nämlich, in dem unser Leben inzwischen am elektromagnetischen Kunst-Tropf hängt. Ohne künstliche Elektrizität wäre heute nicht nur der sprichwörtliche Ofen, sondern auch der Herd aus; die

Funktionsabläufe der meisten Arbeiten, die das moderne Leben mit sich bringt, würden ausfallen. Das Chaos wäre perfekt.
Wir müssen atmen, trinken und essen; wir benötigen Kleidung und Wohnung; wir wollen uns bilden und bewegen. Zur Befriedigung dieser Bedürfnisse haben wir von langer Hand und systematisch künstliche Versorgungs- und (neuerdings auch) Entsorgungsströme geschaffen und auf den Weg gebracht, die allesamt Energie – und heute vor allem: elektrische Energie – benötigen, um fließen zu können. Man denke an die Ströme von Rohstoffen, die der Produktion zufließen und dann als Produktströme zu den Kunden (strömen) weiterfließen. Zur Beschaffung der Rohstoffe wie zu ihrer Be- und Verarbeitung sind Informations- und Kommunikationsströme erforderlich, die schließlich Verkehrsströme auslösen, weil all dies ja hin und her und kreuz und quer transportiert werden muß, um sich schließlich im Sog der großen Städte zu verlieren, von denen der Visionär Rainer Maria Rilke im – 1903 veröffentlichten – dritten Buch seines ›Stundenbuches‹ (dem »Buch von der Armut und vom Tode«) schreibt:

»Die Städte aber wollen nur das ihre
und reißen alles mit in ihren Lauf.
Wie hohles Holz zerbrechen sie die Tiere
Und brauchen viele Völker brennend auf.

Und ihre Menschen dienen in Kulturen
und fallen tief aus Gleichgewicht und Maß,
und nennen Fortschritt ihre Schneckenspuren
und fahren rascher, wo sie langsam fuhren,
und fühlen sich und funkeln wie die Huren
und lärmen lauter mit Metall und Glas.

Es ist als ob ein Trug sie täglich äffte,
sie können gar nicht mehr sie selber sein;
das Geld wächst an, hat alle ihre Kräfte
und ist wie Ostwind groß, und sie sind klein
und ausgeholt und warten, daß der Wein
und alles Gift der Tier- und Menschensäfte
sie reize zu vergänglichem Geschäfte.«

All dies bildet den Hintergrund, wenn die metaphorisch gemeinten Ströme sich in technische Ströme verwandeln. Auch wird in solchen Bildern deutlich, wie eng der Strom des Lebens mit dem Strom des Todes verbunden ist – so eng, daß sie schon fast nicht mehr voneinander zu trennen sind. Wollte man dieses Ineinanderverstricktsein der Ströme des Lebens und der Ströme des Todes in einem Gleichnis pointieren, so könnte man sagen, daß ihr Mit-, In- und Voneinander die Seufzerbrücken unseres Schicksals bilden.

Die Frage, die sich angesichts solcher Überlegungen aufdrängt, ist die Frage nach Auswegen. Gibt es Lösungen dieser Problematik? Gibt es echte Alternativen?

Vorstellbar immerhin ist eine Welt ohne Maschinen und technische Ströme. Samuel Butler etwa hat sich dies vorgestellt in seiner – Anfang der 60er Jahre des letzten Jahrhunderts verfaßten – Utopie ›Erewhon‹[13]. Bei ›Erewhon‹ handelt es sich in Butlers Phantasie um jenes Land hinter den sieben Bergen, in dem der Held gleich bei seiner Ankunft ins Gefängnis geworfen wird, weil er eine Uhr – eine Maschine also – bei sich trägt. Vorstellbar ist eine solche Welt. Und es mag Augenblicke geben, in denen vielleicht sogar der linientreueste Techno-Freak von Derartigem träumt. Vorstellbar also ja, aber wünschbar?

Der Blick zurück auf die Welt unserer Vorfahren ist nicht nur ein Wonneblick. In dieser und jener Hinsicht ist unser Alltagsleben vielleicht trotz aller Zivilisationsplagen doch noch angenehmer und irgendwie auch besser als das Leben in der nostalgisch verklärten ›guten, alten Zeit‹. Spätestens beim Umgang mit der Waschmaschine, auf dem Operationstisch oder im Stuhl des Zahnarztes wird uns dies bewußt werden. Wer dächte da nicht an die Mühsal unserer Groß- und Urgroßmütter oder an Goethes lebenslanges Zahnweh?

Gerade im Bereich der Medizin ist unleugbar, daß die künstliche Elektrizität vor allem Diagnosemöglichkeiten eröffnet hat, die der überwiegenden Mehrzahl der Heilkundigen sonst nicht zur Verfügung gestanden hätten. Unleugbar ist aber auch, daß die Medizin ihre Erfolge nicht zuletzt auch durch die Elektrotortur an Tieren – selbst an uns nahe verwandten Primaten – gewonnen hat.

Und noch ein anderes: Künstliche Elektrizität gibt es, wie wir alle wissen, erst seit etwa einem Jahrhundert. Mehr oder minder unvermittelt prasselt und prallt diese bittersüße Frucht vom Baum der technischen Revolution des 19. Jahrhunderts auf eine jahrmillionenlange, höchst selektive Entwicklung des Lebens. Läßt sich ernsthaft vorstellen, daß die Medizin der elektrischen Apparate in der Lage sein könnte, die im Laufe dieser jahrmillionenlangen Entwicklung erworbene feinstoffliche Konstitution des Menschen zu heilen oder gar *echte* Hygiene – die nach Hygieia, der Gattin des Heilergottes Äskulap, benannte Gesundheits*vorsorge* – zu betreiben?

Diese Ambivalenz gilt selbst noch für die eingangs als Grundstrom des Lebens erwähnte Sonne: jenem Gestirn, ohne das Leben unmöglich wäre, das aber tötet, wenn man sich seiner Strahlung zu lange aussetzt – und zwar nicht erst seit die Ausdünnung der stratosphärischen Ozonschicht die harte UV-B-Strahlung in unseren atmosphärischen Wohnraum einläßt. Der große amerikanische Seher Edgar Cayce hat in den 30er Jahren berichtet, daß Atlantis die Explosion des – nach seinen Angaben im Bereich des heutigen Bermuda-Dreiecks gelegenen – zentralen Sonnenkraftwerks zum Verhängnis geworden sei, Nostradamus warnt vor Sonnenkraft – und solare Relais-Kraftwerke im Weltraum sind längst in Planung... Wie immer es sich mit all dem aber auch verhalten mag: selbst Sonnenflecken scheinen Probleme zu bereiten, die Blutwerte zu verändern, die Selbstmordraten in die Höhe zu treiben und – wenn man dem schottischen Psychologen und Ökonomen James Mill (dem Vater von John Stuart Mill) glauben darf – Konjunkturkrisen zu bewirken.

Last, not least, spiegelt sich diese allgegenwärtige Ambivalenz auch im – heute so heftig umstrittenen – Phänomen des Elektro- und Magnetosmogs, mit dem wir uns in diesem Buch befassen.

Was aber bedeutet diese Ambivalenz für – von ihrem normativen Auftrag her auf Lebens- und Überlebensvorsorge verpflichtete – Disziplinen wie die Politik- und die Rechtswissenschaft? Welche Folgerungen haben sie aus der Einsicht zu ziehen, daß wir weder ohne noch mit künstlicher Elektrizität besonders gut leben können, weil sich eben auch insoweit die Ströme des Lebens und die Ströme des Todes nur als die zwei Gesichter eines unser ganzes Leben überragenden Janus-Kopfes erweisen?

Mit dieser Frage möchte ich mich im dritten und letzten Abschnitt meiner einführenden Bemerkungen befassen. Ich stelle ihn unter den schönen Titel eines jüngeren amerikanischen Kultfilmes:

III

Und in der Mitte entspringt ein Fluß ... Das Hohelied der Mitte, aus der letztlich allein der beständige Fluß des Lebens gespeist werden kann, bildet den eigentlichen Kern des abendländischen Humanismus-Konzeptes, wie es seit den Vorsokratikern bis in die Gegenwart in zahllosen Formen entworfen worden ist. Das Mittlere, so Aristoteles im 5. Buch der Nikomachischen Ethik, sei das Tugendhafte und auch das Gerechte. Er war nicht der Erste und er war nicht der Letzte, der dieses humanistische Credo verkündete; begründet aber hat gerade er es auf besonders luzide und überzeugende Weise.

Die Frage nach Mitte und Maß wurde daher auch von alters her zum zentralen Kriterium für die Frage nach dem je und je rechten Weg. In zahllosen ethischen Lebensregeln und rechtlichen Übertragungsformeln taucht dieses Kriterium in der Folge auf. Seine Konkretisierung, die Entscheidung also, welcher Weg im konkreten Fall der mittlere, welche Lösung die den Verhältnissen angemessene und daher auch maßvolle sei, wird mithin zum sich stets aufs neue formierenden Angelpunkt der politischen Willensbildung, der Rechtsschöpfung und der Rechtsanwendung.

Da sich das den Verhältnissen Angemessene, das Maßgerechte in politicis selten von selbst einzustellen pflegt, ist die Bemühung um Mitte und Maß zumeist auch ein – kontrovers geführter – Kampf um Mitte und Maß. Für die Frage nach der Art und Weise, in der in einer Gesellschaft Ströme des Lebens und Ströme des Todes unterschieden und geschieden werden, welcher Raum den einen und welcher Raum den anderen zugemessen wird, gilt insoweit nichts anderes als für alle anderen rechtlich-politischen Entscheidungsfragen auch. Und im selben Maße, in dem sich die auf ein Problem gerichtete öffentliche Aufmerksamkeit verdichtet und der soziopolitische Lärmpegel steigt, verstärkt sich auch der Kampf um die den künftigen Entwicklungen die Richtung weisende Mitte.

Ausgangspunkt der Kontroverse, die dieses Buch hat entstehen lassen, sind *divergierende Interessen*, zumindest aber in einem Zustand kognitiver Dissonanz befindliche Interessenbündel: Auf der einen Seite steht das potentiell gesamtgesellschaftliche Interesse an einer prinzipiell und tendenziell unbegrenzten Ausweitung der sozial präsenten Produktions-, Distributions- und Konsumtionsimpulse, zu deren Befriedigung es der ebenfalls prinzipiell und tendenziell unbegrenzten Ausweitung elektrischer Serviceleistungen bedarf. Auf der anderen Seite steht das ebenfalls potentiell gesamtgesellschaftliche Interesse von »concerned scientists« (um auf eine amerikanische Gruppierung anzuspielen) und concerned citizens, von besorgten Wissenschaftlern und besorgten Bürgern also, die einen mehr oder minder unmittelbaren Zusammenhang zwischen Elektro- und Magnetosmog einerseits und Gesundheitsschäden an Pflanzen, Tieren und Menschen andererseits nachweisen zu können bzw. befürchten zu müssen glauben. Die Szene ist insoweit altvertraut; sie entspricht der Szene vieler anderer Umwelt-Kontroversen.

Was die Elektro- und Magnetosmog-Kontroverse jedoch als besonders prekär erscheinen läßt, ist das offenkundige Mißverhältnis zwischen der Ubiquität der potentiellen Gefährdung und der mangelnden Repräsentanz der Gesundheitsinteressen. Im Spiel um die rechtlich-politische Entscheidungsmacht sind die Karten sehr ungleich gemischt.

Was die Stimmen der Kritik und der Besorgnis bislang übertönt hat, ist die starke obrigkeitliche Förderung einer von des skeptischen Gedankens Blässe kaum angekränkelten (oder ihn aus diversen Gründen unterdrückenden) Ausbaupolitik[14]. Ich beschränke mich dabei auf das Beispiel vom Ausbau des Mobilfunk-Netzes, gegen den besorgte Bürgergruppen immer häufiger Widerstand leisten und auch den Weg zu den Gerichten nicht scheuen. »Es gibt keine Alternative zu dem weiteren Ausbau des (Mobilfunk-)Netzes«, erklärte ein Vertreter des Bundespostministeriums in einem Interview mit dem Bayerischen Rundfunk, »denn dieses Land benötigt Mobilkommunikation, und für die Mobilkommunikation sind Sendeeinrichtungen unbedingt erforderlich.« Nicht weitergebaut, so der Vertreter der Post, werde natürlich dort, wo die Gerichte einen Baustopp verhängt haben. Mit weiterer Aufklärungsarbeit hoffe man dann aber schon ans Ziel zu kommen ...[15]

Handelte es sich beim Bundespostministerium um den Betreiber solcher Anlagen, so wären derartige Verlautbarungen immerhin verständlich, »sozialadäquat«, wie die Juristen zu sagen pflegen. Das Bundespostministerium ist jedoch insoweit Genehmigungsbehörde, institutionell gesehen also unbeteiligter Dritter – ein Umstand, der jeden auf rechtsstaatliche Prinzipien Eingeschworenen mehr als bedenklich stimmen muß. Selbst dann aber, wenn dieses zumindest grob fahrlässige Aus-der-Schiedsrolle-Fallen und die nicht minder grob fahrlässige Identifikation mit dem Wachstumsziel legitimierbar wären, müßte die Art und Weise, in der die solchen Genehmigungen zugrundeliegenden Grenzwerte festgelegt werden, mehr als bedenklich stimmen. Wie so oft im Bereich des Politischen ist auch hier die Antwort auf die Frage ›Quis iudicabit‹ (Wer wird entscheiden?) decouvrierend.

Festgelegt nämlich werden diese Grenzwerte durch die Deutsche Elektrotechnische Kommission, in der 14 Vertretern der Elektrotechnischen Industrie 4 Strahlenschützer gegenübersitzen. Diese Grenzwerte sind auf Arbeitsplätze in elektrotechnischen Berufen ausgerichtet. Auch die vom Bundespostministerium heute ihren Genehmigungen zugrunde gelegten niedrigeren Grenzwert-Empfehlungen der Strahlenschutzkommission (die ihrerseits wieder zum Teil auf die Empfehlungen der Internationalen Strahlenschutzassoziation – IRPA – verweist) liegen jedoch noch turmhoch über den in verschiedenen Nachbarländern zugrunde gelegten Grenzwerten – den russischen etwa, die schon vor dem Zusammenbruch der UdSSR bis zum Faktor 1000 unter den deutschen lagen! Davon aber, daß diese zu hoch angesetzt sein könnten, gehen in wachsendem Maße selbst die Gerichte aus, die sich nach einer Grundsatzentscheidung des Bundesverwaltungsgerichtes (BVerwGE 69/256, 276f.) angesichts des Fehlens expliziter gesetzlicher bzw. untergesetzlicher Normen letztendlich an der Zumutbarkeit für die Betroffenen orientieren müssen. Um diese Zumutbarkeit besser umgrenzen zu können, mahnen sie immer häufiger »gesicherte Erkenntnisse über die Wirkung elektromagnetischer Felder auf das biologische System« (VG Wiesbaden, Az.: III/V H85/92) an. Genau dies aber scheint ein (wenn nicht *der*) neuralgischer Punkt der ganzen Kontroverse zu sein.

Wie hatte doch das eingangs zitierte Verwaltungsgericht Gelsenkirchen formuliert?: »Nicht die Fähigkeit zu erkennen, sondern die fehlende Bereitschaft, ... Erkenntnisse zu gewinnen, ist die Ursache für die gegenwärtige Unmöglichkeit, verläßliche Aussagen über den Grad der Gefährdung der körperlichen Integrität des Menschen durch die Effekte elektromagnetischer Felder zu machen.« Angesichts der Rechtslage, die den – in aller Regel sozial schwächeren – potentiell Gefährdeten in vollem Umfang die Beweislast für ihre Gefährdung auferlegt und die – in aller Regel sozial stärkeren – potentiellen Gefährder gänzlich unbelastet läßt, ist diese fehlende Bereitschaft zwar erklärbar, aber nicht entschuldbar. Die geringe Bereitschaft der Öffentlichen Hand, sich dieser Aufgabe mit einem der Gefährdung angemessenen Einsatz von Mitteln zu stellen, ist jedenfalls der gefährlichste Zerberus auf dem Weg zu einem auch für diesen Problembereich auffindbaren Lebensstrom der Mitte.

Die Frage nach dem Ausmaß der Gefahren, die vom Elektrosmog auf die belebte Umwelt (einschließlich des Menschen) ausgehen, haben biologische und medizinische Untersuchungen vollends zu klären. Die erforderlichen Forschungsmittel hierfür bereitzustellen jedoch gehört zu den Vorsorgepflichten der Politik, in Sonderheit zur normativen Aura des Staatsziels der Rechts- und Sozialstaatlichkeit. Den Bürger vor nicht individuell, sondern vielmehr kollektiv zu verantwortenden Gesundheitsgefährdungen zu schützen ist eine sozialstaatliche Aufgabe par excellence. Und das Recht auch auf einen sauberen Äther zählt zu den Implikationen des sog. Muttergrundrechts auf Leben und körperliche Unversehrtheit (Art. 2 Abs. 2 GG), ist also rechtsstaatlich geboten.

Selbst dann jedoch, wenn erdrückende Beweise dafür vorlägen, daß die heutigen Grenzwerte nicht in der Lage sind, die menschliche Gesundheit oder auch (soll ich sagen »nur« oder »sogar«?) den Wald hinreichend zu schützen – selbst dann wäre die Kontroverse noch lange nicht zu Ende. Der Meinungskonflikt würde dann lediglich in einen Abwägungskonflikt münden. Und dies zum Teil aus sicherheits- und zum Teil aus wirtschafts- und finanzpolitischen Gründen.

Wenn man amerikanischen Berichten vertrauen darf, so wurde in den USA die Erforschung nicht-thermischer Wirkungen elektromagnetischer Strahlung vom militärisch-industriellen Komplex vor allem deshalb (und zwar mit Zuckerbrot und Peitsche) unterdrückt, weil dies zu einer Gefährdung der sozialen Akzeptanz des – bei unbegrenzter Leistungsdichte auf alle Frequenzen des elektromagnetischen Spektrums angewiesenen – C^3I-Befehls-, Kontroll- und Kommunikations- und Informationssystems sowie auch des schon im Golfkrieg zur Ausschaltung der irakischen Eliteeinheiten eingesetzten HPM(High Power Pulsed Microwave)-Aggressionssystems geführt hätte.[16] Nach den Beobachtungen u. a. des amerikanischen Mediziners Robert Becker wurden Forschungsmittel deshalb auch großzügig an Willfährige vergeben, während Nichtwillfährige auf mehr oder minder direkten oder indirekten Wegen diskreditiert oder mundtot gemacht wurden – ein Phänomen, das hierzulande selbstverständlich völlig unbekannt ist ...

Wie wir heute wissen, ist diesen Versuchen, den potentiellen Strömen des Todes den Weg freizuschießen und dies auch noch wissenschaftlich zu verschleiern, kein voller Erfolg beschieden gewesen. Gerade aus den USA liegen inzwischen eine Reihe kritischer Untersuchungen vor. Ihren Schatten warfen und werfen die sicherheitspolitischen Interessen des Militärs aber auch auf den Zivilsektor, auf dem eine erhebliche Behinderung des kritischen Kommunikationsflusses zu beobachten ist. Ein Grund für die erwähnten Versuche liegt aber auch in der – aus der Sicht der Verteidiger des Status quo – mangelnden »wirtschaftlichen Vertretbarkeit« einer Wende in der Elektrizitäts-Politik. Die gigantischen Kosten, die etwa die Verkabelung von Hochspannungsleitungen, die Evakuierung von Siedlungen entlang elektrifizierter Bahnstrecken, der Abbau des Mobilfunknetzes, die Umrüstung der Haus- und Büroelektronik und dergleichen mehr erwarten ließen, würden sehr wahrscheinlich zu jenem Amoklauf der Vertreter des Industriesystems in Politik und Gesellschaft führen, den der Basler Biologe Adolf Portmann schon vor mehr als zwei Jahrzehnten durch die zu erwartenden Involutionstendenzen unserer Zivilisation vorprogrammiert sah.

Als Motor des gesamten Wirtschaftsgeschehens gehört die Elektrizität zweifellos zu den heiligen Kühen unserer Gesellschaft. Sie zu schlachten oder doch unter nachhaltige Kuratel zu stellen, mit Vorsorgemaßnahmen zu umhegen und damit wesentlich zu verteuern hieße zugleich auch, die Hoffnung auf eine Fortsetzung bzw. Wiederaufnahme des – zwar langfristig makroökonomisch ruinösen, aber kurzfristig vor allem mikroökonomisch attraktiven – Wachstumskurses erheblich zu mindern. Angesichts des gerade im Augenblick mehr oder minder verzweifelten Ringens unserer Volkswirtschaft um die Behauptung ihrer Marktposition dürfte die prospektive Minderung dieser Hoffnung besonders heftige Reaktionen auslösen. Der rhetorische Kampf um die Ortung der Mitte dürfte nicht zuletzt in den Sog dieser Reaktionen geraten.

Der wirkliche Verlauf des Lebensstromes der Mitte aber läßt sich nicht zu einer Funktion interessenbestimmter Rhetorik degradieren.

Verläßt dieser Strom sein naturgesetzlich festgelegtes Bett, wird er – zumindest auf Zeit – zu einem Strom des Todes. Dies nicht zuzulassen wird – so oder so – unser aller Aufgabe sein – wenn nötig in jenem »Aufruhr der Mitte«, von dem die dänischen Autoren Meyer/Petersen/Sörensen[17] in ihrem gleichnamigen Buch sprechen.

Anmerkungen

1 Beschluß des VG Gelsenkirchen vom 18.2.1993, Az: 5L 3261/92, *ZUR* 3/93, S. 121.
2 Zum Begriff der Politischen Ökologie vgl. des näheren P. C. Mayer-Tasch, Die Politische Ökologie als Leitwissenschaft der Postmoderne. Begriff, Geschichte, Aufgabe, in: ders. 1985, S. 9ff. und passim. Vgl. auch ders., Jenseits von Modernisierung und Postmodernisierung: Überlegungen zur universalistischen Dimension der Politischen Ökologie, in: V. v. Prittwitz (Hrsg.) 1993, S. 71ff.
3 B. Snell (Hrsg.) 1979, S. 7.
4 W. Capelle 1968, S. 139.
5 Vgl. Der Prediger Salomo, Kap. 3, Vers. 1.
6 Vgl. P. C. Mayer-Tasch (Hrsg. i. Verb. m. A. Adam und H.-M. Schönherr) 1991, S. 32 sowie S. 11ff. (Bd. 1).
7 Der Sonnengesang des Ech-en-Aton, Heilbronn o. J. (2. Aufl.)
8 Einen vorzüglichen Einblick in »Das Rätsel der Menschwerdung« gibt Josef H. Reichholf in seinem gleichnamigen Buch (1990).
9 H. L. König 1985.
10 Vgl. dazu M. Bischof 1993.
11 Derartige unvorstellbare Größen der Komplexität menschlichen Lebens finden sich in allen einschlägigen Nachschlagewerken; vgl. dazu auch die Beiträge von F. A. Popp (S. 231ff.) und U. Warnke (S. 68ff.) in diesem Band.
12 Vgl. dazu den Beitrag von H. Brüggemeyer in diesem Band (S. 55ff.).
13 Veröffentlicht wurde Butlers Werk erstmals im Jahre 1872; seit 1935 ist es in einer Vielzahl von Auflagen als populäres »Penguin Book« in England, Kanada, den USA, Australien und Neuseeland erschienen.
14 Vgl. dazu den Beitrag von W. Zängl in diesem Band (S. 39ff.).
15 Vgl. das Manuskript zur Sendereihe des Bayerischen Rundfunks: »Total unter Spannung. Der Elektrosmog als ökologisches Risiko«. Eine Zwischenbilanz von Ulrich Weissbach, München 1993, S. 12.
16 Vgl. hierzu und zum Folgenden R. O. Becker 1991, S. 377ff. sowie auch P. Brodeur 1989.
17 N. I. Meyer/K. H. Petersen/V. Sörensen 1979.

Franz-Theo Gottwald / Bernd M. Malunat

Allergiker oder Leuchttürme?

Zusammenfassung des Bandes

Symposien – und deren Publikation – lassen sich zwar gut vorbereiten, ihre Eigendynamik aber ist oft kaum steuerbar. Die Organisatoren mag dies zwar verdrießen, dem Anliegen aber kann es eine Würze verleihen, die aus sorgfältiger Planung ein lebendiges Ereignis macht und Ergebnisse zeitigt, die so nicht vorhersehbar sind.

Die Organisatoren des Symposiums – die Schweisfurth-Stiftung und die Forschungsstelle für Politische Ökologie am Geschwister-Scholl-Institut der Universität München – hat die Absicht geleitet, den Problemkreis der elektromagnetischen Gefährdungen, die von der Mehrheit in der Politik vernachlässigt, von der Wirtschaft heruntergespielt, von der Wissenschaft verharmlost und von der Bevölkerung noch kaum wahrgenommen werden, vor einem Auditorium zu erörtern, von dem erwartet werden konnte, daß es zumindest die Bereitschaft mitbringt, die neuesten Ergebnisse der einschlägigen Forschung aus wissenschaftlicher Neugier zu verfolgen, statt die besorgniserregenden Entwicklungen zu ignorieren.

Aus dieser Konstellation bezog das Symposium seine Spannung. Die eingeladenen Wissenschaftler – Physiker, Biologen, Mediziner zumeist – konnten (und mußten) die Ergebnisse ihrer Forschung daher vor Rezipienten vertreten, die nicht nur von kühlem wissenschaftlichem Interesse, sondern in vielen Fällen auch von – oft schmerzhafter – direkter persönlicher Betroffenheit motiviert waren, vor Elektrosensiblen nämlich, die sich neben den vielen Fachleuten ganz verschiedener Disziplinen in großer Zahl ins Publikum gemischt hatten, weil sie sonst nur mit einem bedauernden Achselzucken als arme Allergiker abgetan werden, denen nun einmal (fast) nicht zu helfen sei.

Es ist kennzeichnend für die Verfaßtheit des gesellschaftlichen Status quo und ein Beleg für die Metapher vom »Raumschiff Bonn«, daß die Vertreter der Behörden, die die elektrischen und magnetischen Belastungen der Bevölkerung, aber auch der Tiere und Pflanzen, von Amts wegen zu verantworten haben, sich dieser Herausforderung nicht stellen wollten, sondern kurzfristig absagten. Sehr viel bedauerlicher ist allerdings, daß der österreichische Wissenschaftler, Dr. Peter Kokoschinegg, der sich viele Verdienste um die Erforschung dieser und ähnlicher Fragen erwarb, ganz kurze Zeit vor dem Symposium starb.

Die Dringlichkeit der öffentlichen Wahrnehmung des Problems ist durch die Abstinenz der politischen Akteure aber keineswegs beeinträchtigt worden. Sie steht schon seit geraumer Zeit auf der Agenda des massenmedialen Diskurses, und die Information hat natürlich auch vor den fachlich und politisch Verantwortlichen nicht haltgemacht; selbst der *Rat von Sachverständigen für Umweltfragen (SRU)* hat in seinem jüngsten Gutachten (1994) auf das Gefährdungspotential hingewiesen.

Unterschätzt werden dürfte allerdings die Breite der Gefährdungen, weil es eine Definition des Begriffs der Elektrosensibilität nicht gibt und die Zahl der – aktuell wie potentiell – Betroffenen und Gefährdeten daher auch nicht bekannt sein kann. (Nur am Rande angemerkt sei, daß die Problematik im militärischen Bereich definiert worden ist und selbstverständlich die notwendigen Maßnahmen ergriffen wurden, um die betroffenen Militär-Güter wie Raketen-Silos, Computer-System etc., entsprechend zu schützen.)

Auf dem Symposium ist deutlich geworden, daß es eine verbindliche Definition des Begriffs der Elektrosensibilität wohl auch nicht geben wird, weil es sich dabei um ein Phänomen handelt, das nicht (nur) singulär ausgelöst, sondern durch Ko-Faktoren begünstigt und variiert wird. Darin liegt das besondere Gefährdungs-Potential der allgegenwärtigen Durchseuchung mit elektrischen und magnetischen Wellen und Feldern, gegen die man sich nicht wirksam zu schützen vermag. Während die direkte (z. B. berufliche) Exposition relativ einfach zu belegen ist, allerdings auch nur einen relativ kleinen Anteil der Betroffenen ausmacht, läßt sich das Problem der *Kombinations-Wirkungen (Synergismen)*, bei dem elektromagnetische Belastungen »nur« als einer unter (vielen) anderen Promotoren eine Rolle spielen, mit dem heutigen Verständnis der Physik, Biologie, Medizin etc. wohl kaum zutreffend erfassen.

Es stellt sich aber die viel grundlegendere Frage, ob sich das Geschehen angesichts der Vielgestaltigkeit und Komplexität der zu berücksichtigenden Parameter und Variablen überhaupt verstehen lassen wird. Die gegenwärtig praktizierte monokausale Methode, bei der Experimente unter Laborbedingungen im Mittelpunkt stehen, erscheint dafür jedenfalls nicht geeignet. Um zu annehmbaren Ergebnissen zu gelangen, sind vielmehr völlig neue Untersuchungs-Ansätze erforderlich, die zumindest die tatsächlichen Belastungs-Situationen, die Vielfalt der Parameter und auch die Langzeitwirkungen zu berücksichtigen vermögen.

Fest steht aber schon jetzt, daß die Publizität des Themas immer mehr Menschen auf die »Idee« bringt, ihr – nach dem »Stand der Wissenschaft« – undefinierbares (und deshalb auch »unheilbares«) Leiden könnte von elektromagnetischen Belastungen herrühren oder dadurch verstärkt werden.

Molières »eingebildeter Kranker« liegt dann sozusagen in der Luft. Das ist zwar wohlfeil, aber allzu billig, weil die Gefährdungen völlig seriös sind: Die massenmediale Publizität über die elektromagnetischen Belastungen beruht auf Ergebnissen gediegener wissenschaftlicher Forschungen, und Allergien, deren Spektrum sich rasch verbreitert, sind die Krankheiten mit den höchsten und schnellsten Zuwachsraten.

Das Spezifikum liegt darin, daß die (Schul-)Medizin die Ursachen der meisten Allergien weder kennt noch kennen kann, da sie vorwiegend von chemischen Substanzen ausgelöst werden, deren Wirkungen auf die Menschen unbekannt sind, deren Zahl sich aber fast täglich erhöht, von den iatrogenen Kombinations-Wirkungen gar nicht zu sprechen.

Angesichts der Physiologie der Menschen (aber auch der Tiere und Pflanzen), die elektrisch gesteuert sind und die sich evolutiv ohne künstliche elektromagnetische Beeinflussung entwickelten, liegt die Annahme nahe, daß künstliche elektromagnetische Einflüsse als Belastung wirken, die sich als Allergie, d. h. als körperliche Abwehr-Reaktion, manifestieren. Diese Beziehung hat sich durch die entsprechenden wissenschaftlichen Forschungen, die allerdings noch über keine sehr lange Tradition verfügen, auch erhärten lassen.

Inzwischen muß aufgrund vielfältiger internationaler epidemiologischer Studien aber auch als erwiesen angesehen werden, daß elektromagnetische Immissionen nicht nur scheinbar harmlose Allergien auslösen, sondern die Entwicklung verschiedener Arten von Krebs fördern; in Deutschland sind allerdings kaum entsprechende Untersuchungen durchgeführt worden, noch besteht ein Krebs-Register, das die relevanten Beziehungen aufzeigen könnte. Erwiesen ist ferner, daß vom Menschen in bestimmten Magnetfeldern Melatonin nicht mehr richtig produziert wird, durch das vielfältige Funktionen (z. B. der Wach-Schlaf-Rhythmus, das Immunsystem und eine ganze »Kaskade« von Wirkungen) beeinflußt werden; Magnetfelder, deren Wirkungen wir alle zwangsweise ausgesetzt werden, sind folglich wie Pharmaka, über deren Anwendung aber nur ein Arzt nach sorgfältiger Diagnose entscheiden dürfte.

Derartige wissenschaftliche Forschungen hat man – um der plakativen Kennzeichnung willen – gelegentlich unter dem Begriff Elektro-Medizin zusammengefaßt; sie sind – wie für die gesamte Wissenschaftsgeschichte fast durchgängig belegbar – beinahe selbstverständlich mannigfachen Widerständen ausgesetzt.

Diese Widerstände bestehen und entstehen innerhalb der Wissenschaft selbst, die mit denjenigen, die sie vor dem Hintergrund ihres (Selbst-)Verständnisses als Außenseiter betrachtet, nicht umzugehen versteht. Die Widerstände werden aber dadurch besonders wirksam, daß Wissenschaft in einem vorgegebenen sozio-ökonomischen Rahmen agieren muß, dem sie sich nur ausnahmsweise entziehen kann.

Der sozio-ökonomische gesellschaftliche Kontext läßt sich – sehr verkürzt, aber durchaus zutreffend – als pluralistische Auseinandersetzung von Großgruppen unterschiedlicher Interessen bestimmen. In der Verfolgung ihrer Interessen sieht sich die besonders einflußreiche Großgruppe der weit verzweigten Elektroindustrie durch die öffentlichkeitswirksame Problematisierung der Gefährdungen durch Elektro- und Magnetosmog beeinträchtigt.

Auch wenn die Mechanismen der Interessen-Durchsetzung nur schwer aufzudecken und noch schwerer zu belegen sind, stand doch während des Symposiums beständig die Annahme im Raum, daß die Forschung beeinflußt und in die Richtung gelenkt wird, aus der Zustimmung zu erwarten ist, während die Forschung, die kritische Ergebnisse befürchten läßt, auf verschiedene Weise behindert wird.

Das probateste Mittel, mißliebige Forschung zu be- oder auch zu verhindern, besteht in der Verweigerung der unabdingbaren Ausstattung mit entsprechenden finanziellen Ressourcen; darüber klagten beinahe alle Forscher. Was nicht erforscht ist, kann auch kaum gefährden, läßt sich mit dem »eingebildeten Kranken« abtun – das ist die naiv-skrupellose Kehrseite abhängiger Wissenschaft, deren Bindungswirkung und Orientierungskraft bei der Bevölkerung allerdings rapide an Einfluß verliert, wie vielfältige Befragungen signalisieren.

Den etablierten Interessen stehen aber auch subtilere Methoden zur Verfügung. Ein kritischer Wissenschaftler, der mangels finanzieller Mittel nicht forschen kann, hat weder als Wissenschaftler noch als Kritiker Chancen; schon dadurch entwickelt sich genügend Druck, die vorgegebenen Wege nicht zu verlassen. Daraus resultiert die wichtige gesellschaftliche Funktion unabhängiger Stiftungen, die, mit eigenen Mitteln ausgestattet, Forschungs-Ansätze initiieren und (vielleicht sogar) finanzieren können, die vom Gewohnten abweichen, um mit neuen Akzenten wenigstens eine Diskussion anzuregen.

Der überwiegende Teil der anwendungsorientierten Forschung wird von der Industrie, der grundlagenorientierten Forschung von staatlichen Forschungsförderungs-Einrichtungen finanziert, und deren Institutionen definieren natürlich auch, was als »Stand der Wissenschaft« anerkannt und dann auch gefördert wird. Selbst wenn ein kritischer Wissenschaftler also – etwa durch eine Stiftung finanziert – zu neuen Erkenntnissen gelangt, so bleibt er doch Außenseiter, ausgeschlossen aus dem Konsens der Scientific community, und damit prima facie ziemlich bedeutungs- und wirkungslos.

Die Diskussion hat aber auch gezeigt, daß die Situation doch komplexer ist und sich also auf der technischen und ökonomischen Ebene – trotz deren anhaltender Dominanz – nicht mehr befriedigend bewältigen läßt.

Die kritischen Befunde über die Auswirkungen elektromagnetischer Belastungen, die allen Widerständen zum Trotz in die Arena der öffentlichen Meinungsaustragung gelangten, haben zu Verunsicherung wie zu Sensibilisierung und im Zusammenhang mit latenten oder manifesten gesundheitlichen Beeinträchtigungen auch zu Mobilisierung und Initiative bzw. sogar Offensive der Bevölkerung geführt – wofür das Symposium ein beredtes Indiz ist.

Beträchtliche Unterstützung erhielten die Betroffenen dabei insbesondere von den (Verwaltungs-)Gerichten, in denen eine gegenüber

der technisch-ökonomischen Rationalität kritischer eingestellte Generation von Richtern über die Zulässigkeit der Leben und körperliche Unversehrtheit gefährdenden elektromagnetischen Emissionen und Immissionen urteilt. Der naive Fortschritts-Optimismus, der zur maßlosen Ausbreitung der elektrotechnischen Segnungen beitrug, ist angesichts der – unsichtbaren – Klimaerwärmung, vor allem aber angesichts der – fast überall sichtbaren – Sendemasten für ein der zivilisatorischen Entwicklung so nützliches Gerät wie das »handy« jedenfalls gründlich gewichen.
Gerichte, die von Bürgern und Bürgerinitiativen in ihren Auseinandersetzungen gegen den Bau von Hochspannungs-Freileitungen, Sendemasten etc. angerufen werden, fordern immer häufiger »gesicherte Erkenntnisse« über die Unbedenklichkeit der elektromagnetischen Wirkungen, und sie verfügen auch gelegentliche Baustopps. Dadurch entsteht eine Situation, die immer größere Ähnlichkeit mit der Auseinandersetzung um die sogenannte zivile Nutzung der Atomenergie erhält, auf die sich auch die Rechtsprechung zu elektromagnetischen Emissionen bezieht. Damals wie heute geht es um die Auslegung unbestimmter Rechtsbegriffe, die als Ausdruck politischer Entschlußlosigkeit der Judikative zugemutet wird, und damals wie heute wenden sich Bürger gegen ihren Staat, dem sie – als Genehmigungsbehörde – ihren Schutz anvertrauen.
Aus dem Protest gegen die Atomenergie, allgemeiner aus dem Protest gegen die grassierende Zerstörung der (globalen) Lebensgrundlagen hat sich ein verändertes Parteien- und Regierungsgefüge entwikkelt. Auf dem Symposium fiel das – böse – Wort vom Zerfall der Demokratie in Selbsthilfegruppen, von der »Selbsthilfe-Demokratie« für Politikverdrossenheit. Aus der naturwissenschaftlich-technisch-medizinisch orientierten Diskussion entwickelte sich eine gesellschaftspolitisch akzentuierte Diskussion, die ungeachtet aller technischen »Machbarkeit« auf Veränderung des belastenden Status quo drängt.
Denn belastet durch Elektro- und Magnetosmog ist keineswegs nur der gewissermaßen »sichtbare« Kreis der Elektrosensiblen, belastet ist potentiell vielmehr die *gesamte Bevölkerung*. Vor allem durch die Kombination mit einer Vielzahl von noxisch wirkenden Faktoren (wie Fehlernährung, Bewegungsmangel, Umweltgiften etc.) wird die Bildung der Zellenergie behindert, was zu einem pathologischen Energie-

Defizit führt. Von diesem Erschöpfungs-Syndrom sind – fast – alle Menschen unserer Breiten mit unterschiedlicher Intensität beschwert. Deutlich empfunden – etwa als schmerzhafte Erregung – wird es allerdings nur von fühligen Menschen, die wie empfindliche Seismographen auch auf geringfügige Veränderungen reagieren.
Daß wachsende Teile der Bevölkerung unter Erschöpfungs-Zuständen leiden, kann aber – aus ganz leicht einsehbaren Gründen – weder im Interesse der Politik noch im Interesse der Wirtschaft liegen, von den Betroffenen natürlich zu schweigen. Daher stellt sich die Frage, weshalb die Wirtschaft (und die Politik) nicht die durchaus möglichen präventiven Maßnahmen in die Wege leitet, um so mehr, als sie dem Komplex der Elektroindustrie beträchtliche ökonomische Wachstums-Chancen eröffneten, deren Größenordnung kaum abzuschätzen ist, etwa im Bereich der Freileitungen oder zum Schutz der Innenräume.
Wie fast nicht anders zu erwarten, wird die Frage mit der Gegen-Frage gekontert: Wer zahlt? Die Frage ist zwar ebenso unsinnig wie unvermeidlich, bedarf aber dennoch der – immer wieder gleichen – Antwort: Bezahlen müssen immer alle; wir können aber wählen, ob wir die Kosten der Krankheit begleichen oder die Kosten der Krankheits-Vermeidung – und dadurch wird die Entscheidung ziemlich einfach! Diese Frage ist in der Auseinandersetzung um die Zerstörung der Umwelt in Form der Vereinbarkeit von Ökonomie und Ökologie längst gestellt und längst beantwortet. Die Belastungen durch elektrische und magnetische Wellen und Felder bilden einen Teil dieser Auseinandersetzung unter speziellen Aspekten, wobei diese spezifischen Aspekte ihrerseits die noxischen Wirkungen allgegenwärtiger Umweltbelastungen verstärken.
Der Begriff Ökologie meint schließlich nicht zufällig die Wechselwirkungen des natürlichen Gesamthaushaltes, in dem die Menschen einen kleinen Anteil ausmachen, aber eine wichtige Rolle spielen. Die wichtige Rolle spielen sie gerade deshalb, weil sie bewußte Entscheidungen zu treffen vermögen, weil sie sich für Krankheit oder für Gesundheit, gegen die Umwelt oder für die Umwelt entscheiden können. Beide Entscheidungen haben natürlich ihren Preis. Gegenwärtig scheint es so zu sein, daß wir uns mehrheitlich noch immer für einen Fortschritt entscheiden, den wir als ökonomisches Wachstum definieren.

Diese Entscheidung entbindet uns aber nicht davon, über die öffentlichen Angelegenheiten, über die res publica nachzudenken. Dies gebietet nicht nur das – stärker abstrakt-theoretische – Interesse an der Verfaßtheit des Staates, das gebietet vielmehr auch das – ganz konkrete – Interesse derjenigen, die sich durch den Elektro- und Magnetosmog beschwert fühlen und nach Entlastung suchen.
Antworten darauf sind nicht so leicht zu finden, sie deuten sich aber dennoch wenigstens an. Ein Gutteil aller gesundheitlichen Belastungen läßt sich durch eine bewußte Entscheidung über die persönliche Lebensführung beeinflussen. Den sozialbedingten Expositionen zu entkommen ist sehr viel schwieriger; eine deutliche Senkung der Grenzwerte, die – etwa nach schwedischem Vorbild – für die alltäglichen wie die berufsbedingten Belastungen reduziert werden müßten, wäre immerhin eine Krücke, an der sich leichter humpeln ließe.
Wir befinden uns in einer *paradoxen* Situation: Einerseits ist uns die künstliche Elektrizität offenbar wenig zuträglich, andererseits können – und wollen – wir darauf kaum noch verzichten. (Allerdings wird uns die durch den Treibhaus-Effekt in Gang gesetzte Veränderung des Klimas zu drastischen Reduktionen zwingen; insofern bestehen also gleichgerichtete Tendenzen). Den manifest Elektrosensiblen läßt sich aber weder durch eine – politisch und ökonomisch vertretbare – Herabsetzung der Grenzwerte noch durch eine Verminderung der Zahl der elektrischen Installationen helfen. Beides könnte jedoch dazu beitragen, die Anzahl derjenigen zu reduzieren, die auf elektrische und magnetische Belastungen empfindlich reagieren, anstatt sie anwachsen zu lassen, wie es gegenwärtig der Fall ist. Dazu beizutragen vermag auch eine nach baubiologischen Kriterien durchgeführte elektrische Installation in Wohnungen, die freilich den Nachteil beträchtlicher Kosten aufweist und letztlich nur eine Lösung für den einzelnen darstellt.
Als letzte Möglichkeit bleiben schließlich neue Behandlungsmethoden, die mit ihrem sehr differenzierten und feinen Zugang zu den Belastungen wie den Beschwerden noch weit außerhalb des Kanons der Schulmedizin stehen (und deshalb »offiziell« weder Anerkennung noch Finanzierung finden), obwohl diese dem Problem elektromagnetischer Belastungen ziemlich hilflos gegenübersteht; hier besteht also noch sehr großer Forschungsbedarf.

Als Fazit läßt sich festhalten: Elektromagnetische Belastungen zu konstatieren erweist sich noch immer als schwierig, ihren Ursache-Wirkung-Mechanismus zu erforschen als entsprechend schwieriger, und die Folgen zu kurieren als (noch fast) unmöglich, vor allem dann, wenn man davon ausgeht, daß sehr große Teile der Bevölkerung mehr oder minder intensiv betroffen sind.
Angesichts dieser schwierigen Situation und unter Berücksichtigung durchsetzungsstarker ökonomischer Interessen, die sich darum bemühen, das Geschäft mit der Elektrizität möglichst auszuweiten, scheint es am weitaus einfachsten, den Kopf in den Sand zu stecken, abzuwarten und den Boten, die die unerwünschten Nachrichten transportieren, die Köpfe abzuschlagen.
Diese Verdrängung der Probleme dürfte sich aber als nicht tragfähig erweisen. Sie würde sich spätestens dann rächen, wenn die schon jetzt absehbare Energie-Armut immer größerer Bevölkerungskreise zu einer steigenden Leistungsunfähigkeit der ganzen Gesellschaft führt. Soweit kann es nicht kommen, und daß es dazu nicht kommt, dazu können die »armen Energie-Allergiker« beitragen, die uns durch ihre Sensibilität – über die die Gesellschaft deshalb froh sein muß – vor dem Smog der elektrischen und magnetischen Belastungen warnen, als »Leuchttürme«, die uns nicht sichtbare Gefahren signalisieren.
Zur Erforschung dieser *vielschichtigen Zusammenhänge* einen – *interdisziplinären* – Beitrag zu leisten, die Betroffenen zu ermutigen, die Protagonisten zu fördern, die Verursacher damit zu konfrontieren und die Verantwortlichen herauszufordern ist mithin eine Aufgabe, die der echten Sorge um den Zustand und die Entwicklung der öffentlichen Angelegenheiten entspringt.

II. Elektrosmog und Magnetosmog – Was bedeutet das?

Wolfgang Zängl

Strom als Geschäft oder: Die Elektrifizierung Deutschlands

In den Industrieländern werden der *Stromverbrauch* und seine *Zuwachsraten* schon beinahe wie ein Naturgesetz hingenommen. Für das Thema ›Elektro- und Magnetosmog‹ ist sowohl die Qualität als auch die Quantität der produzierten und konsumierten künstlichen Elektrizität sowie auch ihre technische Infrastruktur – Kraftwerke, Umspannanlagen, Hochspannungsleitungen etc. – von Bedeutung. Was den auf Strom angewiesenen Konsumenten heute (neben dem Preis) in wachsendem Maße interessiert, ist die Gesundheitsverträglichkeit der Elektrizität. Für die Produzenten jedoch ist der Stromverkauf ein bloßes Geschäft, das um so größer ist, je größer die Energieverschwendung wird. Vor dem Hintergrund dieser schlichten Tatsache möchte ich die folgenden Grund-Thesen formulieren:

1. Strom ist eine Edelenergie, die für viele Anwendungsbereiche geeignet ist. Der Einsatz von Strom für »vernünftige« Anwendungen ist meist nur mit geringem Stromverbrauch, mit schwachen Stromstärken, mit niedrigen Spannungen verbunden.
2. Der steigende Stromverbrauch ist kein Naturgesetz: Seit ihrer Gründung tut die Elektrizitätswirtschaft alles, um den Stromverbrauch künstlich hochzutreiben.
3. Elektrizität wird zu über 90 Prozent in Wärmekraftwerken gewonnen – bei etwa zwei Dritteln Energieverlusten. Diese Energie müßte also effizient und intelligent eingesetzt werden. Das Gegenteil ist der Fall, da ein intelligenter und effizienter Umgang mit Elektrizität den Geschäftsinteressen der Stromerzeuger, die soviel Strom wie möglich verkaufen wollen, in aller Regel widerspricht.
4. Vor allem der Einsatz von Strom für Wärmezwecke – elektrische Raumheizung, elektrische Warmwasserbereitung, elektrisches Kochen etc. – erfordert ein flächendeckendes Hochspannungsnetz. Gerade davon gehen elektromagnetische Störfelder aus.

Auf dem Wärmemarkt ist der Einsatz von Strom eine Energieverschwendung ersten Ranges. Zunächst wird in fossilen oder nuklearen Wärmekraftwerken bei zwei Dritteln Energieverlust Strom erzeugt, wobei der Nettowirkungsgrad bei maximal 34% liegt. Davon müssen noch rund 5% Leitungs- und Umspannungsverlust abgezogen werden, weil der Strom oft über Hunderte von Kilometern über Hochspannungsleitungen zum Verbrauchsort transportiert werden muß, wo er wieder in Wärme umgewandelt wird. Wenn man dann noch die in den Nachtspeicheröfen selbst anfallenden Verluste berücksichtigt, dazu die Verluste durch die nicht an das Klima angepaßte elektrische Raumheizung rechnet, die unerwünschten Wärmeabgaben und die nötige »Wärmevorratshaltung«, so ergibt sich ein Wirkungsgrad der eingesetzten Primärenergie, der weit unter 20% liegt.
Ähnlich sieht es beim elektrischen Kochen aus: Ein Elektroherd benötigt die vierfache Menge der Primärenergie eines Gasherdes. Mit einer Kilowattstunde kann man zum Beispiel
- 17 Stunden lang eine normale 60-Watt-Glühbirne oder
- 77 Stunden lang eine 13-Watt-Sparlampe brennen lassen,
- sich 100 Stunden rasieren,
- drei Mittelklassewagen 100 Meter hoch heben.

Man kann aber nur zwei oder drei Minuten duschen, d.h. 10 Liter Wasser von 10 °C auf 85 °C erhitzen.

5. Der Staat greift bei der Stromverschwendung nicht reglementierend ein, im Gegenteil: Er weigert sich, sinnvolle Versorgungsstrukturen zu initiieren. Gerade in Deutschland wird durch das »Gesetz zur Förderung der deutschen Energiewirtschaft« aus dem Jahr 1935 die Monopolstellung der Elektrizitätsversorgungsunternehmen (EVU) festgeschrieben, ein Monopol, das immer noch zur Ausweitung des Stromanteils im Energiemarkt benutzt wird.
6. Die bislang übliche jährliche Steigerung des Stromverbrauchs um 2% in den alten Bundesländern weckt offenbar keine Besorgnis: Sie entspricht aber der Stromproduktion eines ganzen Atomkraftwerkes von 1300 MW.
7. Nach Effizienzkriterien könnte der heutige – künstlich aufgeblähte – Stromverbrauch auf einen Bruchteil gesenkt werden, ohne daß für die Verbraucher Versorgungseinbußen zu befürchten wären.

Um den Weg in den »Strom-Staat« zu beschreiben, möchte ich im folgenden einige historische Bausteine dieser elektrifizierten Welt skizzieren. Insbesondere die raffinierten Methoden zur Eroberung der Haushalte zeigen die brachiale Durchsetzungsstrategie der Stromproduzenten; sie ist auch auf die übrigen Bereiche Industrie, Gewerbe, öffentliche Versorgung etc. übertragbar.

1. Strom-»Täler« – Strom-»Berge«

Von den Anfängen der Elektrizitätserzeugung an läßt sich eine enge *Verflechtung* zwischen Kraftwerkherstellern, Kraftwerksbetreibern, geldgebenden Banken, zuliefernder Elektrogeräteindustrie, den entsprechenden Verbänden (Elektrotechniker, Ingenieure, Prüf- und Norminstanzen) und nicht zuletzt den mit Stromfragen befaßten staatlichen Stellen feststellen. Auch dies mag erklären, warum Gesundheitsbeeinträchtigungen durch elektromagnetische Strahlung so lange vernachlässigt, verdrängt, geleugnet wurden.
Die Geschichte der Firma Siemens beleuchtet diesen Zusammenhang symptomatisch. Hierzu ein Kommentar aus der Anfangszeit: »Werner Siemens nimmt nun eine eigenartige Doppelfunktion ein. Er ist Vertreter der Staatsbehörden als Telegraphenoffizier und Bauleiter, als Unternehmer verdient er an der Lieferung der Telegraphenapparate und der Kabellieferungen, da Siemens & Halske bei der Kabelfirma gewinnbeteiligt ist. So verdient die junge Firma außergewöhnlich gut. Einschließlich 1849 beträgt der Gewinn über 15000 Taler, rund 46 Prozent des Umsatzes«.[1]
Um das Jahr 1866 entdeckte Werner von Siemens zeitgleich mit anderen das elektrodynamische Prinzip: Damit begann die Ära der kommerziellen Stromerzeugung. Die Firma Siemens war von Anbeginn der offizielle Staatslieferant für Elektrotechnik, Energieversorgung, Post- und – nicht zuletzt – Militärgüter. Die enge Verbindung mit dem Staat erklärt auch heute noch diverse Interessenkoalitionen – von der Erlanger Siemens-Tochter Kraftwerksunion (KWU) bis zu den Hanauer Plutoniumwerken. Dazu kommen enge Verbindungen mit den zuständigen staatlichen Stellen und den Elektrizitätsversorgern. Sie kommen zum Beispiel in der Aussage des damaligen Atomministers Balke Anfang der sechziger Jahre zum Ausdruck: »Wenn wir keine Kernkraftwerke anzubieten haben, werden wir eines Tages auch keine Staubsauger mehr verkaufen können.«[2] Daraus kann man fol-

gern: *Weil* Atomkraftwerke in Deutschland in Betrieb sind (aber kaum noch exportiert werden können), wird der neueste Siemens-Staubsauger inzwischen mit 1500 Watt betrieben.
Bis gegen Ende des 19. Jahrhunderts wurde Strom vor allem zu Beleuchtungszwecken verwendet – mit der Konsequenz für die Kraftwerksbetreiber, daß ihre Anlagen tagsüber stillstanden. Man begann also über die Verwendung des Tagstroms nachzudenken. Der zweite Konzern im Stromgeschäft, Emil Rathenaus AEG, begann ab 1888 Pferdebahn-Unternehmen aufzukaufen und den Transport auf elektrisch betriebene Straßenbahnen umzustellen. So begann das sogenannte »Auffüllen von Lasttälern«, das bis zum heutigen Tag anhält: bis zum Auffüllen des Nachttals mit etwa 40000 Megawatt installierter Nachtspeicherheizungen.

2. Niedrige Tarife fördern die Stromverschwendung

Schon im Geschäftsbericht des Rheinisch-Westfälischen Elektrizitätswerkes (RWE) aus dem Jahr 1903 stand: »Wir betrachten es im Gegensatz zu den meisten Kommunalbetrieben nicht als unsere Aufgabe, unter Ausnutzung unserer Monopolstellung in einzelnen Gemeinden bei geringem Stromabsatz großen Gewinn zu machen, sondern wir gedenken dadurch unsere Aufgaben für uns und die Allgemeinheit zu erfüllen, daß wir den Konsumenten ... zu den denkbar billigsten Preisen größtmögliche Strommengen zur Verfügung stellen«.[3]
Niedrige Stromtarife wurden von Anbeginn an gezielt eingesetzt, um
- den Stromanschluß von Industrie, Gewerbe und Haushalt zu fördern,
- den Stromverbrauch zu steigern,
- den Geräteherstellern und Installationsfirmen Absatzmärkte zu sichern,
- den Kraftwerksbetreibern die andauernde Ausweitung ihrer Anlagen zu ermöglichen,
- andere Energieformen zu verdrängen bzw. zurückzudrängen,
- neue Gebiete und Märkte für die Stromanwendung zu erobern.

Das hatte – vor allem für unser Thema und den heutigen schwindelerregenden Stromverbrauch von Bedeutung – zur Folge, daß die erfolgreiche Marktausweitung des Stromabsatzes zu Lasten technischer Effizienz und der Wahl der richtigen Energie ging.

3. Der Verkauf der Elektrizität

Anfang des 20. Jahrhunderts gab es noch *weiße Flecken* auf der deutschen Elektrifizierungskarte. Das sollte sich ändern. Die letzten Weiler und Dörfer, Werkstätten und Mansarden sollten angeschlossen werden. Deshalb wurde eine Art elektrisches Blockwartsystem angelegt, »und zwar muß jetzt die unmittelbare persönliche Bearbeitung des einzelnen Interessenten einsetzen«[4]. In einer Kartensammlung wurden alle Alt- und Neubauten erfaßt – sowie die darin Wohnenden: »Aufgrund einer solchen Kartensammlung ist die eindringlichste Werbearbeit möglich, da damit jeder, der als Abnehmer in Betracht kommen kann, gewissermaßen ständig unter Beobachtung gestellt ist...«[5]

Eine andere Quelle schildert den elektrischen Verdrängungswettbewerb so: »Es müssen die einzelnen Kleingewerbe aufgezeichnet und jene besucht werden, die mit dem elektrischen Strom bislang aus irgendwelchen Gründen nicht arbeiten. Es darf kein Leimtopf bei einem Tischler z. B. bei einem anderen Wärmemittel als mit elektrischem Strom verwendet werden, kein motorischer Antrieb soll anders denn elektrisch sein.«[6]

4. Wirtschaftskrise – Stromkrise

Ende der zwanziger Jahre ging der Stromabsatz aufgrund der Weltwirtschaftskrise erstmals zurück. Der Hauptabsatz des Stroms ging damals an die Industrie – beim RWE im Jahr 1931 über 90 Prozent –, die bei schlechter Konjunktur und sinkendem Strombedarf zuerst die betriebseigenen Werke auslastete. Die Stromversorger rekrutierten daher eine neue Abnehmergruppe, die bisher kaum an das Stromgeschäft angeschlossen war: *die Haushalte*. Bei diesen handelte es sich um weitgehend konjunkturunabhängige Abnehmer, die die krisenbedingte Absatzflaute auffangen sollten, wie ein Autor im Jahr 1933

plastisch schilderte. »Als einziger Ausweg bot sich die Erhöhung des Stromabsatzes an Kleinabnehmer ... Theoretisch ist die Möglichkeit vorhanden, den gesamten Energiebedarf eines Haushaltes für Raumheizung, Kochen und Warmwasserbereitung durch Strombezug zu decken ... Sollte es gelingen, die Elektrowärme auch im Haushalt weitgehend einzuführen, so wären bei der Größe dieses Absatzmarktes Verbrauchszahlen zu erwarten, die eine völlige Umwälzung der Kleinabnehmerversorgung hervorrufen könnten.«[7]
Das RWE begann die Haushalte mit absoluten Dumpingpreisen für Koch- und Wärmestrom (Kilowattstundenpreise bis zu 5 Pfennig) zu erobern. Dazu wurden Gasleitungen stillgelegt, Kamine herausgerissen und ähnliche Maßnahmen ergriffen, um die Energie Strom durchzusetzen. Elektrische Versuchsküchen sollten den skeptischen Hausfrauen das elektrische Kochen nahebringen; im Jahre 1934 wurde der »erste beheizte schornsteinlose Wohnblock« des RWE in Essen eingeweiht – eine Entwicklung mit Folgen.
Der Elektrifizierung der Haushalte war ab den 50er Jahren ein voller Erfolg beschieden: Derzeit verbrauchen die Haushalte etwa ein Drittel der gesamten Stromerzeugung. Heute werden am Konzernsitz der RWE über 30 Prozent der Wohnungen elektrisch beheizt!

5. Die elektrischen Versuchsdörfer

Auch das Land sollte als Stromkunde gewonnen und elektrifiziert werden: In einem Großversuch wollte das »Reichskuratorium für Technik in der Landwirtschaft« Anfang der 30er Jahre klären, »welche Mengen elektrischer Energie der Bauernhof für Wärmezwecke aufnehmen kann« und ob über Nachtstromverbrauch die »Auffüllung von Belastungstälern« wirtschaftlich zu gestalten sei.[8] Die drei Dörfer Saulwitz, Fellbach und Walkerbach wurden zu diesem Zweck total elektrifiziert.
Im Bauernhaushalt gab es meist genügend eigenes Holz als Wärmequelle – und oft genug Kochherde, die gleichzeitig warmes Wasser bereiten und die Küche heizen konnten. Obwohl es also schwierig war, den landwirtschaftlichen Betrieben Strom für Wärmezwecke zu verkaufen, gelang dies – über Billigststrompreise. Man ersetzte die bis dahin gebräuchlichen Holzherde durch elektrische Großgeräte wie

den Elektroherd und den elektrischen Warmwasserboiler, später noch durch Elektroöfen.
Der Stromverbrauch stieg in allen drei Dörfern auf das Achtfache und mehr. Das Ergebnis kleidete man in die (unbewußt) zynisch klingenden Worte: »Es konnte bewiesen werden, daß die Landwirtschaft tatsächlich in der Lage ist, an der Verringerung der Schwierigkeiten der Stromversorgung auf dem flachen Lande von ihrer Seite aus wesentlich beizutragen.«[9] Die Zahl der »hochelektrifizierten Siedlungen« stieg von 400 (Ende 1935) auf fast 1100 (Ende 1937). Heute ist das Ziel erreicht: Bei Stromausfall kann in den Dörfern fast niemand mehr kochen.
Ein Beispiel aus dem Süden der Republik: In Bayern wurde Elektrizität Anfang der 30er Jahre zu 99,9 Prozent aus Wasserkraft gewonnen; 1958 waren es immer noch 62, 1968 noch 40 Prozent. Jetzt liegt der Anteil der Wasserkraft an der Stromerzeugung bei weniger als 15 Prozent. Der Regierungsbezirk Niederbayern konnte sich 1968 noch zu fast 100 Prozent aus Wasserkraft versorgen. Heute stehen dort die AKWs Isar 1 mit 870 und Isar 2 mit 1285 Megawatt – und die Atomruine Niederaichbach.
Die Aufrüstung und der Zweite Weltkrieg schraubten den Stromverbrauch in ungeahnte Höhen. Wohl auch aus diesem Grund findet man auf der Titelseite der Zeitschrift »Elektrizitätswirtschaft« (Nr. 12/1939) eine Verbrauchskurve mit dem Rekordverbrauch von 31,8 Mrd. Kilowattstunden und dem Satz: »Heil unserem Führer.«

6. Immer weniger große Elektrizitätswerke liefern immer mehr Strom

Strom wurde anfangs in kleinen und kleinsten Kraftwerken erzeugt – häufig umgebaute Mühlen oder kleine Kraftwerke, die nur wenige Häuser versorgten. Bereits nach kurzer Zeit geriet das Stromgeschäft in die Hände weniger großer Konzerne. Stadtwerke wurden an die großen Elektrizitätsversorgungsunternehmen, EVU, übereignet, kleine Elektrizitätserzeuger mußten aufgeben. Die großen Stromerzeuger einigten sich im »Ersten deutschen Elektrofrieden« von 1908 und im »Wirklichen deutschen Elektrofrieden« 1929 auf Demarka-

tionslinien, Hoheitsgebiete und damit Gebietskartelle: Die Schlacht um die deutsche Elektrizitätsversorung (und -verschwendung) war gewonnen.
Auch das Energiewirtschaftsgesetz spielt eine wichtige Rolle: Nach § 8 des Gesetzes kann einem Unternehmen, das seine Versorgungsaufgaben nicht mehr wahrnehmen kann (bzw. die Stromverschwendungswirtschaft nicht mehr mittragen will), der Betrieb ganz oder teilweise untersagt werden; der Wirtschaftsminister kann dann ein anderes EVU mit der Übernahme der Versorgung beauftragen. So verschwanden Tausende kleiner Stromerzeuger, und derzeit produzieren sieben – demnächst nur noch sechs – Gesellschaften etwa 95 % des deutschen Stroms unter Monopolbedingungen.

7. Die Kraftwerke wurden immer größer – bis zum 1300-MW-Atomkraftwerk

Im Jahr 1900 hatte die größte Turbineneinheit 1000 Kilowatt Leistung, also 1 Megawatt; 1955 war man bei 150 MW angelangt, 1965 bei 300 MW: Größenordnungen, die sich wiederum nur große Stromversorger leisten konnten. Aber noch gab es eine Reihe unabhängiger Stadtwerke, von denen einige – wie die Mannheimer Stadtwerke unter ihrem Direktor Marguerre – für eine dezentrale, sparsame Stromversorgung eintraten. Den großen Elektrizitätsversorgungsunternehmen mußte daher der Staat zu Hilfe kommen. Im Jahre 1964 trat der sogenannte »300-Megawatt-Erlaß« in Kraft, eine »Empfehlung« des Bundesministers für Wirtschaft: »Unter Berücksichtigung der derzeitigen Versorgungsverhältnisse in der Bundesrepublik und des Erfordernisses einer weitgehenden Standardisierung und Kostensenkung beim Bau von Kraftwerken wird bis auf weiteres die Leistung von 300 MW als Richtgröße für die Aufstellung neuer Maschineneinheiten zugrunde gelegt.«[10]
Der nach dem Energiewirtschaftsgesetz von 1935 auch heute noch weisungsbefugte und genehmigungsberechtigte Wirtschaftsminister ließ auch im Hinblick auf die Folgen an Deutlichkeit nichts zu wünschen übrig: »Bauvorhaben, die diesen Grundsätzen nicht entsprechen, werden nicht freigegeben. Sollte ein anzeigendes EVU eine rechtsmittelfähige Entscheidung verlangen, so wird das Vorhaben un-

tersagt, weil Gründe des Gemeinwohls es erfordern.«[11] Dies war die Weichenstellung in die Atomwirtschaft. Und die zu erwartenden Mengen Atomstrom führten zur Überlegung, Strom zur einzigen Energiequelle im Haushalt zu machen.

8. Das allelektrische Haus

»Allelektrisch bedeutet: Die Wohnung wird ausschließlich mit Strom versorgt, d. h. der *gesamte Energiebedarf der Wohnung* wird mit Strom gedeckt (Beleuchtung, Herd, Warmwasserbereitung, Heizung).«[12] Wird nämlich elektrisch geheizt, muß auch die Warmwasserversorgung elektrisch erfolgen. Dem Monopol der Stromversorgung folgte das Monopol der Energieversorgung. Bei elektrischer Warmwasserbereitung werden für ein Duschbad ca. 1,5 kWh fällig, für ein Bad ca. 5 kWh. Dazu kommt der Warmwasserverbrauch für Waschmaschinen, Geschirrspülmaschinen etc. (die auch aus der konventionellen Warmwasserversorgung beschickt werden können – soweit es sie noch gibt!).
Ein EVU-Kolloquium über »Elektrische Raumheizung« folgerte konsequent: »Das Ziel der EVU muß also das allelektrische Haus in des Wortes ganzer Bedeutung sein, daß nämlich die Elektrizität die einzige Energiequelle des Hauses darstellt... Und ganz besonders die Wohnraumheizung (ist) dazu berufen, an Stelle der nun schon weiter verbreiteten Anwendungszwecke für die Beibehaltung der hohen Wachstumsraten des Haushaltsverbrauchs zu sorgen«[13]. Die EVU wußten sehr genau, daß der Stromverbrauch durch die energieverschwendende Stromheizung um ein Vielfaches steigt: »Der Anschlußwert eines elektrisch beheizten Mehrfamilienhauses liegt beispielsweise in der Größenordnung eines ganzen Straßenzuges ohne elektrische Raumheizung.«[14]
1950 wurden gerade 0,1 Prozent des Stromes zur Raumheizung verwendet. 1960 waren es 0,17 Prozent mit einem Anschlußwert von 0,13 MW und einem Verbrauch von 0,08 Terrawattstunden (TWh). Ab dann stieg der Anteil elektrischer Raumheizung steil.
Bereits 1986 schrieben Krüger und Schuh: »Mit dem Laden der Nachtspeicherheizungen sind in sehr kalten Nächten Kraftwerke beschäftigt, deren Leistungen 20 Großkraftwerken vom Typ Biblis A

Tab. 1: Entwicklung des Gesamtverbrauchs von Elektrizität

Jahr	Anschlußwert (MW)	Gesamtverbrauch (TWh)
1960	0,13	0,08
1970	9,60	5,90
1980	30,30	21,00
1990	39,05	22,20

Quelle: Hauptberatungsstelle für Elektrizitätsanwendung, Statistisches Faltblatt 1972, 1987, 1993 (alte Bundesländer)

entspricht.«[15] Und dies mit einem Wirkungsgrad, der – wie schon erwähnt – weit unter 20 Prozent liegt!
Dieser Verbrauch führte wiederum zu einer Verschiebung der Lastspitze, wie ein Teilnehmer der RWE-Tagung »Elektrische Raumwärme« schon 1966 feststellen mußte: »In einigen Ortsnetzen ist inzwischen die Nachtlast auf den Wert der Tagesspitze angewachsen.«[16]
Im Jahre 1985 registrierten die EVU der Bundesrepublik den höchsten Stromverbrauch um 24 Uhr, wie ein Diagramm im Jahresbericht der VDEW zeigte.[17] Die Isar-Amper-Werke haben ihre Werbung für Nachtspeicherheizung sogar so erfolgreich durchgeführt, daß ihre Lastspitze inzwischen kurz nach 24 Uhr liegt. Im Winter laden sie diese Stromfresser bis zu zwei Stunden am Tag[18] – Nachtstrom am Tag!

9. Stromtransport und Fernleitungen

Das deutsche Hochspannungsnetz, das sogenannte *Verbundsystem*, überspannt ganz Deutschland; es verbindet die Großkraftwerke mit den Regionen. Je größer das einzelne Kraftwerk dimensioniert wurde, um so höher mußte auch das Leitungsnetz dimensioniert werden – zum Abtransport der Leistung, aber auch, um bei einem Ausfall des Großkraftwerkes Ersatz herbeizuschaffen. Höhere Kraftwerksleistungen bedingen also höhere Stromübertragungs-Kapazitäten. Eine 380-kV-Doppelleitung kann also die Leistung eines großen Atomkraftwerkes übertragen.
Wem gehört nun dieses Leistungsnetz? Die Deutsche Verbundgesell-

Tab. 2: Stromtransport im Verbundsystem

Jahr	1900	1915	1930	1955–60
Spannungsebene	10 kV	110 kV	220 kV	380 kV
übertragbare Leistung	2 MW	30 MW	120 MW	600 MW

Quelle: Deutsche Verbundgesellschaft 1953, S. 31

schaft (DVG) wurde 1948 von den neun großen EVU gegründet. Es ist ein Gebilde mit halböffentlichem Charakter und gänzlich privaten Eigentümern – die wohl kleinste, exklusivste (und vermutlich reichste) Gesellschaft Deutschlands. Und dabei ist sie fast unbekannt. Heute gehört den derzeit sieben großen EVU das Hochspannungsnetz, das Ende der 70er Jahre rund 7000 Kilometer 380-kV-Leitung, 17000 Kilometer 220-kV-Leitung und 41000 Kilometer 110-kV-Leitung umfaßte. Schiffer gab schon zu diesem Zeitpunkt den Wert des Netzes mit über 21 Milliarden Mark an. Es ist ständig weiter ausgebaut worden und umspannt und überspannt die alten (und in ähnlichem Ausmaß bald auch die neuen) Bundesländer wie eine elektrische Krake.

Großkraftwerke wie AKWs haben den immer weiteren Ausbau des Verbundsystems herbeigeführt und damit die immer weiter steigende Elektrifizierung und Stromverschwendung. Dadurch ist auch die Ausbreitung elektromagnetischer Strahlung so immens gestiegen.

Die zunehmende internationale Elektrizitätsverflechtung samt dubioser Dreiecksgeschäfte zu Lasten armer Stromexporteure trägt zum anscheinend endlos wachsenden Stromtransport in erheblichem Ausmaß bei. Siemens rüstet beispielsweise ein Kernkraftwerk in der (damaligen) CSFR nach. Die Finanzierung erfolgt durch das Bayernwerk AG, München, die vom Kraftwerksbetreiber in der CSFR wiederum mit Stromlieferungen bezahlt wird. Letztlich soll die energiearme CSFR von 1995 bis 1998 jeden Winter 17,5 Mrd. Kilowattstunden an den reichen Stromverschwender im Westen liefern.[19]

Ein nicht unerheblicher »Nebeneffekt« des Hochspannungsnetzes ist die Landschaftszerstörung, die im übrigen von den Verantwortlichen genauso geleugnet wird wie die Gefährdung durch Elektrosmog. Für Schutzstreifen müssen bei 110-kV-Leitungen 50 Meter, bei 220-kV-Leitungen 60 Meter und bei 380-kV-Leitungen 70 Meter freigehalten, gerodet, planiert werden. Hinzu kommen die Masten selbst, die Umspannstationen etc.

Ende der 70er Jahre sah der ehemalige Bayerische Wirtschaftsminister Jaumann in diesen Schneisen »oft sonnenreiche Forst- und Spazierwege, Skiloipen und Reitwege, die von den Erholungssuchenden gern angenommen werden«[20]. Den Bau einer 110-kV-Leitung durch das Tegernseer Tal kommentierte er folgendermaßen: »Gegen die Leitungsführung bestanden aus Gründen der Raumordnung und Landesplanung keine Einwendungen, zumal die Isar-Amperwerke AG sich (...) bereit erklärt hatte, etwaige Beeinträchtigungen des Landschaftsbildes durch geschickte Leitungsführung (Abdeckung durch Berg- und Waldkulissen) sowie die Wahl entsprechender Mastformen abzumildern. Das Elektrizitätsversorgungsunternehmen versicherte in einem Schreiben vom 8. Mai 1974 erneut, daß die Leitungsmasten nach entsprechendem Anstrich (! W. Z.) später sowohl von Bad Wiessee als auch vom gegenüberliegenden Tegernseer Ufer kaum wahrzunehmen sein werden.«[21]

Der Autor dieses Beitrags hat mit einer Bürgerinitiative fünf Jahre gegen eine 110-kV-Leitung in Niederbayern gekämpft, die schließlich im Jahr 1993 unter anderem deswegen gebaut werden konnte, weil der dortige Stromversorger den Bauern pro Strommast auf deren Grund bis zu 60000 Mark bezahlte. Die neueste juristische Entwicklung beim Leitungsbau bringt Zusatz-Überraschungen: Die Novellierung des Energiewirtschaftsgesetzes soll die Genehmigungspflicht für den Leitungsbau abschaffen.[22] Und der Umweltausschuß des Bundestages verabschiedete kürzlich einen Antrag zum Investitionserleichterungsgesetz, den die Elektrizitätswirtschaft Wort für Wort verfaßt hatte, was daran erkennbar war, daß der Antrag, der bisher gültiges Umweltrecht außer Kraft setzt, in der Kopfzeile noch die FAX-Kennung des Absenders trug – der Vereinigung Deutscher Elektrizitätswerke ...[23]

10. Atom-Ideologie

Seit der Atomkatastrophe von Tschernobyl wird von der Atomstrom-Lobby ein großangelegter *Werbefeldzug* geführt – unter anderem mit den Slogans:

- »Wir denken an morgen. Und nicht an Ausstieg.«
- »Strom aus Uran – Ein Gewinn für die Klimabilanz.«
- »Unser Endlager besteht seit 150 Millionen Jahren.«
- »Wer seine Erde schont, nutzt auch die Kernkraft.«

Gleichzeitig lief eine Aktion der Installateure und Gerätehersteller – unter dem Siegel »Elektrowärme vom Fachmann« – mit den Inhalten:

- »Heizen ohne Verteilungsverluste – Ein Stromanschluß schaltet Verteilungsverluste beim Heizen aus.«
- »Brauchen. Statt aufbrauchen. Wer weitsichtig denkt, setzt auf Warmwasserbereitung mit Strom.«
- »Heizen. Statt verheizen. Wer weitsichtig denkt, entscheidet sich für Elektrowärme. Denn Strom ist unendlich erneuerbar.«

Gestern wie heute fördert die sogenannte Energieberatung der EVU Stromverschwendung. Mit Pseudosachlichkeit garnierte, gezielte Informationen ließen und lassen einer nicht oder schlecht informierten Öffentlichkeit die Stromverschwendung als Umweltschutz erscheinen. So empfiehlt etwa die »Hauptberatungsstelle für Elektrizitätsanwendung« – ein Organ der Vereinigung Deutscher Elektrizitätswerke – als Maßstab für gehobenen Wohnkomfort für die Küche zumindest zwölf Steckdosen, für das Wohnzimmer zumindest zehn, für das Kinderzimmer zumindest acht und für das Schlafzimmer zumindest 11 Steckdosen: Dem Autor entzieht sich die Kenntnis, welchen Zwekken ein derart elektrifiziertes Schlafzimmer dienen mag.

11. Künftige Stromverschwendung

In der jüngsten Zeit sind *keine hoffnungsvollen Ansätze* für eine Besserung erkennbar – im Gegenteil, wie die sogenannten Energiekonsens-Gespräche zeigten.[24] Die großen EVU werden nach wie vor ihren Strom-Markt ausbauen – wider alle technische, ökonomische und ökologische Vernunft. Vor allem wird hierzu die nach wie vor propagierte elektrische Speicherheizung beitragen, aber auch Stromgeräte wie Kühlschrank, Tiefkühltruhen etc., die ein Mehrfaches des Stroms verbrauchen, der technisch nötig wäre. Ausgeschaltete Geräte verbrauchen Strom (Kopierer etc.), neue Verbraucher wie elektrische Dachrinnenheizungen und ähnlich sinnfällige Apparaturen kommen hinzu; die Einweg-Wegwerf-Grüne-Punkt-Produktion tut ein übriges, um Energie und Rohstoffe in Wegwerfartikel und Müll zu verwandeln.

12. Künftige Stromreduzierung

»Wenn man in einer Badewanne sitzt, aus der ständig warmes Wasser ausläuft, was braucht man dringender? Einen dichten Verschlußstopfen oder einen stärkeren Boiler?« fragte Amory Lovins einmal. Die EVU neigen dazu, uns selbstverständlich den größeren Boiler zu verkaufen.

Die Lösung liegt im Energiesparen, das so schwierig nicht ist – und im Stromsparen, das wirklich einfach ist. In Schlagworten heißt dies:

- Strom raus aus dem Wärmemarkt; Ersatz der Elektroheizungen;
- intelligenter und effizienter Einsatz der Edelenergie Strom;
- Reduktion stromintensiver Rohstoffe und Materialien wie Aluminium, Chlorchemie (PVC!) und Düngemittel;
- höhere Nutzung industrieller Prozeßwärme;
- Beendigung der Wegwerfproduktion und damit Abbau der Müllberge;
- Veränderung der Stadtwerke, die nicht länger den Stromverbrauch hochtreiben, sondern senken sollten, indem sie die jeweils bessere Energiedienstleistung verkaufen;
- Stromerzeuger sollten nicht wie im 19. Jahrhundert produzieren, sondern für das 21. Jahrhundert die Weichen stellen. Die Least-Cost-Planning-Diskussion in den USA hat hierzu wertvolle Hinweise gegeben.[25]

Neben einer hohen *Energieeffizienz* ist vor allem die Nutzung der *Sonnenenergie* auf allen Ebenen eine absolute Notwendigkeit für das Leben auf diesem Planeten. Und schließlich das wohl Wesentlichste: Wir müssen einen neuen Umgang mit uns selbst finden. Lebensqualität hat kaum etwas mit Energieverbrauch zu tun, auch wenn es oft so dargestellt wird. Ein vergerätschaftetes, durchmaschiniertes Leben macht aus uns allen kleine Maschinisten, die immer mehr Hebel und Knöpfe und Steckdosen brauchen und dabei immer unglücklicher werden.

Wir müssen wieder den umgekehrten Weg gehen: Menschliche Arbeit, natürliche Lebensweisen und richtige Energienutzung müssen die Kilowattstunden ersetzen. Lewis Mumford hat den Abschied von der Maschine einmal folgendermaßen beschrieben: »Doch an denen von uns, die den Mythos der Megamaschine abgeschüttelt haben, liegt es, den nächsten Schritt zu tun: Denn die Tore des technokratischen Gefängnisses werden sich trotz ihrer verrosteten alten Angeln automatisch öffnen, sobald wir uns entschließen, hinauszugehen.«[26]

Anmerkungen

1 v. Peschke 1981, S. 43.
2 Zitiert nach: Karweina 1984, S. 225f.
3 Zitiert nach: Schäfer 1972, S. 288.
4 Siegel 1917, S. 68.
5 Siegel 1917, S. 55.
6 Kratochwil 1925, S. 24.
7 Scharrer 1933, S. 6f.
8 Vgl. Derlitzki/v. Waechter/ Stäubesand 1937, S. 5.
9 A. a. O, S. 83.
10 Zitiert nach: Eckardt u. a. 1985, S. 103.
11 A. a. O.
12 Schiffer 1978, S. 187.
13 Unipede-Kolloquium 1969, zitiert nach: Traube/Ullrich 1982, S. 221.
14 So VEW-Vorstand Niehage 1969, S. 734.
15 Krüger/Schuh 1986, S. 40.
16 Weber 1966, S. 170.
17 Vgl. Bönsch, in: *Die Zeit* vom 10. 4. 1987.
18 Vgl. *Südd. Zeitung* vom 9. 12. 1987: Nachtstrom auch am Tag.
19 Vgl. *Südd. Zeitung* vom 9. 7. 1992: Erste Hilfe für Strommeiler im Osten, sowie *Südd. Zeitung* vom 11. 4. 1992: Bayernwerke zapfen Osteuropa an, und *Südd. Zeitung* vom 23. 4. 1992: Bayernwerke aktivieren die Strompartner.

20 Nach: Bayer. Staatsministerium für Wirtschaft und Verkehr u. a. (Hrsg.), München 1978, S. 120.

21 A. a. O.

22 Vgl. *Südd. Zeitung* vom 28. 10. 1993: Ein neues Gesetz für die Energiewirtschaft.

23 So: *Der Spiegel*, Nr. 43/1993, S. 56.

24 Vgl. zum Hintergrund Zängl 1993, S. 216–230.

25 Vgl. Leonhardt/Klopfleisch/Jochum 1989; Zängl/Hamberger 1990.

26 Mumford 1977, S. 833.

Hauke Brüggemeyer

Künstliche Strahlungsquellen

Entwicklungsgeschichte und Überblick

Mit dem weit verbreiteten und noch immer zunehmenden Einsatz von elektrischen Anlagen hat sich die elektromagnetische Umwelt des Menschen wesentlich verändert. Verglichen mit den seit jeher vorhandenen natürlichen Feldern hat die Stärke der vom Menschen erzeugten künstlichen Felder in der Umwelt, im Wohnbereich und am Arbeitsplatz innerhalb kurzer Zeit erheblich zugenommen.

Der physikalische Begriff der elektromagnetischen Felder bzw. Wellen umfaßt nicht nur die nieder- und hochfrequenten Felder zwischen den Frequenzen von 0 Hz bis 300 GHz, sondern auch das Licht und die Röntgen- bzw. Gammastrahlung. Der Frequenzbereich von 0 Hz bis 30 kHz umfaßt die statischen und niederfrequenten Felder (ELF), dazu gehören auch die sog. Netzfrequenzen 16⅔, 50 und 60 Hz. Der Bereich 30 kHz bis 300 GHz wird oft als Hochfrequenz (HF) bezeichnet; es ist das Gebiet der Radio (RF)- und Mikrowellen (MW). Die Abgrenzung der Bereiche ist jedoch nicht immer einheitlich (siehe Tab. 1).

Das *elektrische* Feld ist ein Quellenfeld; es tritt immer dann auf, wenn Ladungen getrennt werden. Das *magnetische* Feld ist dagegen ein Wirbelfeld, das dann auftritt, wenn elektrische Ladungen bewegt werden, wenn also Strom fließt. Elektromagnetische Felder breiten sich immer von einer Quelle (Sender) ausgehend in den Raum aus, wobei die Intensität der Strahlung an jedem Punkt des Feldes durch eine elektrische (E) in [V/m] und eine magnetische Feldstärke (H) in [A/m] oder [T] beschrieben werden kann.

Wir verwenden heute eine nicht mehr überschaubare Anzahl von Geräten und Anlagen, die fast alle Frequenzen des Spektrums von 0 Hz bis 300 GHz benutzen. Das war nicht immer so, denn die wissenschaftlichen Grundlagen dieser Technik sind erst im 19. Jahrhundert gelegt worden.

Tab. 1: Frequenzbereiche

Frequenzbereich von	bis	Wellenlängenbereich von	bis	internationale Bezeichnung
0 Hz	30 Hz	über 100 km		**Sub ELF**
30 Hz	300 Hz	über 100 km		**ELF** (Extremly Low Frequency)
300 Hz	3 kHz	über 100 km		**VF** (Voice Frequency)
3 kHz	30 kHz	100 km	10 km	**VLF** (Very Low Frequency)
30 kHz	300 kHz	10 km	1 km	**LF** (Low Frequency)
300 kHz	3 MHz	1000 m	100 m	**MF** (Medium Frequency)
3 MHz	30 MHz	100 m	10 m	**HF** (High Frequency)
30 MHz	300 MHz	10 m	1 m	**VHF** (Very High Frequency)
300 MHz	3 GHz	1 m	0,1 m	**UHF** (Ultra High Frequency)
3 GHz	30 GHz	10 cm	1 cm	**SHF** (Super High Frequency)
30 GHz	300 GHz	10 mm	1 mm	**EHF** (Extremly High Frequency)

Vielfach wird der Bereich von 30 kHz bis 300 MHz als RF (Radiofrequency) und der Bereich von 0,3 bis 300 GHz als MW (Microwave) bezeichnet.

Ein kurzer Blick zurück

Statische elektrische und magnetische Felder kennt der Mensch schon seit der *Frühzeit*. So sind schon aus dem antiken Griechenland Experimente mit Bernstein und Katzenfell zur statischen Elektrizität überliefert. In China wurde schon vor mehr als 3000 Jahren der Magnetismus der Erde als »Südweiser« – als Kompaß also – verwendet. Diese Wirkungen wurden von den Menschen aber ebensowenig verstanden wie etwa der elektrische Blitz (Sattelberg 1982).
Im 17. und 18. Jahrhundert begannen die Menschen, sich eingehender mit diesen Phänomenen auseinanderzusetzen. Es wurden Elektrisiermaschinen und Batterien gebaut, Franklin entwickelte den Blitzableiter und Galvani zeigte mit seinen Versuchen an Froschschenkeln, daß elektrische Vorgänge auch für Lebewesen von Bedeutung sind.
Aber erst durch die Versuche von Oestedt, Faraday, Ampère, Ohm, Henry, Hertz und vielen anderen wurde im 19. Jahrhundert die Natur der elektrischen und magnetischen Felder allmählich verstanden. Um

1860 gelang es Maxwell, alle elektrischen und magnetischen Phänomene mit nur einem Gleichungssystem zu beschreiben, den Maxwellschen Gleichungen. Damit war die Grundlage für das Verständnis aller elektromagnetischen Vorgänge gelegt. Die von Maxwell angenommenen elektromagnetischen Wellen wurden 1887 von Hertz dann auch experimentell bestätigt (Bittner 1991; Rindfleisch 1985).
Mit dem Verständnis der elektrischen und magnetischen Phänomene einher ging ihre technische Nutzung. So wurden das Galvanisieren, die Telegraphie und das elektrische Licht entwickelt. Die ersten öffentlichen Kohlenbogenlampen wurden um 1810 verwendet, um 1880 stellte Edison die Glühbirne vor. Zum Betrieb dieser Glühbirnen wurde 1882 das erste öffentliche Stromnetz in New York aufgebaut, in Berlin wurden 1885 bereits über 50000 Glühbirnen eingesetzt (Sattelberger 1982). Diese ersten Stromversorgungsnetze wurden mit Gleichstrom-Block-Generatorstationen direkt in den Städten betrieben, da der Strom wegen der hohen Leitungsverluste nicht über weite Strecken übertragen werden konnte. Der Wechselstrom konnte sich nur deshalb durchsetzen, weil durch die Verwendung von Transformatoren und Hochspannungsleitungen Strom über große Entfernungen mit geringen Verlusten übertragen werden konnte. So wurde 1891 die erste 15-kV-Drehstrom-Hochspannungsleitung vom Wasserkraftwerk Lauffen bei Heilbronn über 175 km nach Frankfurt gebaut (Kahnt 1991). Auch die Entwicklung von Stromgeneratoren und Elektromotoren – z. B. durch Siemens – fällt in diese Zeit. 1881 wird in Berlin die erste elektrische Straßenbahn in Betrieb genommen. In den USA gab es um 1887 nur ca. 2000 Elektromotoren, 1889 waren es schon über 18000 (Sattelberger 1982).
Um 1890 wurde noch ca. 96% des Stroms für Beleuchtungszwecke verwendet, um 1900 war dieser Anteil auf 53% gesunken. Heute beträgt der Anteil des Stroms, der für Beleuchtung verwendet wird, nur noch ca. 10%; das sind ca. 40 Mrd. kWh von insgesamt 400 TWh, die pro Jahr in Deutschland verbraucht werden. Das bedeutet, daß jeder Einwohner im Durchschnitt 6500 kWh pro Jahr verbraucht. Die Industrie verwendet davon ca. 50%, die Haushalte ca. 25%, in Handel und Gewerbe werden ca. 10% eingesetzt, öffentliche Einrichtungen benötigen ca. 8%, die Landwirtschaft ca. 2% und der Verkehr einschließlich der Bahn verbraucht ca. 3% des Stroms.
Im Anschluß an den Nachweis der elektromagnetischen Wellen durch

Heinrich Hertz im Jahre 1887 dauerte es nicht lange, bis die ersten Anwendungen bei höheren Frequenzen realisiert werden konnten (Bittner 1991). 1895 gelang es Marconi in Italien und Popoff in Rußland, die ersten Funkverbindungen aufzubauen. Schon 1901 konnte Marconi eine Funkstrecke über den Atlantik einrichten. Die Benutzung von Funksendern breitete sich dann sehr schnell aus. 1908 wurde für die drahtlose Telegraphie auf Schiffen das SOS-Signal vereinbart. In Deutschland wurden 1906 die ersten Versuche mit Sprechfunk durchgeführt und in den USA 1920 die erste öffentliche Radiostation mit regelmäßigen Sendungen eingerichtet. Aber erst die Verwendung einfacher und billiger Empfänger (wie Kristallempfänger, Röhrenempfänger und Transistoren) machten die weite Verbreitung des Rundfunks möglich. Bereits 1920 mußte über die Belegung der Frequenzbänder international verhandelt werden, da der nutzbare Frequenzbereich auf der Mittel- und Langwelle eng wurde. Das UKW-Sendernetz wurde erst ab 1950 aufgebaut.
In den 20er und 30er Jahren wurde das Fernsehen vorbereitet, der erste reguläre Fernsehsender strahlte dann 1935 in Berlin sein Programm ab. In den USA wurde 1954 das Farbfernsehen eingeführt. Aber auch andere Nutzungen von elektromagnetischen Wellen haben in dieser Zeit ihren Einzug gehalten. So wurde 1904 in Köln eine Vorform des Radars vorgestellt, der sich durch den Zweiten Weltkrieg sehr schnell entwickelte und heute aus Flugverkehr und Schiffahrt nicht mehr wegzudenken ist. Um 1940 wurde von Rajewski die Wärmewirkung von starken Radiowellen erkannt und als Kurzwellentherapie in die Medizin eingeführt. Die Erfindung des Transistors 1947 trug entschieden zur umfassenden Verbreitung von elektrischen Geräten bei; ohne ihn wären z. B. die TV-Satelliten (ab 1962) und der Mobilfunk (ab 1958 in Deutschland) nicht denkbar.
Die Anzahl der verschiedenen Nutzungen und die Anzahl der Geräte hat sich in den letzten Jahrzehnten explosionsartig vermehrt. Mikrowelle, PC, Kernspintomograph, CD-Plattenspieler und elektrische Türöffner sind nur einige Beispiele. Die Anzahl der Geräte, die in irgendeiner Weise elektromagnetische Felder und Wellen benutzen, beträgt in einigen Haushalten schon über 100, und etliche strahlen diese Felder und Wellen auch ab. Die Verwendung des elektrischen Stroms in seinen zahlreichen Formen hat das Leben der Menschen wie kaum eine andere Technik in nur 100 Jahren erheblich verändert.

Unsere Welt ist ohne diese verschiedenen Techniken fast nicht mehr vorstellbar.
Wie sah unsere elektromagnetische Umwelt aber aus, bevor wir lernten, den Strom zu nutzen?
Statische elektrische und magnetische Felder von nennenswerter Feldstärke hat es schon immer auf der Erde gegeben. So beträgt das statische elektrische Schönwetterfeld der Erde ca. 130 V/m. Bei Gewittern können aber Feldstärken bis zu 20000 V/m (20 kV/m) auftreten. Die Influenzladung, die auftreten kann, wenn man über einen Teppich geht oder einen Pullover auszieht, kann bis zu 100 kV/m betragen.
Das statische Magnetfeld der Erde beträgt je nach Breitengrad und Untergrund ca. 30 bis 50 µT (Leitgeb 1990). Durch Sonneneruptionen können magnetische Stürme mit Feldstärken von bis zu 500 nT auftreten; die Ursache sind elektrische Ströme in der Ionosphäre. Die normalen Schwankungen liegen im Bereich von ca. 30 nT. In der Nähe von Permanentmagneten können Feldstärken bis zu 1 T auftreten. Höherfrequente elektromagnetische Felder treten in der Natur nur mit sehr geringen Feldstärken auf. Eine Quelle für natürliche elektromagnetische Felder sind Gewitter. In der Nähe eines Blitzes treten extrem hohe Feldstärken auf (z. B. in 10 cm Abstand bis zu 1 T; bei solchen Feldstärken kann es zum Herzstillstand kommen). Aber auch weitentfernte Gewitter – und irgendwo sind immer Gewitter – tragen zu einem natürlichen elektromagnetischen Untergrund bei. Durch die Resonatorstruktur der Erdatmosphäre treten bei einigen Frequenzen Resonanzen (Schumann-Resonanzschwingungen) auf. Aber auch bei diesen Frequenzen sind die Feldstärken sehr klein (bei 10 Hz ca. 0,003 V/m (Leitgeb 1990).
Die natürliche Umgebungsstrahlung ist im Hochfrequenzbereich einerseits dadurch gekennzeichnet, daß die Feldstärke, die durch Entladungsvorgänge (Gewitter) hervorgerufen wird, abnimmt, zum anderen durch eine allmähliche Zunahme des Strahlenanteils aller thermischen Strahler (aller warmen Körper). Diese Feldstärken sind aber sehr klein; die über den gesamten Hochfrequenzbereich integrierten Anteile der von der Erde ausgehenden Strahlung etwa betragen nur 0,003 W/m^2. Und auch jeder Mensch trägt zur Hintergrundstrahlung im Hochfrequenzbereich mit ca. 0,003 W/m^2 bei (WHO 1993).

Das technische Hintergrundfeld

Niederfrequenz: Um jeden stromdurchflossenen Leiter baut sich ein magnetisches Feld auf, und immer wenn Ladungen getrennt werden, entsteht ein elektrisches Feld. Daraus folgt, daß, immer wenn wir elektrischen Strom in irgendeiner Form benutzen, auch elektrische, magnetische und elektromagnetische Felder in der Umgebung entstehen. In den heutigen Wohnungen ist deshalb ständig eine gewisse Feldstärke nachweisbar. Nach einer Untersuchung (50-Hz-Felder) in Braunschweig, die in 43 Wohnungen durchgeführt wurde, lag der empirische Erwartungswert (bei 24-h-Messungen) bei 0,0615 μT (61,5 nT). Der geringste Meßwert betrug 15 nT und der größte 252 nT.

In der Nähe elektrischer Haushaltsgeräte zeigen sich erheblich größere Feldstärken. Für die elektrische und magnetische Feldstärke (50 Hz) ergeben sich in ca. 30 cm Entfernung vom Gehäuse Werte in etwa der folgenden Größenordnung: elektrische Heizdecke 0,5 kV/m und 1 μT, Toaster 0,05 kV/m und 0,7 μT, Haarfön 0,08 kV/m und 7 μT, Handmixer 0,1 kV/m und 2 μT, Nachtstrom-Speicherheizung 5 μT, Ventilator (2 kW) 10 μT. Die jeweilige Feldstärke nimmt mit der Entfernung (z. B. 3 cm – 1000 μT, 30 cm – 30 μT und 1 m – 1 μT) aber sehr stark ab (Krause 1988). Durch unterschiedlichen Ausbau, besonders des Transformators, kann das Magnetfeld bei verschiedenen Herstellern eines Gerätetyps um Größenordnungen unterschiedlich sein. Auch verschiedene Elektroinstallationen können die Feldstärken erheblich beeinflussen. Das elektrische Feld läßt sich mit geringem Aufwand gut abschirmen, das magnetische Feld ist dagegen fast nicht abschirmbar; man kann nur durch geeignete Wahl der Leitungsführung und Konstruktion die Feldstärke verringern (vgl. dazu auch die Beiträge von H. L. König, S. 163 ff., und E. Folkerts, S. 205 ff., in diesem Band).

Eine weitere Quelle von 50-Hz-Feldern sind Hochspannungs-Freileitungen (gegenwärtig gibt es ca. 250000 km Hochspannungs-Freileitungen der Spannungsebenen 10–380 kV in Deutschland) (Kuhnert 1993). Unter einer 110-kV-(neu 123-kV-)Leitung können unter ungünstigen Bedingungen (thermische Grenzlast) magnetische Feldstärken von bis zu 20 μT (2 * 110 kV, I = 650 A, min. Höhe 6 m) auftreten. Für das elektrische Feld liegt der maximale Wert unterhalb der

Leitung bei ca. 2 kV/m. Diese Werte treten jedoch nur sehr selten und dann auch nur kurzfristig auf. Typische Werte für die elektrische Feldstärke sind ca. 0,5 kV/m unter der Leitung. In der Regel liegen die magnetischen Feldstärken unter der Leitung im Bereich von 0,3–5 μT. Die Feldstärke nimmt vom äußeren Leiter einer Drehstromleitung mit dem Quadrat des Abstandes ab. Im Abstand von ca. 30 m ergeben sich dann Feldstärken von etwa 0,01–0,5 μT (vgl. *Tab. 2*).

Die sich im Umfeld einer Hochspannungs-Freileitung ergebende Feldstärke hängt von einer Reihe von Parametern ab. Die wichtigsten sind die *Stromstärke*, die *Spannungsebene*, die *Mastkonfiguration* (Mastbild), die Phasenfolge und die Leiterseilhöhe. Typische Stromstärken für eine 110-kV-Leitung liegen im Bereich von 50–500 A pro Phase. Das häufigste Mastbild in Niedersachsen ist der sogenannte Donaumast, bei dem die Leiterseile in einer Dreiecksanordnung angebracht sind. Die Leiterseilhöhe hängt ab von der Außentemperatur und dem Strom auf der Leitung. Die Leiterseilhöhe schwankt stark; typische Höhen sind ca. 10–20 m. Das elektrische Feld wird sehr effektiv von Häusern, Bäumen und Büschen abgeschirmt. So erreicht die elektrische Feldstärke innerhalb eines Gebäudes nur etwa 1/100 des Außenwertes (Leitgeb 1990).

Es gibt aber noch eine Reihe weiterer Quellen für niederfrequente Felder, wie z. B. die Bahn und alle elektrisch betriebenen Maschinen und Anlagen. Bei allen Quellen niederfrequenter Felder treten aber nennenswerte Feldstärken nur in deren näherer Umgebung auf.

Hochfrequenz: Bei Hochfrequenzfeldern können auch in größerer Entfernung vom Sender noch nennenswerte Feldstärken auftreten. Auch für diese Sender gilt das Abstandsquadratgesetz (d. h. aus doppeltem Abstand folgt 1/4 Feldstärke). Aber durch die Richtwirkung der verwendeten Antennen breitet sich die Welle nicht mehr im ganzen Raum aus, sondern wird bevorzugt in bestimmte Richtungen abgestrahlt. Dieser Antennengewinn hängt von der jeweiligen Antenne ab. Daß wir ständig im Wellenfeld verschiedener Hochfrequenzsender leben, zeigt allein die Tatsache, daß wir fast überall Radio und Fernsehen empfangen können. Die technischen Felder sind im Gegensatz zu der natürlichen Strahlung sehr schmalbandig; sie erzeugen damit hohe Intensitätsdichten in schmalen Frequenzbändern. Summiert man jedoch diese Anteile über den gesamten Frequenzbereich

Tab. 2: Beispiele für die Exposition durch niederfrequente Felder

Expositionsbedingungen	elektrische Feldstärke V/m	Magnetfeldstärke μT
400-kV-Hochspannungsfreileitung 50 Hz		
unter den Leitungen	10000	40
25 Meter von Trassenmitte	1000	8
222 Meter von Trassenmitte		0,1
110-kV-Hochspannungsfreileitung 50 Hz		
6 Leiter 1 kA/Phase		
unter den Leitungen	500	4,2
25 Meter von Trassenmitte	100	1,75
45 Meter von Trassenmitte	50	0,8
135 Meter von Trassenmitte		0,1
Freiluftschaltanlage 50 Hz	10000–20000	50
Niederspannungskompaktstation 50 Hz		
Außenwand		bis 40
2 m Abstand		bis 2
Mittelwert 50 Hz in deutschen Haushalten		0,015–0,252
Haushaltsgeräte 50 Hz		
30 cm Entfernung	10–250	0,01–1
3 cm Entfernung		0,3–2000
Fernseher 15 kHz, 30 cm Entfernung	1–10	bis 0,2
Niederspannungskabel 50 Hz, 3 mal 50 A		
Unsymmetrische Belastung 5 A		
auf dem Leiter		0,8
3 m Abstand		0,3
Induktionsschmelzofen 50 Hz		
0,5–1 m Abstand		100–10000
Induktives Erwärmen 0,15–10 kHz		
0,1–1 m Abstand		15–1250
Glühen von Schweißnähten 10 kHz		
0,3 m Abstand		2200
0,7 m Abstand		62

auf, so liegt die Feldstärke der natürlichen und der künstlichen Umgebungsstrahlung in der gleichen Größenordnung.
Messungen in den USA haben ergeben, daß der größte Teil der Bevölkerung in Strahlenpegeln unter 1 $\mu W/cm^2$ lebt. Nur ca. 1 % der Bevölkerung, in der Nähe größerer Sender, lebt in Intensitäten von 1–10 mW/cm^2 (WHO 1981). 1993 wurden durch das Bundesamt für Post und Telekommunikation (BAPT) in der ganzen Bundesrepublik an über 1000 Orten Messungen der Hintergrundfeldstärken durchgeführt (BAPT 1993). Die Meßwerte wurden ins Verhältnis zu den Grenzwerten nach DIN VDE 0848 Teil 2 (10/91) gesetzt. Die gemessenen Werte lagen in der Regel um den Faktor 100 bis 1000 unter den nach der Norm zugelassenen Werten, was freilich nichts über die Verantwortbarkeit sowohl der Norm- als auch der tatsächlichen Werte besagt. In den Industrieländern gibt es eine fast nicht mehr überschaubare Anzahl von Hochfrequenzsendern. In Deutschland müssen alle Sender über 10 Watt beim BAPT angezeigt und genehmigt werden.
Nach Angaben des BAPT war in Deutschland Ende 1992 folgende Zahl von Sendern genehmigt (Eisenried 1992):

Rundfunk	
– Tonrundfunk	1100
– Fernsehrundfunk	8500
Richtfunk	
– Telekom	19000
– Private	2700
Betriebsfunk (z. B. Taxi)	830000
Behördenfunk (z. B. Polizei)	260000
Bundesbahnfunk	68000
CB-Funk	540000
Grundstück-Personenrufanlagen	630000
Funksteuerung	80000
sonstige Funkanlagen	120000
Mobile Funkstellen	
– Betriebsfunk und BOS	>1000000
– Funktelefon C	850000
– Funktelefon D1/D2	600000

Mobilfunk-Feststationen	
– B-Netz	150
– C-Netz	1800
– D1-Netz	3000
– D2-Netz	3000
– Cityruf	600
– Eurosignal	100
– Bündelfunk und BOS	100000
Radar	3000
Hochfrequenzgeräte	>1000000

Neben diesen Sendern gibt es noch viele Millionen genehmigungsfreier bzw. allgemein genehmigter Sender und Geräte, die Hochfrequenz emitieren, wie z. B. Mikrowellenöfen, Garagen-Öffnungsanlagen, Funk-Haustelefone, Modell-Fernsteuerungen, Fernseher und Computer.

Bei der Beurteilung hochfrequenter Strahlung muß neben der Feldstärke auch die Modulation beachtet werden. Es gibt Amplituden- (z. B. Mittelwelle) und Pulsmodulation (Radar und teilweise D-Netz), die für biologische Systeme verwertbare niederfrequente Signale abgeben könnten (WHO 1993). Frequenz- (z. B. UKW und Fernsehen) und Phasenmodulation (Richtfunk) wirken auf biologische Systeme anscheinend wie unmodulierte Wellen (vgl. Tab. 3).

Die verschiedenen Funkdienste (Rundfunk, Fernsehen, Mobilfunk, Radar usw.) sind in ihrer Technik sehr unterschiedlich und sollten wegen der unterschiedlichen Wirkungen möglichst einzeln beurteilt werden. Als Beispiel soll hier näher auf den Mobilfunk eingegangen werden. Ein Mobilfunksystem besteht aus mehreren Komponenten: den Endgeräten (z. B. Mobiltelefon), den festen Sendestationen (Basisstation) und den Verbindungs- und Vermittlungsrechnern (Lüdemann 1993). Der Mobilfunk ist aber kein einheitliches System, sondern besteht heute aus verschiedenen Systemen. Da gibt es noch das alte *B-Netz* (148–163 MHz) mit heute (1993) noch ca. 9000 Teilnehmern und 155 Funkzellen, das *C-Netz* (451–465 MHz) mit ca. 800000 Teilnehmern und 700 Funkzellen und die *D1*- und *D2-Netze* (890–960 MHz) mit ca. 500000 Teilnehmern und 7000 Funkzellen. Daneben besteht noch *Eurosignal* mit ca. 200000 Teilnehmern, *Cityruf* mit ca. 200000 Teilnehmern und CHEKKER mit ca. 40000 Teil-

Tab. 3: Typische Werte der Exposition durch hochfrequente elektromagnetische Felder in Wohngebieten (nach: Strahlenschutzkommission 1990)

Quelle	Frequenz	Abstand	Typische Werte für die Exposition	Bemerkungen
Mikrowellen-Kochgeräte	2,45 GHz	0,3 m 0,5 m 1 m	< 10 W/m^2 < 5 W/m^2 < 1 W/m^2	Worst Case angenommen, d. h. 50 W/m^2 in 5 cm Abstand ist erreicht
Verkehrsradars	9 – 35 GHz	3 m 10 m	< 250 mW/m^2 < 10 mW/m^2	Leistung: 0,5–100 mW
Diebstahlsicherungssysteme	0,9 – 10 GHz		< 2 mW/m^2	im Nutzstrahl
CB-Funk Walkie-Talkies	27 MHz	5 cm 12 cm	bis 1000 V/m bis 0,2 A/m bis 200 V/m bis 0,1 A/m	Leistung: wenige Watt
Starke Rundfunk- und Fernsehsender UKW VHF-TV	87,5–108 MHz 47 – 68 MHz 174 –230 MHz	≈ 1,5 km ≈ 1,5 km	< 50 mW/m^2 < 20 mW/m^2	Leistung: bis 100 kW 100–300 kW
UHF-TV	470 –890 MHz	≈ 1,5 km	< 5 mW/m^2	Leistung: bis 5 MW
Kurzwelle	3,95–26,1 MHz (diskrete Bänder)	220 m 50 m	27,5 V/m ≅ 2 W/m^2 121 V/m ≅ 40 W/m^2	Leistung: 750 kW
Lang- und Mittelwelle	130– 285 kHz 415–1606,5 kHz	300 m 50 m	90 V/m 450 V/m	Leistung: 1,8 MW
HF-Belastung in Ballungsgebieten	Rundfunk- und Fernsehsender		> 200 mW/m^2 > 10 mW/m^2 > 0,05 mW/m^2 > 0,02 mW/m^2	US-Bevölkerung (1989): 0,02 % 1 % 50 % 90 %
Flugüberwachungs- und Militärradars	1–10 GHz	0,1–1 km > 1 km	0,1–10 W/m^2 < 0,5 W/m^2	Leistung: 0,2–20 kW
Richtfunk	10–20 GHz	500 m	0,4 mW/m^2 2 $\mu W/m^2$	0,5 Watt Sender Hauptstrahl 20 m unter Hauptstrahl

nehmern (Tischer 1992; Georg 1992). Ab 1994 wird das *E-Netz* (1700–1880 MHz) mit 7000 Funkzellen und maximal 2,5 Millionen Teilnehmern eingeführt.
Außer den Frequenzen ist auch die Technik unterschiedlich. Das B- und das C-Netz verwenden analoge Frequenzmodulation, das D- und E-Netz digitale Frequenzmodulation mit einem Zeitschlitzverfahren, das die gleichzeitige Belegung einer Frequenz mit acht Gesprächen erlaubt. Dieses Verfahren erzeugt aber auch ein niederfrequentes Signal mit der Multiplexfrequenz (Hopping-Frequenz) beim D-Netz von 217 Hz. Eine Basisstation hat eine Sendeleistung von 10–50 Watt und ein Endgerät von typischer Bauweise 0,5–20 Watt (SSK 1992).
Neben diesen Netzen existiert noch der Satellitenfunk (1600 bis 2000 MHz), der wegen der hohen Kosten und dem großen Aufwand aber noch nicht sehr verbreitet ist.
Neben den Funkdiensten gibt es noch eine Reihe von Feldquellen, die zu anderen Zwecken verwendet werden, z. B. Mikrowellenöfen, Hochfrequenzwärmetherapie, induktives Härten etc. Für diese Anwendungen sind nur bestimmte Frequenzen zugelassen, die sogenannten IMS-Bänder. Auch hier muß die Technik und das Feld bei jedem Verfahren einzeln betrachtet werden.

Zusammenfassung

Die Vielfalt der Systeme, die Anzahl der Sender und Verfahren ist heute fast nicht mehr zu übersehen; aber für fast alle Systeme gilt, daß die technisch erzeugten Felder, bis auf die statischen Felder, in schmalen Frequenzbändern um mehrere Größenordnungen über dem natürlichen Untergrund liegen. Nur dadurch sind Rundfunk und Fernsehen überhaupt möglich. Die für Rundfunkzwecke verwendbaren Frequenzbereiche werden immer stärker belegt, fast jedes Jahr kommen neue Sender hinzu, so daß es bald wohl keine freien Frequenzfenster mehr gibt.
Daß elektromagnetische Wellen, sowohl im Hochfrequenzbereich wie auch in der Niederfrequenz, Wirkungen auf biologische Systeme haben können, ist heute unumstritten. Strittig ist aber, ab welchen *Intensitäten* (je nach Frequenz und Modulation) negative Wirkungen auftreten können. Es gibt in einigen Frequenzbereichen Hinweise

darauf, daß Wirkungen auch unterhalb der etablierten Grenzwerte auftreten (WHO 1981, 1984a, 1984b, 1989, 1993; Brüggemeyer/Köpsel 1993). Der Stand der Wissenschaft reicht aber zumeist noch nicht aus, um die Senkung der Grenzwerte zu rechtfertigen. Aus Gründen der Vorsorge sollte aber, auch unterhalb der heutigen Grenzwerte, die Feldbelastung – wo immer möglich – reduziert werden. Da auf dem Gebiet der biologischen Feldwirkungen noch sehr viel unbekannt ist, erscheint eine Intensivierung der Forschung dringend erforderlich. Es gibt somit viele Indizien, die bei verantwortlichem staatlichen Handeln eine weitere sorgfältige Beobachtung dieses Gebietes geboten erscheinen lassen, um gegebenenfalls Grenzwerte und Vorsorgerichtwerte neu festzustellen.

Ulrich Warnke

Das Phänomen »Elektro-Magneto-Smog«

Biologische Relevanz

Das Problem ist schon lange bekannt. Die Wortschöpfung *»Elektrosmog«* ist nicht neu. An der Universität des Saarlandes haben meine Kollegen Prof. Altmann, Dr. Lang und ich selbst diesen Begriff bereits 1975 gebraucht. In unserer Arbeitsgruppe wurde das Problem der biologischen Wirkung elektrischer Felder an Fischen, Fröschen, Mäusen, Bienen und Menschen untersucht. Auch damals schon wehrten sich Teile der Bevölkerung, die von den Feldern von Hochspannungsleitungen betroffen waren, in gerichtlichen Prozessen gegen die befürchteten Gesundheitsgefahren. Alle Prozesse wurden verloren. Die stromerzeugende Industrie diskutierte zwar mit uns über die Versuche; die wissenschaftlichen Ergebnisse in der gesamten Welt waren jedoch zu mager, um ein »Umdenken« der Industrie erzwingen zu können.

Königinnen-Mord und Vandalismus

Nur unsere Bienen-Versuche machten Eindruck. Die dramatischen Verhaltensänderungen der Bienen – die plötzlich einsetzende Stechlust, das Verkitten aller Luftritzen, das Nichterkennen der Stockbewohner untereinander, die Attacke auf die eigene Königin, das Herausreißen der Brut und der Tracht, schließlich das Verbrausen des ganzen Volkes bei Temperaturen um 60 °C – dies alles war so gravierend und dazu auch noch reproduzierbar in anderen Labors in Deutschland und in den USA, daß diese Ergebnisse nicht mehr ignoriert werden konnten.
Als Verursacher der auffälligen Verhaltensänderungen der Bienenvölker konnten wir relativ schnell das *elektrische Wechselfeld* z. B. von Hochspannungsleitungen ausmachen. Bienen haben auf ihrer Chitin-

Körperoberfläche kleine Sensor-Antennen, die – infolge der Kräfte im elektrischen Wechselfeld – wie Äste im Wind hin- und herschwanken. Sensoren, die auf diese Art übermäßig bewegt werden, können ihre eigentliche Aufgabe nicht mehr wahrnehmen; sie vermitteln der Biene nur noch das unangenehme Gefühl eines unerträglichen Kribbelns. Derartiges kann in der Natur nur durch turbulente Luftbewegung, also Wind passieren. Um diesen vermeintlichen Windreiz abzuschirmen, werden alle Ritzen der Bienenbehausung mit Kittharz zugeleimt. Da der »elektrische Wechselwind-Reiz« innerhalb der Behausung der Bienen dort am stärksten ist, wo Brut und Honig in den Waben eingelagert wurden (fokussierter Kondensatoreffekt), werden diese Elektrolytvolumen-Körper herausgerissen und weggeschafft. Wenn schließlich alle Ritzen verklebt sind, fehlt nach einiger Zeit Sauerstoff innerhalb der nun luftdichten Behausung. Also fangen die Tiere an, mit den Flügeln zu fächeln, um einen Frischluftstrom zu erzeugen. Die Muskelaktivität der vielen tausend Flügel erzeugt Wärme, die keine Abkühlung findet, da frische Luft nicht mehr eindringen kann. So kommt es zu Temperaturen, die das Bienenwachs schmelzen lassen (Warnke 1975, 1976).

Hätten wir zu diesem Zeitpunkt nicht eingegriffen und das Experiment beendet, wären die Tiere umgekommen. Der Wirkungsmechanismus einer elektrostatischen Wechselkraft ist auf chitinöse Insektenkörper, auf das Fell von Tieren und auf die Federn von Vögeln begrenzt (Warnke 1975, 1989). Aus diesen und anderen Versuchen haben wir schon damals geschlossen, daß das elektrische Wechselfeld um uns herum negative Wirkungen auf den Organismus auslöst – so kam es zur Prägung des Begriffs »Elektrosmog«.

Dieser Begriff erweist sich heute als nicht mehr ausreichend. Da die Forschung seit 20 Jahren laufend neue Ergebnisse zu diesem Thema vorzuweisen hat, zeigt sich nun, daß nicht nur das elektrische Feld gravierende Konsequenzen hat, sondern viel mehr noch die Wirkung der vagabundierenden Magnetfelder um uns herum; deshalb müßte das Geschehen heute eigentlich mit »Elektro- und Magnetosmog« umschrieben werden.

Wo stehen wir heute?

1. In mehr als 34 wissenschaftlichen Studien, die innerhalb der Bevölkerung der westlichen Industrienationen gemacht wurden, entsteht der Eindruck eines statistisch erhöhten *Krebs-Risikos* für Menschen, die sich längerfristig in der Nähe von stromführenden (also Magnetfeld-generierenden) Leitern aufhalten.
2. Immer mehr Menschen sind heute der Meinung, sie seien *»elektrosensibel«*. Dies äußert sich subjektiv in einem allergieähnlichen Leistungsabfall, Nervosität, Schlaflosigkeit und ähnlichem. Aufgrund dieses Phänomens bildeten sich inzwischen Selbsthilfegruppen.
3. Mit dem neuen digitalen Kommunikationsnetz, das in Deutschland installiert wird, breitet sich in der Bevölkerung ein Gefühl der Bedrohung durch allgegenwärtige *hochfrequente elektromagnetische Schwingungen* aus, die nach Meinung einzelner Medien unsere Gesundheit unausweichlich gefährden.

Aufgabe einer neutral urteilenden Wissenschaft ist, die Öffentlichkeit über den Stand des verfügbaren Wissens auf dem Gebiet der Wirkungen von Magnetfeldern und elektromagnetischen Schwingungen zu informieren – in verständlicher Weise und ohne Winkelzüge, damit sich die öffentliche Meinung nicht in einem selbstgestrickten Netz verfängt und damit die Politik zum Handeln gezwungen wird. Wer aber ist Sprecher der neutralen Wissenschaft? Wer ist überhaupt genügend reich an interdisziplinärer Kenntnis, um als Autorität das Vertrauen der Bevölkerung und der Politik zu erringen?

Das Fehlen allgemein akzeptierter Autoritäten für vertrauenswürdige, verbindliche Feststellungen ist das wichtigste Manko im Disput auf dem Gebiet des Elektro-Magneto-Smogs. Keiner traut den Aussagen der Mitglieder der Industrie, da sie

a) eindeutig an *kommerzielle Interessen* gebunden sind und
b) die Sprache der *Techniker* und *Ingenieure* sprechen, die fundierte Kenntnisse der Biologie und Physiologie vermissen lassen. Sie widersprechen deshalb der speziellen wissenschaftlichen und empirischen Erfahrung und beschließen in ihren Kommissionen verbindliche, aber unzureichende Richtlinien.

Auch den offiziellen wissenschaftlichen Beratern der Industrie und Politik – der Lobby – wird höchstes Mißtrauen entgegengebracht. Sind sie nicht die Hauptverantwortlichen für die Umweltmisere? Eine gut bezahlte beratende Wissenschaft macht die ökonomische Umsetzung von Forschungsergebnissen möglich und verteidigt sie. Auch wird sie verantwortlich gemacht für die belastenden Nebenwirkungen vieler Entwicklungen. Die Bevölkerung erkennt sehr genau, daß unsere gesundheitliche Belastung aufgrund der Industrie-Aktivitäten eskaliert und wenig dafür getan wird, daß sich die Lage wieder entspannt.

Wie wirkt sich Elektro-Magneto-Smog aus?

Ich versuche nach eigenem Recherche- und Kenntnisstand die oben dargestellten Punkte so gut wie möglich kurz zu umreißen und in einen biologischen Relevanz-Rahmen einzuordnen:

Zu 1:
Tendenz einer erhöhten Krebsinzidenz durch schwache Magnetfelder in der Nähe energietechnischer Anlagen

Bis vor einigen Jahren konnten die beratenden Wissenschaftler alle Befürchtungen von betroffenen Menschen zurückweisen, weil es kein plausibles Modell eines Wirkungsmechanismus für Gefährdungen der Gesundheit im Bereich von Hochspannungsleitungen gab. Das ist heute anders. Auch wenn den bis heute erarbeiteten epidemiologischen Ergebnissen eines erhöhten Krebsrisikos in der Nähe von stromführenden technischen Anlagen von vielen Seiten methodische Kritik und Skepsis entgegengebracht wird, so ist dieses weltweit proklamierte Risiko physiopathologisch doch durchaus plausibel. Gehen wir die einzelnen Schritte der Kaskade im Überblick durch:
Im Mittelpunkt des Geschehens steht das Hormon *Melatonin*. Dieses Hormon wird in einem bestimmten Gehirnzentrum, dem Pinealorgan (Zirbeldrüse), gebildet und ausgeschüttet. Das Pinealorgan ist offensichtlich über die Augensensorik, also über die Netzhaut, magnetfeldsensibel. Die Netzhaut ist dann Teil eines Magnetorezeptor-Systems, wenn sie durch schwache Lichtimpulse angesteuert wird. So werden bei Tieren gewisse Enzyme zur Melatoninproduktion durch schwache Magnetfelder gehemmt, wenn gleichzeitig schwaches rotes Licht in die Augen trifft, wie es etwa bei Dämmerung der Fall ist.

Die für die Enzymhemmung (Enzyme sind mehrheitlich Proteine) ursächlichen Mechanismen können mit bestimmten Resonanzen (Elektron-Spin-Resonanz, Zyklotron-Resonanz, Elektro-magnetische-Elektron-Resonanz, Nuklear-Magnetic-Resonanz) erklärt werden. Bei diesen Resonanzen spielen das statische Erdmagnetfeld zusammen mit den Frequenzen des Lichtes und den Frequenzen des elektrischen bzw. magnetischen Wechselfeldes in unserer Umgebung die entscheidenden Rollen.

Melatonin ist für unser Leben sehr wichtig. In der Hierarchie unserer Hormone steht es an hervorragender Stelle. Es reguliert diejenigen Hormone, die einerseits für unsere Motivation und unser Wohlbefinden verantwortlich sind (Serotonin, Dopamin, Noradrenalin, Prolaktin) und die andererseits für unseren erholsamen Schlaf unentbehrlich sind (Somatotropin, Vasotocin). Es ist deshalb sowohl für gute Laune bzw. für Depression als auch für den erholsamen Schlaf und für die Wirkung des Immunsystems verantwortlich. Von einigen dieser Melatonin-Funktionen wird noch im Zusammenhang mit Punkt 2 die Rede sein. Im Zusammenhang mit Punkt 1 ist die Tatsache wichtig, daß das Pinealorgan mit seinem Hormon Melatonin eine »krebsverhütende Sekretionsdrüse« darstellt. In physiologischen Konzentrationen kann Melatonin das Wachstum folgender Krebsarten hemmen:

- Brustkrebs (Cohen et al. 1988),
- Prostatakrebs (Philo/Berkowitz 1988),
- Ovarialkrebs (Leone et al. 1988),
- Melanom (Narita/Kudo 1985).

Ursächlich bewirkt längerfristig fehlendes Melatonin:

- Störung des circadianen Rhythmus,
- ansteigende Krebsinzidenz (Blask 1984; Reiter 1988),
- Suppression des Immunsystems (Maestroni et al. 1986),
- Änderung der Fertilität (Reiter 1980),
- andauerndes Gefühl von »jet lag« (Arendt 1988),
- psychische Depression (Ferrier et al, 1982; Lewy 1983).

Die durch magnetische Wechselfelder ($>0{,}4\,\mu T$ im ELF-Bereich) induzierte Hemmung der Melatoninproduktion und die Hemmung der Bildung von Abbauprodukten des Melatonin hat tumorfördernde Effekte, weil:

- zu wenig Melatonin bei Dämmerung und nachts (tagsüber ist die

Melatoninproduktion durch Licht gehemmt) das Fehlen eines krebshemmenden Faktors bewirkt;
- zu wenig Melatonin zu hohe Steroidlevel (z. B. Cortisol) im Organismus zuläßt, wobei das Immunsystem und die Regeneration zurückgeschraubt sind;
- zu wenig Melatonin die nächtliche Ausschüttung des anabolen Wachstumshormons (Somatotropin) verhindert, das ebenfalls für die Wirkung des Immunsystems sehr wichtig ist;
- zu wenig Melatonin Mangel des Schlafhormons Vasocotin bewirkt, wodurch Schlafmangel und massive Störungen des Zentralnervensystems hervorgerufen werden;
- zu wenig Melatonin die vermehrte Ausschüttung von Gonaden-Hormonen erlaubt, wodurch hormonabhängige Krebse wie Brust- und Prostatakrebs sich forciert entwickeln können.

Die Erholungszeit des Pinealorgans nach Entfernung des Magnetfeldes kann zwischen 3 und 14 Tagen dauern. Verschärft wird die Hemmung durch Alkoholkonsum und einige Pharmaka (z. B. ß-Rezeptoren-Blocker).

Aus anderen Versuchen an Zellkulturen im Labor ist gleichzeitiig bekannt geworden, daß Magnetfelder mit Flußdichten um 1 μT herum Krebszellen vermehrt zur Teilung anregen. Ob das auch im kompletten Organismus passiert, ist noch nicht bewiesen.

Fazit: In bestimmten Magnetfeldern wird wahrscheinlich tatsächlich Krebswachstum forciert.

Zu 2:

Nervosität und Erschöpfung durch schwache magnetische Wechselfelder – ein Wirkmodell

Elektrosensible – wie sie sich nennen – klagen nicht über Krebs, sondern

a) können durch körperliche Sensationen elektrisch-magnetische Kraftfelder im Raum quasi als Detektor aufspüren – eine subjektive Fähigkeit, die für Physiologen auf den ersten Blick als unwahrscheinlich gilt;

b) fühlen Erschöpfung, Nervosität, Schlaflosigkeit, Depression, schnelle Alterung, z. B. der Sehkraft, mangelnde Regeneration und vieles mehr, wenn sie chronisch elektrisch-magnetischen Feldern ausgesetzt sind.

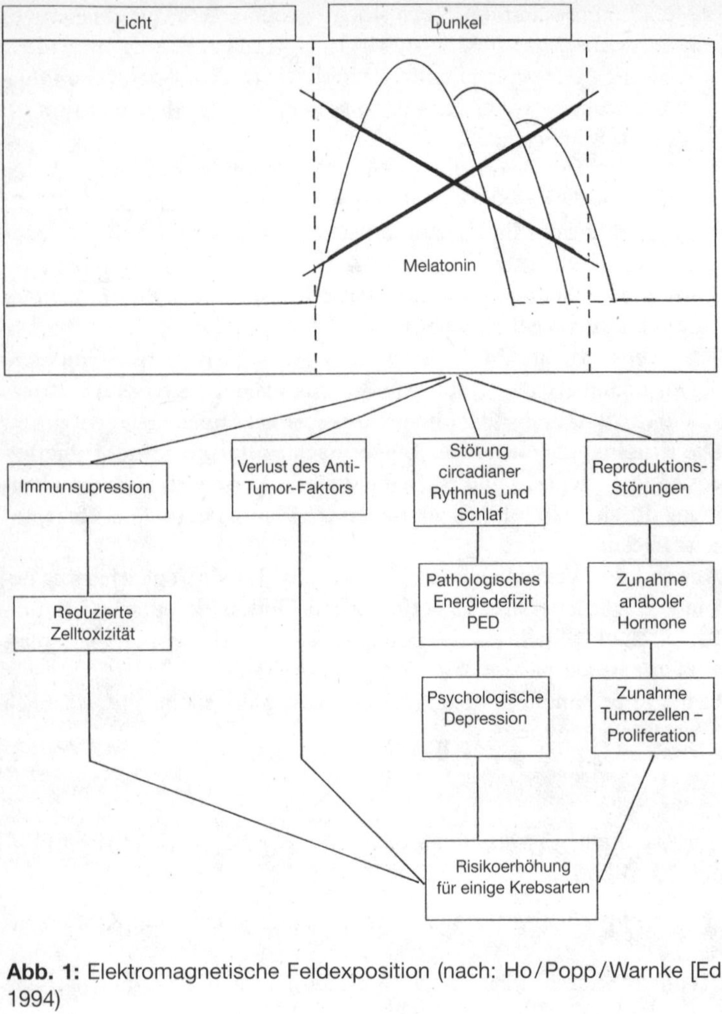

Abb. 1: Elektromagnetische Feldexposition (nach: Ho/Popp/Warnke [Ed.] 1994)

Diese Menschen sind – oftmals auch von außen erkennbar – »ausgebrannt« und energielos. Die Frage ist: Gibt es ein plausibles Modell, das diese *Befindlichkeits-Merkmale* kausal mit einwirkenden Kraftfeldern technischen Ursprungs verbinden kann und lassen sich diese Merkmale objektivieren?
Ich habe bereits an anderer Stelle ausführlich die Entstehung eines in unserer Bevölkerung immer stärker um sich greifenden pathologischen Energiedefizits (PED) analysiert (Warnke 1993); zeitgleich ist eine komplexe Darstellung des pathogenetischen Energiedefizits erschienen (König, Hrsg. 1992). PED äußert sich bei den Betroffenen in Befindlichkeits-Merkmalen, wie sie unter b) beschrieben wurden; es gleicht dem in der Medizin beschriebenen »Chronischen Erschöpfungssyndrom«.
Mit anderen Worten: Die »Elektrosensiblen« reihen sich mit ihren Beschwerden in eine epidemiologisch auffällige Gruppe innerhalb der Bevölkerung der westlichen Industrienationen ein, die mit dem Befindlichkeits-Merkmal »energiearm« beschrieben werden kann. In meiner Analyse wird deutlich, daß der Energiehaushalt des Menschen auf Zellebene durch sehr viele unterschiedliche Einwirkungen Defizite erleiden kann. Für solche Energiedefizite reicht eine Ursache allein nicht aus; es müssen mehrere Mosaiksteinchen zusammenkommen. Derartige Mosaiksteinchen sind z. B. Sauerstoffdiffusions-Hemmnisse in der Lunge durch NO_x, SO_x, Ozon u. a. (Wirkungsmechanismus bekannt), CO- bzw. Met-Hämoglobin-Vergiftung des Blutes (Mechanismus bekannt), Hemmung von Enzymaktivitäten durch Schwermetalle und Freie Radikale (Mechanismus bekannt), fehlende Antioxidantien in der Nahrung, Zerstörung von Vitalstoffen und fehlende Minerale durch ausgelaugte Böden, falsche Ernährungszusammensetzung, fehlende Bewegung unter freiem Himmel und dementsprechend fehlende elektromagnetische Strahlung (auch Licht) mit nachgewiesenen fehlenden positiven Reaktionen auf den Organismus sowie schließlich auch fehlende Psychohygiene (Streßprävention etc.).

Ein Exkurs über Elektro-Magneto-Smog

Die jeweiligen Anteile am PED innerhalb des gesamten Fehlbedarfs im täglichen Leben sind relativ einfach abzuschätzen, im Zusammenhang dieser Thematik jedoch ohne Belang. Auch Elektro-Magneto-Smog kann in diesem Prozeß eine Rolle spielen. Der Anteil dieses Faktors ist um so größer und bedeutender, je mehr die betreffende Person durch das PED-Syndrom schon geschwächt ist. Sehen wir uns diesen Prozeß in Einzelstufen an.

Kohärente Oscillator-Triggerung synchronisiert Neuronennetze und Neurohormone

Wenig Beachtung findet das Phänomen der endogenen Oscillatoren. In vielen Rezeptoren und Neuronen sowie in Muskeln und in weiteren Zelltypen gibt es rhythmische Schwankungen von Informationsträgern (z. B. cAMP), von Substrateinschleusungen (z. B. Glykolyse), von Ionenleitfähigkeiten (z. B. Ca^{2+}, K^{+}).

Der Organismus regelt diverse Körperfunktionen mit Hilfe von in sich gekoppelten oscillierenden Neuronennetzen in spezifischen Gehirnzentren, z. B. im Hippocampus (Emotionen, Lernen), im Thalamus, in der Medulla oblongata (vitale Funktionen), im Pinealorgan (circadiane Rhythmen und Schlaf, Regeneration), in den Barorezeptoren (Kreislauf), im Hypothalamus (Temperatur und vieles mehr).

Derartige Oscillationen steuern die vielfältigen Wirkungen durch Beeinflussung der Membranpotentiale. Das Besondere beim neuronalen Membran-Oscillator ist, daß er keine festgelegte Schwelle zur Erregungsauslösung besitzt. Er pendelt vielmehr zwischen völliger Unerregbarkeit und extrem hoher Erregbarkeit unmittelbar vor der nächsten endogenen Entladung. Es gibt bei der Oscillation keine Unterschwelligkeit mehr. Je näher der Zustand der endogenen Entladung kommt, desto schwächere Energiedichten wirken als Reize und können die Entladung vorzeitig herbeiführen.

Die endogene Oscillations-Aktivität dehnt den Arbeitsbereich eines Rezeptors oder eines Neurons bis hin zum Energieniveau der Molekularbewegung aus (Sinz 1978). Oscillationszentren assimilieren von außen einwirkende tiefere und höhere Frequenzen, verglichen mit der eigenen Pacemaker-Frequenz, also auch die Frequenz von magnetischen und elektrischen Wechselfeldern. Ein in seinen Pacemaker-Eigenschaften modifiziertes Neuron synchronisiert alle nachgeschalteten Neurone gleichsinnig.

Für magnetisch-induzierte kohärente elektromagnetische Kräfte wirken derartige oscillierende Neuronennetze als »aktive Rezeptoren«, deren Wirkeffizienz durch die ausgeprägte Synchronisationstendenz eine hohe Verstärkung erfährt.

Ein Beispiel: Die elektrische Aktivität des Neuronennetzes von 10^6 Neuronen mündet in ein Summenpotential. Es ist bekannt, daß bei fehlender Synchronisation die Generatorspannung mit der Quadratwurzel zunimmt.

Wenn nur 1 % der 10^6 Neuronen gleichermaßen in einer einflußnehmenden Vektorrichtung der kohärenten magnetisch-induktiven elektromotorischen Kraft liegen, dann entspräche das 10^4 Neuronen, die das exakt gleiche Schicksal hätten und die deshalb untereinander synchronisiert wären. Wenn jede dieser 10^4 Neuronenzellen durch die einflußnehmende Kraft am excitatorischen postsynaptischen Summenpotential (EPSP) einen Anteil von lediglich 0,01 mV hätte, dann entspräche das einer Gesamtspannung dieser Fraktionen von $10^4 \times 0{,}01\,\text{mV} = 100\,\text{mV}$.

Die restlichen desynchronisierten 99 % der Neuronenpopulation ergeben dagegen eine Spannung von $0{,}99 \times \sqrt{10^6} \times 0{,}01\,\text{mV} \approx 10\,\text{mV}$. D. h., wenn nur 1 % von 10^6 Neuronen innerhalb eines Neuronennetzes ein synchronisiertes Oscillationsmoment im Einfluß eines äußeren kohärenten magnetisch-induktiven Feldes mit einem Wirkeffekt von 10^{-5} V einnehmen, erhält das Signal-Rausch-Verhältnis der daraus resultierenden Information das hohe Niveau von 10 : 1.

Außerordentlich wichtig ist für das Versuchsergebnis, daß in derartigen Fällen die extreme Synchronisationswirkung über die Einwirkzeit hinaus bestehen bleibt, der Organismus also mit neu eingestellten Oscillator-Frequenz-Informationen weiterarbeitet. Zunehmende Kohärenz ergibt nach Sinz (1978) laufend bessere Signal-Rausch-Werte. Der beschriebene Effekt ist für die Wirkung schwacher Magnetwechselfelder auf Neuronenverbände bereits experimentell dargestellt worden (Danilov u. a. 1984).

Wir haben im obigen Beispiel angenommen, daß pro Neuronenmembran durch das Magnetfeld eine Potentialänderung von 0,01 mV (=10^{-5} V) entsteht. Wie ist das erklärbar?

Nach einer Berechnung von Irnich (1975) entstehen induzierte 0,01 mV_{eff} bei einem magnetischen 50-Hz-Feld bei einer Flußdichte von nur 20 nT_{eff}, z. B. im Kopf (r = 10 cm). 20 nT_{eff} ist fast überall in unseren Wohnräumen meßbar. Erhöht sich die Flußdichte, dann wird die Wahrscheinlichkeit der Frequenzmitnahme der Oscillatoren im Gehirn durch das äußere technische Wechselfeld (vergrößertes Rausch-Signal-Verhältnis) laufend größer.

In diesem Prozeß mag auch die Verbindung von Erdmagnetfeldgröße zur Frequenz der vagabundierenden Wechselfelder in Form einer Resonanzankopplung (z. B. Zyklotronresonanz, Nuklear-Magnetic-Resonanz) wichtig sein. Zerrungen des natürlichen Erdmagnetfeldes durch Eisenteile in Bettnähe können lokal – korrespondierend zum 50-Hz-Feld bzw. zu Oberwellen – genau die richtige Flußdichte für eine Resonanz der Ionen in Proteinstrukturen der Zellmembranen bewirken, wobei ebenfalls Oscillatoren verstellt werden.

Die Folge der verstellten Oscillatorenfrequenzen ist eine Beeinflussung der Ca^{++}-Ionen-Tätigkeiten, eine Enzymhemmung im Pinealorgan, eine Verminderung der Bildung des Hormons Melatonin. Als Folge davon entsteht fehlender Tiefschlaf, weil das Schlafhormon Vasotocin nicht ausgeschüttet werden kann; daraus resultiert fehlende Zellenergie (ATP) im Gehirn, fehlende normale Ruhepotentiale an den Nervenmembranen (ATP-abhängige Pumpen können bei mangelnder ATP-Neubildung nicht optimal arbeiten). Da nun alle Reize leichter und schneller zu Erregungen führen (Schwellwerterniedrigung), steigert sich die Nervosität und folgerichtig können wir jetzt alle PED-Symptome anschließen, die vorher bereits aufgezählt wurden.

Modell-Wirkkaskade: technische Kraftfelder und Erschöpfung 50 Hz +Erdfeld:

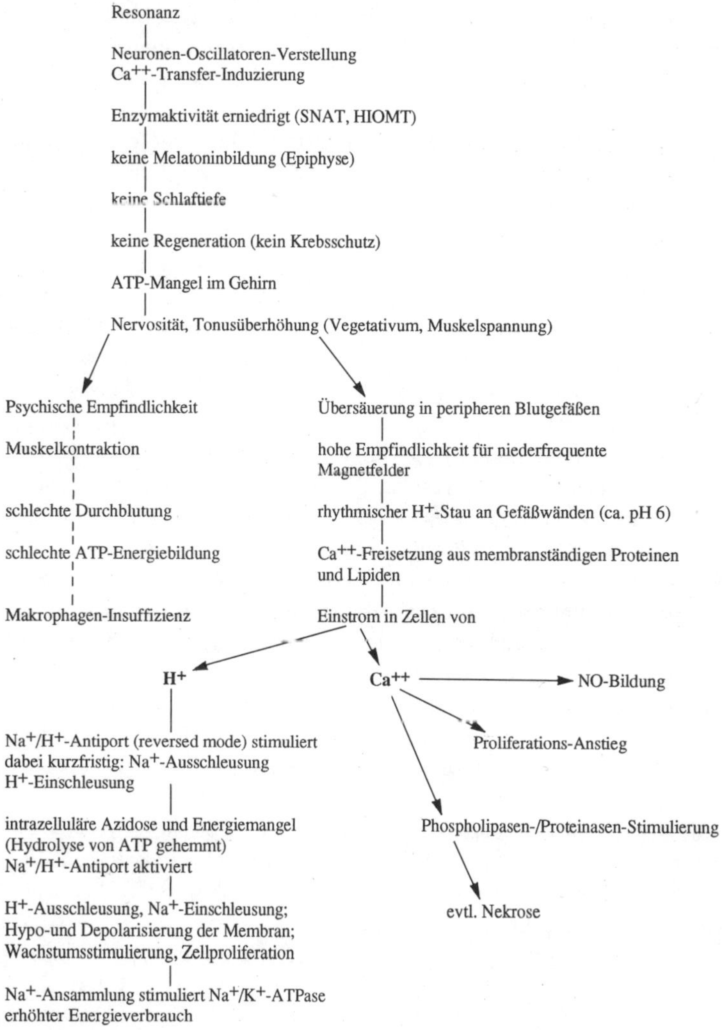

Abb. 2: Modell-Wirkkaskade (nach: Warnke 1993, S. 77)

Das besondere am im Kästchen beschriebenen Wirkmodell ist, daß es nahtlos an unsere Erfahrungen aus Experimenten anschließt, wonach eine *Übersäuerung* in den kleinen Blutgefäßen (Azidose) die Empfindlicheit für Wirkungen des pulsierenden Magnetfeldes erhöht (Warnke 1992). Eine Azidose ist aber besonders bei denjenigen Menschen zu finden, die bereits erschöpft, »ausgebrannt« und energielos sind. So schließt sich der Kreis.

Der durch bestimmte Magnetfelder induzierte Tiefschlafmangel kann Erschöpfung und Energiemangel bewirken. Erschöpfung und Energiemangel bewirken eine erhöhte Sensibilität für die Wirkung von bestimmten Magnetfeldern. Im Extremfall kann die Sensibilität sogar so weit gesteigert sein, daß Wechsel-Magnetfelder über ihre Induktionsspannung direkt rezeptorisch wahrgenommen werden (Elektrosensibilität). Allerdings kann sich dieser Sensibilisierungskreislauf sicherlich nur aufrechterhalten, wenn die vorher beschriebenen weiteren Komponenten des PED miteinfließen. Das Problem des Elektro-Magneto-Smogs ist also aller Wahrscheinlichkeit nach Teil eines multifaktoriellen Geschehens. Das könnte bedeuten, daß wir am Beginn einer Lawine des Leistungseinbruchs von großen Teilen der Bevölkerung stehen, so wie auch das sogenannte chronische Erschöpfungssyndrom immer größere Kreise zieht.

Beim Chronischen Erschöpfungssyndrom werden Teile der Immunsystem-Aktivität unterdrückt (T-Lymphozyten-Helferzellen). Da bei fehlendem Tiefschlaf auch die Ausschüttung des Wachstumshormons (Somatotropin) reduziert wird und das Wachstumshormon wichtig für die Ausbildung der Immunzellen ist, könnte die Störung des Schlafrhythmus infolge magnetisch induzierten fehlenden Melatonins auch das Immunsystem negativ beeinflussen; eine weitere Parallele zum Erschöpfungssyndrom.

Alle bislang aufgezeigten Wirkstufen haben größtenteils Modellcharakter. Aber das Wirkmodell erscheint physiopathologisch plausibel. Deshalb erfordert dieses Modell dringend eine wissenschaftlich-experimentelle Überprüfung.

Zu 3:
Das neue Bedrohungsgefühl: Gefährdung durch elektromagnetische Schwingungen des neuen Kommunikationsnetzes?

Die von betroffenen Personen geschilderten Gesundheitsbeeinträchtigungen durch den D-Funk entsprechen den Darstellungen der »Elektrosensiblen«. Bei Menschen ist im Langzeit-Ganzkörperversuch vor allem deshalb noch nichts bewiesen, weil derartige Versuche bisher nicht stattfanden. Zur Beantwortung der Frage, ob überhaupt Gefährdungen oder Schädigungen auftreten könnten, können deshalb lediglich Indizien herangezogen werden.
Zunächst verwundert folgende Tatsache: Die Leistung (Spitzenleistung von 0,5 bis 20 W), die Trägerfrequenz (um 450 MHz, um 900 MHz bzw. 1800 MHz) und auch die Taktfrequenz (214 Imp/sec) der Mobilfunkgeräte liegen in einem Bereich, in dem gerade der Mensch große Aufnahmebereitschaft zeigt (hohe durchschnittlich absorbierte Leistung/Einheitsvolumen). Bei 915 MHz zeigt sich eine besonders hohe Gewebebelastung (Eindringtiefe 3,2 cm bei 1 mW/cm^2) (Johnson/Guy 1972).
Die Leistungsdichte der sogenannten *Handys* in nächster Nähe von Tastatur und Antenne liegt in Deutschland und Österreich (Ausnahmebewilligung) höher als in allen anderen Ländern, in denen derartige Geräte üblich sind. Auch die empfohlenen Grenzwerte zur Sicherheit sind in Deutschland viel höher als in anderen Ländern. Die Geräte zur exakten Messung einer eventuellen biologischen Belastung werden gerade erst konstruiert.
Ungünstig ist, daß die Trägerfrequenz im 900 MHz-Bereich besonders leicht und tief in das Gehirn eindringt und daß an verschiedenen Übergängen im Gehirn von mehr und weniger wasserhaltigen Geweben (Fett, Muskel, Knochen) Reflexionen stattfinden, die sich mit der eindringenden Schwingung zu stehenden Wellen überlagern mit entsprechend gesteigerten Amplituden. In den betroffenen Gehirnvolumina entstehen damit sogenannte Hot Spots. Verstärkt wird der Effekt durch die Form des Schädels und Gehirns, der wie eine Fokuslinse für die Strahlung wirkt, und verstärkt wird der Effekt noch dadurch, daß aneinandergrenzende unterschiedliche Gewebe (verschiedene Dielektrizitätskonstanten) nicht geradlinig verlaufen, sondern Kurven und Spitzen zeigen (makroskopisch und mikroskopisch). An

diesen Stellen können die Hot Spots (Temperaturen größer als 42 °C) massiv vestärkt auftreten, wobei Proteine und Enzyme, also auch Nervenzellen und Nervenfortsätze, beschädigt werden. Derartige thermische Schädigungen müssen bei den derzeit auf den Markt befindlichen Geräten einkalkuliert werden.

Von den Funktürmen, die in letzter Zeit gehäuft aufgestellt werden, sind derartige thermische Effekte nicht zu erwarten. Aber Betreiber und Normenkommission sowie Politiker mißachten nichtthermische Effekte. Über nichtthermische Wirkungen elektromagnetischer Schwingungen auf den Organismus gibt es eine Fülle von Berichten (z. B. Baranski/Cserski 1976) neben Tausenden wissenschaftlicher Sonder-Veröffentlichungen. Derartige nichtthermische Effekte sind teilweise subtil (dielektrische Saturierung, Aufbrechen von Wasserstoff-Bindungen), können sich aber genauso zu Schädigungen addieren wie die direkte thermische Wirkung (Denaturierung von Molekülen). Verstanden wird dieser Prozeß von den Verantwortlichen allerdings noch nicht. Die Bereitstellung finanzieller Mittel für eine ordnende Übersicht und eine bewertende Strukturierung der weltweit vorhandenen interdisziplinären Literatur zu diesem Problem ist daher notwendig.

Auffällig sind Versuchsergebnisse, wonach bei Ratten im Schwingungsbereich von 300 bis 920 MHz mit nur 0,76 bis mW/cm^2 Leistungsdichte das Lernen erschwert war, mehr Fehler im Verhalten auftraten und die Aktivität gedämpft war. Für Menschen sind die MHz-Schwingungen dann besonders wirksam, wenn sie durch Impulse im niederen Frequenzbereich getaktet sind. Durch die Impulsenergie werden biologisch wirksame kurzfristige thermoelastische Druckwellen erzeugt, deren ursächliche Temperaturerhöhung unglaublich niedrige 5×10^{-6} °C ausmacht (Leitgeb 1991). Für diesen Effekt ist nicht der Intensitätsspitzenwert, sondern allein die Impulsenergie entscheidend. Geschieht die Auslösung der Druckwelle im Ohrbereich, ist der Effekt sogar hörbar. Die neue Kommunikations-Funk-Trägerschwingung ist in einem Bereich impulsgetaktet, der als mechanischer Resonanzbereich der Gefäßwände gilt. Die Arbeitsgruppe Biomedizin-Technik der Universität des Saarlandes hat in früheren Laborversuchen herausgefunden, daß gerade 200 Imp/sec elektromechanisch (elektrostriktiv) bestimmte Abschnitte der Blutgefäßwände in Eigenschwingung versetzen können (Warnke 1989).

Im Gehirn könnte dabei die Durchlässigkeit der sogenannten Blut-Hirn-Schranke betroffen sein, die sich aus Kapillargefäßwänden aufbaut. Derartige Permeabilitätssteigerungen für Kalziumionen sind bei niederfrequent gepulsten Mikrowellen tatsächlich bereits nachgewiesen worden (SAR-Wert: 1,3 mW/kg) (Leitgeb 1991).
Neben der Blut-Hirn-Schranke könnten auch die Blut-Lungen-Schranke und die Blut-Darm-Schranke betroffen sein. Die Durchlässigkeit dieser Blutkapillar-Schranken ist die Hauptursache für Allergien. Weitere empfindliche Organe sind Gallenblase, Hoden und Teile des Verdauungssystems, vor allem aber die Augenlinse (Katarakt).
Den Verantwortlichen in den USA sind offensichtlich die Sendeleistungen, wie sie in Deutschland benutzt werden dürfen – im wahren Sinn des Wortes – zu heiß; sie senkten die Grenzwerte von 7 auf 0,7 Watt. Vielleicht war dies aber auch nur eine Marktschutz-Maßnahme, denn die Handfunktelefone der Amerikaner verfügen über 0,6 W Leistung.

Zusammenfassung

Eine *biologische Relevanz* des sogenannten Elektro-Magneto-Smogs ist innerhalb eines multifaktoriellen Geschehens vor allem in den westlichen Industrienationen gegeben. Industriegebundene Ingenieure und Techniker, die die Normen und Empfehlungen von Grenzwerten zum Schutz der Bevölkerungen verantwortlich aufstellen, besitzen keine Eignung, um die höchst empfindlichen biologischen Systeme des Menschen zu erkennen und in ihre Überlegungen einzubeziehen. Beratende Mediziner sind in der notwendigen interdisziplinären Kompetenz völlig überfordert. Es fehlt allgemein an der ordnenden Übersicht der bisher international erbrachten wissenschaftlichen Ergebnisse zu diesem interdisziplinären Problem. Diese sind größtenteils nicht unter simplen Schlagwörtern wie etwa »Wirkung elektrischer oder magnetischer Felder« zu finden, sondern sind weit häufiger in der Literatur bei anderen thematischen Schwerpunkten »versteckt« – z. B. bei Stichworten wie Orientierung, circadiane Rhythmen, Oscillatoren, Proteinstruktur, Quantenmechanik, Kohärenz u. a.

Wenn wir als Biologen in Gremien der Industrievertreter sitzen, haben wir regelmäßig das Empfinden, daß *problembezogen Unwissenheit* auf vielen elementaren Ebenen vorherrscht; außerdem werden immer wieder Begriffe und Berechnungen aus der Technik auf biologische Systeme angewendet. So aber kommt man nicht weiter. Auch die stromerzeugende Industrie kann kein Interesse daran haben, daß Menschen immer leistungsunfähiger werden. Deshalb sollte ein »Runder Tisch« unabhängiger interdisziplinärer Wissenschaftler, Praktiker und Betroffener Maßnahmen zur Prävention vorschlagen, am besten mit Hilfe vertrauenswürdiger Politiker.

Werner Hengstenberg

Erfahrungen eines Elektrosensiblen

Ansichten, Einsichten, Folgerungen

Betroffenen stellt sich eine Lebenslage immer gänzlich anders dar als denjenigen, die sich nicht betroffen fühlen. Diese Einsicht in die Qualität des Subjektiven wird auch wissenschaftlich erkannt und anerkannt – und bedeutet das nicht Objektivität!?

Elektromagnetische Belastungen sind zunächst und primär Empfindungen; sie sind nicht zu sehen, zu hören, zu riechen, zu schmecken oder zu ertasten – sie entziehen sich unserer regulären Sinnesausstattung. Sie sind nur demjenigen erfahrbar, der dafür über eine besondere Befindlichkeit verfügt. Ich glaube, dies ist inzwischen auch verstanden und akzeptiert.

Das ist zumeist die Ausgangslage, und sie ist zumeist alles weniger als angenehm, vielmehr oft mit Schmerzen verbunden, die die Grenzen des Erträglichen zu überschreiten drohen – und Linderung ist infolge unserer verdorbenen elektromagnetischen Klimasituation weit und breit nicht in Sicht.

So fühlt sich die Lebenswelt Elektrosensibler an, und so fühlte sich auch meine Welt an, wobei meine Sensibilität hochgradig ausgeprägt war und ist.

Der Vorteil meiner hochgradigen Sensibilität liegt darin, daß ich die Quellen – die elektromagnetischen Belastungen, die auf mich einstürzen und meine Pein verursachen – meßtechnisch eindeutig auszumachen, zu orten vermag. Die ganz überwiegende Zahl der Elektrosensiblen verfügt über diese technischen Möglichkeiten nicht, weiß oft nicht, wo ihre Beschwerden herrühren, und die Belasteten, die nicht betroffen sind, haben zumeist gar keine Ahnung davon, was in ihnen und um sie herum vorgeht; sie vermögen sich deshalb ebensowenig zu artikulieren wie Tiere und Pflanzen, die einfach aussterben.

Ein wenig hat sich die Ausgangslage inzwischen verändert; es gibt nun einige Wissenschaftler, die die Wirkungen elektrischer und magnetischer Belastungen erforschen; sie bilden ein kleines Fähnlein, das mannigfaltigen Restriktionen ausgesetzt ist, während die Zahl der Elektrosensiblen wächst, weil Macht und Einfluß der Elektroindustrie ungebrochen sind – und dennoch geben sie Hoffnung. Das Thema ist in Bewegung geraten, und ich bin froh, daß ich dazu beitragen konnte.

Eigentlich mußte ich dazu beitragen, ich konnte gar nicht anders. Meine Schmerzen waren oft so unerträglich, daß ich nachts im Wald umherirrte, weil mir die Bewegung und das etwas abgeschirmte Terrain ein wenig Linderung verschafften, die ich im Haus, im Schlafzimmer nicht fand. Dies dauerte an, bis ich meinen Schuppen so umbaute, daß ich dort bei geringerer Strahlendichte wenigstens überleben konnte. Bis es soweit war, hatte ich bereits einen langen Weg zurückgelegt.

Bemerkbar machte sich meine Sensibilität in einer Verletzung in zentralen Nervenzonen, die mir in der Kriegsgefangenschaft zugefügt worden war und die sich mit einer Entzündung der geschädigten Zellbereiche verband. Die natürlich gegebene hohe Sensibilität potenzierte sich so zu einer Hypersensibilität, die um viele Größenordnungen über der Empfindlichkeit der Mitbürger liegt.

In dieser Situation war ich geradezu gezwungen, mich mit dem elektromagnetischen Geschehen auseinanderzusetzen. Da es bis dahin noch keine Geräte gab, um die Wirkungen elektrischer und magnetischer Störfelder meßtechnisch adäquat zu erfassen, ich selbst auf dem Gebiet aber Laie war, bat ich Freunde, breitbandig wirksame, ebenso einfache wie empfindliche Meßgeräte zu konstruieren, die das elektromagnetische Klima eines Ortes möglichst rasch und umfassend diagnostizieren konnten. Man empfahl mir damals batteriebetriebene Empfänger mit großer Linearität und Breitbandigkeit.

Mir ging es darum, mit diesen hochempfindlichen Geräten in der – möglichst unbelasteten – Natur zu ermitteln, wie das natürliche elektromagnetische Klima beschaffen ist, in dem wir uns entwickelt haben. Dieses Referenz-Klima sollte die Grundlage für die Bewertung der technisch erzeugten Felder aller Art hinsichtlich ihrer biologischen Wirkungen abgeben. Diese Konzeption hatte sich im Grunde als richtig erwiesen und brauchte nicht mehr geändert zu werden.

Ich habe einmal eine Bemerkung Sai Babas gelesen, daß westliche

Wissenschaftler überhaupt keine Kenntnisse der natürlichen elektromagnetischen Vorgänge im Lebendigen besäßen. Diese Aussage stieß bei mir zunächst auf beträchtliche Skepsis, weil ich mir nicht vorstellen wollte, daß unser ganzer technischer Fortschritt, der im wesentlichen auf elektromagnetischen Vorgängen beruht, ohne Kenntnis der natürlichen Voraussetzungen und damit notgedrungen auch ohne Berücksichtigung der Konsequenzen in die Praxis umgesetzt würde – einfach so, ungeachtet der Folgen.
Zu meiner Überraschung fand ich diesen Vorwurf dann aber in der sog. Seibersdorfer Studie bestätigt, in der die einschlägigen Arbeiten zum Thema »Elektromagnetische Feldeinflüsse« ausgewertet worden waren. Prof. Bernhardt, der Leiter des Instituts für Strahlenhygiene, bekennt darin, daß die wissenschaftlichen Kenntnisse über die Wechselwirkungen zwischen künstlicher elektromagnetischer Strahlung und biologischen Systemen lediglich rudimentär seien. Im Klartext bedeutet dies nichts anderes, als daß diejenigen, die für die Zulässigkeit elektromagnetischer Emissionen Verantwortung tragen, nur geringes Wissen darüber verfügen, welche Wirkungen dadurch in lebenden Organismen ausgelöst werden.
Seither bin ich über vieles nicht mehr verwundert. Trotzdem hat mich dieses Eingeständnis veranlaßt, bei Herrn Bernhardt nachzufragen, wie er sich dazu hergeben könne, angesichts derart kümmerlicher Kenntnisse, in führender Position an Grenzwertempfehlungen mitzuwirken, deren Intensität um unvorstellbare Größenordnungen über der Empfindlichkeit menschlicher Nervenenden liegt.
Natürlich habe ich auf meine Anfrage keine Antwort erhalten, so wie auf viele Anfragen vorher und nachher. Dabei habe ich häufig nachgefragt, denn ich bin ebenso skeptisch wie neugierig, vor allem aber betroffen, und im Lauf der Zeit habe ich mir auch entsprechende Kenntnisse angeeignet, was angesichst meiner Betroffenheit geradezu unvermeidlich ist.
Diese Eigenschaften zusammen ergeben eine explosive Gemengelage. Ich bin wie ein quijotischer Träumer gegen alle elektromagnetischen Windmühlen angerannt, den auch Sancho Pansa nicht davon abhalten konnte, gelegentlich am Ziel vorbei oder darüber hinaus zu schießen. Der Ruf eines notorischen Querulanten ist dann schnell begründet, auch wenn in der Sache keine Zweifel bestehen. Man kann eben nicht recht haben wollen, wenn die ganz große Mehrheit dage-

gen ist, vor allem wenn sie von einem Interesse angeführt wird, das lange Zeit unhinterfragt dort marschierte, wo wir die Spitze des uns allen so »teuren« Fortschritts vermuteten.
Dabei ist die politische Petition ein garantiertes Grundrecht, die Hinterfragung von Entwicklungen im gesellschaftlichen Raum aber macht den mündigen Bürger aus, von dem die Demokratie lebt; jedenfalls ist uns dieses Verständnis von Perikles überliefert und auch hierzulande wird es noch beschworen – jedenfalls in den Festtagsreden.
Ich bin mir durchaus bewußt, daß meine Sensibilität besondere Probleme aufwirft, weil sie zwar kommunizierbar ist, aber lediglich in der Qualität etwa der Gefühle, die zwar die Wegweiser unserer Handlungen sind, aber nicht dem standhalten, was wir zu einem objektiven (Natur-)Wissenschafts-Verständnis verkürzt haben. Nach diesem Verständnis läßt sich – zum Beispiel – aus Kurzzeit-Versuchen mit unempfindlichen Probanden auf zulässige Dauerbelastungen für die Gesamtbevölkerung schließen, in der sich alte Menschen, Belastete, Kranke, Sensible und ziemlich viele Kinder befinden. Dauerbelastungen unter Labor-Bedingungen lassen sich praktisch ohnehin nicht durchführen; an ihre Stelle tritt daher der Großversuch, in den die gesamte Bevölkerung als Versuchs-Kaninchen hineingezwungen wird; übrigens gilt dies in ganz gleicher Weise für die Medizin. Dies ist folglich auch ein Teil unseres Wissenschaftsverständnisses, und um zu berechnen, wohin dies führen muß, braucht man wahrlich nicht mehr als drei Finger, die fünf Sinne hingegen sind bereits zu viel.
Manche Fragen beantworten sich dann von selbst. Meine Frage an Prof. Bernhardt fand ich beantwortet, als ich erfuhr, daß die Grenzwerte für die Zulässigkeit elektromagnetischer Strahlung in einer Kommission beschlossen werden, die sich im Verhältnis von 15 zu 3 aus Vertretern der Energiewirtschaft und des Bundesgesundheitsamtes zusammensetzt.
Natürlich habe ich unter meiner Sensibilität gelitten, manchmal ganz fürchterlich, und meine Wut über die eben geschilderten Zusammenhänge trug nicht gerade zur Milderung bei. Aber meine Sensibilität hat – wie Janus – neben der äußeren, schmerzhaften, auch eine innere Seite, die mir Zugänge eröffnet, die den allermeisten Menschen verschlossen bleiben.
Mit dieser Gabe, die ich als reiches Geschenk ansehe, konnte und

kann ich anderen Menschen helfen, und die Fähigkeiten – die natürlich auch noch bei manchen anderen anzutreffen sind – könnten auch von gesellschaftlichem Nutzen sein. Doch die Gesellschaft vertraut in ihrer ganz großen Mehrheit noch immer auf die einfachen Sätze der dichothomischen Logik des Ja oder Nein, Richtig oder Falsch, Gut oder Böse, auf das tertium non datur. Dabei haben die Dinge (mindestens) zwei Seiten gleichzeitig, wie die Münze, deren eine Seite den Mammon schönt, dessen Wert auf der anderen eingepreßt ist.

Letztlich hat mich gerade diese Dualität vom Leiden zum Beruf geführt. Seit vielen Jahren ist mir die meßtechnische Objektivierung der Leiden zur Profession geworden, deren Ergebnisse wenigstens einen kleinen Beitrag zur Linderung der Schmerzen – bei mir und bei vielen anderen aktuell oder potentiell Betroffenen – leisten können.

Die im Lauf der Zeit entwickelten Verfahren und Geräte zur Messung elektromagnetischer Felder konzentrieren sich auf die damit erfaßbaren Störspannungen, die mit Hilfe einer Tabelle in Strom und Leistung umgerechnet werden können; dies läßt auch Rückschlüsse auf rein magnetische Störgrößen zu.

Die Ergebnisse der Messungen werden zugleich in akustische Signale umgesetzt, so daß der Benutzer des entsprechenden Geräts innerhalb von Sekunden die verschiedensten Wechselwirkungen unterschiedlicher Feld- und Signalgrößen erkennen und bewerten kann.

Es bestehen folgende Kriterien biologischer Wirksamkeit elektromagnetischer Strahlung:

- die Dominanz einer bestimmten Störfrequenz sowie
- deren Signal-Struktur;
- die im Störfeld vorhandene Ausrichtung des biologischen Systems,
- dessen Sensibilität sowie
- die Einwirkungsdauer;
- Variationen des natürlichen elektromagnetischen Umfeldes sowie
- störeffektsteigernde Wirkungen elektromagnetischer Wellen durch Reflexion und Resonanz und schließlich
- die sog. Mitzieheffekte.

Mit Hilfe der von uns entwickelten Geräte werden diese Kriterien für jedermann erfaßbar, und es läßt sich ein Bewertungsmaßstab für

die Intensität der Störstrahlung durch analoge und akustische Darstellung gewinnen, der es ermöglicht, Bereiche mit möglichst geringem technischen Störpegel (z. B. für die Ruhezonen, den Arbeitsplatz etc.) herauszufinden.
Dieses Meßverfahren vermittelt ein ungeschminktes Bild von der Wirklichkeit der im »Äther« eines gegebenen Ortes dominanten elektromagnetischen Belastungen. Das Verfahren eröffnet also die Möglichkeit, sich den damit verbundenen Risiken großenteils zu entziehen, da potenzierte technische Störstrahlung in der Regel sehr inhomogen verteilt ist (stehende Wellen, Mischeffekte, Reflexionen etc.).
Ich sehe dies als meinen Beitrag, dem Problem der elektromagnetischen Belastungen auf der technischen Ebene zu begegnen, denn es ist mir im Lauf der langjährigen Studien zur Gewißheit geworden, daß der Mensch – so er überleben will – eine Technik entwickeln muß, die der Weisheit in der Schöpfung wieder Raum gibt.

III. Medizinische Probleme

Claus Scheingraber

Feldeinflüsse und die menschliche Gesundheit

> Wenn eine Tatsache, auf die man stößt, mit der herrschenden Theorie in Widerspruch steht, muß man die Tatsache akzeptieren und die Theorie verwerfen, auch wenn diese, von namhaften Wissenschaftlern unterstützt, allgemein angenommen wird.
> *Claude Bernard (1813–1878)*

Die stetig ansteigende Anfälligkeit der Bevölkerung für Krankheiten ist Ausdruck einer zunehmenden Umweltbelastung durch mechanische, chemische und physikalische Ursachen. So müssen die ausufernden Gesundheitskosten auch als eine Folge zunehmender Umweltverschmutzung gesehen werden. Das gegenwärtige Dilemma beruht auf der Tatsache, daß die vorherrschende Schulmedizin diese Gegebenheiten vielfach weder erkennt noch anerkennt und auch nicht bereit ist, die überwiegend symptombezogenen Therapieansätze zugunsten einer stärker an der Ursachenforschung orientierten Behandlung zu verändern. Unterstützt wird diese Einstellung von einer alles verharmlosenden »Wirtschafts-Polit-Connection«, der die Gesundheit der Menschen wenig, der Gewinn aber alles bedeutet.

Die Bau- und Elektrobiologen versuchen, die Zusammenhänge mit Hilfe physikalischer und chemischer Meßtechniken zu erfassen und Abhilfe zu schaffen. Während chemische und mechanische Belastungen der Wohnumwelt zunehmend als Gesundheitsrisiko erkannt werden, negieren selbst die meisten Fachleute noch heute die Schädlichkeit schwacher physikalischer Felder und hochfrequenter Strahlung.

Hochfrequente – niederfrequente Belastungen

Die Elektrobiologie versucht die speziellen Belastungen niederfrequenter technisch induzierter Felder zu erfassen, die gesundheitlichen Risiken zu dokumentieren und Abhilfemaßnahmen aufzuzeigen. Immer wieder wird die Frage aufgeworfen, warum die klassische Elektrobiologie sich nicht in stärkerem Maße mit hochfrequenten Belastungen auseinandersetzt. Darauf können vier Antworten gegeben werden:

Erstens sind hochfrequente Belastungen an Schlafplätzen so gut wie nie anzutreffen, da über 90% der einfallenden HF-Strahlung von mineralisch gebauten Häusern reflektiert wird. Eine biologisch relevante Leistungsdichte von HF-Strahlung ist nicht festzustellen.

Zweitens kommen Belastungen aus HF-Strahlungsquellen meist nur für die nähere Umgebung von Sendeanlagen in Betracht. Während 99,9% der Bevölkerung von Emissionen aus der Stromversorgung betroffen sind, sind allenfalls 5% unserer Bevölkerung der strahlungsintensiven Wirkung von HF-Anlagen ausgesetzt.

Drittens kann durch hochfrequente Einstrahlung – im Gegensatz zur Erregbarkeit von Nervensystemen durch niederfrequente Felder – keine direkte Erregbarkeit der Nerven erzielt werden.

Viertens ist die athermische Wirkung der HF-Strahlung noch so wenig erforscht, daß Aussagen zur Schädlichkeit überwiegend hypothetischen Charakter besitzen.

Gerade in bezug auf die getroffene Aussage stellt der *Arbeitskreis Elektrobiologie e. V.* fest, daß mit einer zunehmenden und teilweise sogar flächendeckenden Bestrahlung durch Mikrowellen die Toleranz von biologischen Systemen sehr schnell überfordert werden kann. Mirkowellen sind Informationsträger. Auch Zellen bewerkstelligen ihren Informationsaustausch über elektromagnetische Schwingungen. Trifft die Strahlung auf einen Körper, so absorbieren dessen Moleküle die Energie und setzen sie in Eigenbewegung um; so findet ein stetiger Wechsel von Energiequanten in Form von Absorption und Emission statt (Warnke 1993). Es ist daher dringend notwendig, nicht nur den niederfrequenten Bereich, sondern auch den hochfrequenten Strahlungsbereich intensiv zu erforschen.

Physikalische Felder – Biologische Wirkung

Die klassische Elektrobiologie weiß heute von vier verschiedenen schädigenden Einflüssen aus dem Bereich der niederfrequenten, technisch induzierten Felder. Es handelt sich im einzelnen um:

- das elektrische Gleichfeld,
- das magnetische Gleichfeld,
- das elektrische Wechselfeld und
- das magnetische Wechselfeld.

Diese vier Felder treten einzeln oder gleichzeitig auf. Jedes dieser Felder stellt singulär oder synergetisch für den Körper eine Belastung dar. Diese Belastungen unterscheiden sich lediglich in ihrer primären oder sekundären Wirkung. Der Langzeiteinfluß dieser Einwirkung hat dann eine entsprechende Schädigung des Biosystems Mensch zur Folge.

Eine primäre Belastung kann sowohl von statischen Magnetfeldern als auch von elektrischen und magnetischen Wechselfeldern der Stromversorgung ausgehen. Der biologische Wirkmechanismus liegt einmal in der Kraftwirkung auf bewegte elektrische Ladungen, die proportional der Erhöhung der Körperstromdichte ist und deren mittelbare Folge ein pathologisches Energiedefizit (Warnke 1993) darstellt. Eine weitere Eigenschaft der Wechselfelder ist, daß sie in Resonanz mit bioelektrischen Systemen treten können, d. h., unser Nervensystem ist im niederfrequenten Bereich besonders empfindlich und im Frequenzbereich von 20-30 Hz sogar höchstempfindlich (Leitgeb 1991).

Elektrostatische Felder bewirken eine ausschließlich sekundäre Schädigung. Während die elektrostatische Aufladung für den menschlichen Körper keine Belastung darstellt, kommt es bereits bei mäßig starker elektrostatischer Aufladung zu einer erheblichen Erhöhung der Schwebedauer von Staubpartikeln. Ohne elektrostatische Aufladung beträgt die Schwebedauer von Staubpartikeln nur wenige Minuten (2–5 Min.); bei entsprechend geringer Luftfeuchtigkeit (<20 %) und einer statischen Aufladung von 200-300 V/m kann eine 10- bis 20-fach längere Schwebedauer beobachtet werden. Sogar eine Erhöhung der Schwebedauer um viele Stunden ist möglich.

Pathologisches Energiedefizit (PED)

Die Zelle – Baustein aller biologischen Systeme – ist der Motor allen Lebens. So wie ein Motor nur mit geeignetem Treibstoff funktionieren kann, so benötigt die Zelle Adenosintriphosphat (ATP) als »Treibstoff«, der von der Zelle erst gebildet werden muß. Damit die Zelle aber ATP synthetisieren kann, ist die Zufuhr von drei verschiedenen Stubstraten notwendig: Glucose, Fettsäuren und Aminosäuren werden unter katalytischer Wirkung von Enzymen mit Sauerstoff zu ATP verarbeitet.
Der so erzeugte Treibstoff ATP wird ungefähr zur Hälfte zum Antrieb der Ionenpumpen verbraucht. Diese Ionenpumpen stellen den wichtigsten Teil der Zellstruktur dar, da sie der Aufrechterhaltung des Membranmilieus dient. Ohne dieses transmembrane Potential funktioniert nichts; die Zelle würde ohne sie zugrunde gehen. Aber schon eine geringe Schwankung der elektrischen Spannung – sie beträgt im Normfall 70-80 mV – bringt die Zelle in Schwierigkeiten. Ob Zellmilieu und Membranpotential konstant gehalten werden können, hängt ausschließlich von der Verfügbarkeit von Zelltreibstoff – von ATP – ab.
Warum aber ist die Aufrechterhaltung dieses Membranpotentials – der asymmetrischen Verteilung der Ladungsträger beiderseits der Zellmembran – so wichtig? Es ermöglicht erst die Diffusion der Substrate (Nährstoffe) zur Zelle. Damit werden Transport und Geschwindigkeit von Ladungsträgern überhaupt erst möglich. Zuwenig ATP in der Zelle wirkt sich sofort auf die Ionenpumpen und damit auf das Membranpotential aus. Die Ionenpumpen sorgen dafür, daß diejenigen Ionen, die – durch elektrische Kräfte angezogen – in die Zelle hineindiffundieren, sogleich wieder hinausbefördert werden. Würden diese Vorgänge unterbrochen, wäre die Zelle einem stetig steigenden Diffusionsdruck ausgesetzt, der letztlich zum Bersten der Zelle führen würde.
Die verschiedenen physikalischen Felder greifen je nach emittierter Energie mehr oder weniger stark in den biologischen Mikrokosmos Zelle ein. Die geringste Störung des Membranpotentials führt zu einer Verringerung der Substratversorgung und damit zu einer verminderten Produktion von Adenosintriphosphat.
Selbstverständlich ist die Strömung der ATP-Bildung durch physika-

lische Felder nur eine von vielen möglichen Störungen. Fehlernährung, Sauerstoffmangel, Mineralstoffmangel, Alkohol, Schwermetallbelastung und andere Faktoren müssen als weitere Ursachen der Entstehung eines PED in Betracht gezogen werden. Die Wirkungskaskade, die jedesmal ausgelöst wird, ist immer die gleiche, nämlich eine Störung der ATP-Produktion in der Zelle. Diese Störung physiologischer Vorgänge wurde von Warnke (1993) treffend mit dem Begriff »Pathologisches Energiedefizit« (PED) beschrieben (vgl. auch den Beitrag von U. Warnke in diesem Band, S. 68 ff.).

Quantenphysikalische Betrachtung – Feldwirkung von Ladungsträgern

Aus wissenschaftlicher Sicht stellt sich in erster Linie die Frage, ob Biosysteme wie der Mensch als reiner komplexer Molekularverband oder mehr als multispektraler elektromagnetischer Atomverbund anzusehen sind. Vieles spricht dafür, daß die Quantenphysik in der Biologie und Medizin die ihr gebührende Berücksichtigung noch nicht gefunden hat. Der Nobelpreisträger und Physiker John A. Wheeler schreibt, »der wichtigste Akt ist der Akt der Teilnahme. ›Teilnehmer‹ ist der unbestrittene neue Begriff, den die Quantenmechanik hervorgebracht hat – den ›Beobachter‹ der klassischen Theorie gibt es nicht mehr. In der klassischen Theorie steht jemand hinter einer dicken Glaswand und beobachtet die Abläufe, ohne daran teilzunehmen. Die Quantenmechanik besagt, daß es so nicht geht« (Wheeler 1973, S. 1273). Und Bob Toben führt aus: »Innerhalb von Raum und Zeit wahrgenommen, sind lebende Systeme selbstorganisierend. Selbstorganisation ist ein charakteristisches Merkmal des Gravitationsfeldes, das die Form des Raums selbst bestimmt. Schwerkraft und lebende Systeme sind nichtlinear. Sie organisieren sich selbst. Bei lebenden Systemen wird planmäßiges Wachstum als Code in die DNA-Moleküle eingegeben. Ein nicht-linearer Zustand in elektrochemischen Reaktionsbahnen biologischer Abläufe führt zu Rückkopplungsmustern, die für die Selbstorganisation verantwortlich sind« (Toben 1990, S. 128).
Wenn diese quantenphysikalischen Erkenntnisse richtig sind, weiß jede Zelle von den übrigen Zellen, und jedes Quant in einer Zelle

weiß von den übrigen Quanten. Das Schlüssel-Schloß-Prinzip biochemischer Vorgänge erweist sich als ein zu starres Funktionsmodell. Moleküle sind Einheiten, deren Elektronen an räumlich definierten Stellen ein mehr oder weniger starkes Energiefeld erzeugen. Jede kleinste physikalische Feldeinwirkung führt daher zur Änderung biologischer Zustände und bei Langzeiteinfluß zu entsprechenden Auswirkungen.
Es ist bekannt, daß die Elektronen eines Atomkerns unter Feldeinwirkung aus ihrer kreisrunden Bahn abgelenkt werden und eine eliptische Bahn einnehmen, Atome im Verbund eine Distraktion erfahren, Moleküle mit Dipoleigenschaften eine Ausrichtung durchführen und molekulare Raumladungen eine Trennung, entsprechend der Polrichtung, vollziehen.

Was geschieht im Schlaf?

Die Auswertung vieler elektrobiologischer Untersuchungen hat gezeigt, daß nächtliche Belastungen durch niederfrequente, technisch induzierte Felder erheblich schädlichere Auswirkungen aufweisen als Belastungen, die während des Tages auftreten.
In unserem Körper existiert ein Hormon, das eine dominante Rolle spielt: das Hormon des Pinealorgans (Zirbeldrüse) – das Melatonin. Wird wenig Melatonin produziert, dann ist die Ausschüttung vieler anderer Hormone eingeschränkt bzw. kommt fast ganz zum Erliegen.
Melatonin wird normalerweise nur nachts ausgeschüttet. Fehlendes Tageslicht ist der Reiz, der die Melatoninproduktion in Gang setzt. Melatonin unterhält nicht nur wirkungsvoll die verschiedenen Schlafstadien, sondern unterstützt auch noch sehr effizient die Hemmung von Krebswachstum. Leider wird die Ausschüttung von Melatonin nicht nur durch Tageslicht gehemmt, sondern auch durch elektrische und magnetische Felder sowie durch elektromagnetische Strahlung technischer Art.
Daß fehlender Schlaf krank macht, ist eine altbekannte Weisheit, daß Felder aber nicht nur den Schlaf rauben, sondern auch den Boden für alle möglichen Befindlichkeitsstörungen bereiten und bei entsprechendem Langzeiteinfluß auch Erkrankungen auslösen, ist bis heute

nur einigen Bau- und Elektrobiologen bekannt. Schlechte Schläfer haben eine signifikant kürzere Lebenserwartung; während bei gutem Schlafzustand mit einer statistischen Lebenserwartung von fast 80 Jahren gerechnet werden kann, haben Personen mit schlechtem Schlafzustand nur eine Lebenserwartung von rund 65 Jahren.
Da über 90% der Bevölkerung mit dem Kopf zur Wand ausgerichtet schlafen, wird dieser Körperteil den nächtlichen Feldbelastungen in der Regel am stärksten ausgesetzt. Der menschliche Kopf ist – technisch gesehen – eine mit Elektrolyt gefüllte Kugel. Damit wird unser Kopf zur Antenne sowohl für elektrische und magnetische Wechselfelder als auch für elektromagnetische Strahlung. Die Felder der einzelnen Nervenzellen interferieren und addieren sich zu Summenfeldern. Diese werden durch Störungen amplituden- und frequenzmoduliert, wobei die Hauptfrequenz von 50 Hz – die Wechselstromfrequenz – vorherrscht (Warnke 1993). Diese Felder koppeln zum Gehirn entweder kapazitiv oder induktiv an. Kapazitiv angekoppelte Felder wirken sich allein als Verschiebungsströme aus und sind entscheidend von den Potentialverhältnissen des Körpers abhängig. Induktive Felder wirken direkt bis in die innersten Hirnbereiche und beeinflussen das Summenfeld des Gehirns direkt. Sowohl die kapazitive als auch die induktive Beeinflussung des Gehirns durch die verschiedenen Felder hat also direkte biologische Auswirkungen.

Meßtechnik

Die elektrobiologische Meßtechnik versucht, die Belastungen zu erfassen, die das Biosystem Mensch in den verschiedenen Feldarten erfährt. Dabei kommt es im Vergleich zu physikalisch-technischen Meßverfahren zwangsläufig zu unterschiedlichen Meßmethoden.
Die Messung elektrostatischer Aufladungen geschieht nach dem Prinzip feldinduzierter Influenzladung. Die praktische Ausführung dieser Methode erfolgt mit der sogenannten Feldmühle. Aus elektrobiologischer Sicht ist diese Methode wenig hilfreich. Elektrostatische Felder dringen nicht in den Menschen ein und stellen daher keine primäre biologische Belastung dar. Die Meßwerte dieser Felder sind stark von anderen Faktoren wie z. B. der Luftfeuchtigkeit abhängig, eine Reproduzierbarkeit der Meßwerte ist daher schwierig. Ferner verzerrt

die mit der Feldmühle messende Person das elektrostatische Feld zusätzlich. Langjährige elektrobiologische Schlafplatzuntersuchungen haben ergeben, daß selbst wenige V/m bei entsprechend langer Verweildauer eine starke biologische Belastung darstellen. Die durch statische Elektrizität bedingte Erhöhung der Schwebedauer von Staubpartikeln stellt die eigentliche Belastung durch elektrische Gleichfelder dar. Die Messung der Feldgrenze und Felddauer – Geräteempfindlichkeit ca. 2 V/m – in Abhängigkeit zur Bettoberkante stellt eine einfache und reproduzierbare Möglichkeit dar, Staubbelastungen in Schlafräumen schnell und sicher zu erfassen.
Messungen statischer Magnetfelder werden unter Ausnutzung des Halleffektes durchgeführt. Auch dieses Meßverfahren ist im elektrobiologischen Alltag mit Problemen behaftet. Die Geschwindigkeit, mit der die Meßsonde durch das statische Magnetfeld bewegt wird, hat maßgeblichen Einfluß auf das Meßergebnis. Da eine manuell geführte Sonde immer individuellen Schwankungen ausgesetzt ist, ist auch hier das Meßergebnis kaum reproduzierbar. Da die Menschen seit Millionen von Jahren an das Erdmagnetfeld angepaßt sind, sind lediglich statische Magnetfelder von Interesse, die die Stärke des Erdmagnetfeldes überschreiten. Diese Überlegungen haben dazu geführt, auf exakte Meßwerterhebungen statischer Magnetfelder zu verzichten und anstelle der Messung eine Ortung statischer Magnetfelder durchzuführen. Mit Hilfe eines Qualitätskompasses lassen sich fremde statische Magnetfelder leicht, schnell und reproduzierbar auffinden.
Da es sich bei statischen Feldern um Felder handelt, die auch natürlichen Ursprungs sein können, sind aus elektrobiologischer Sicht nur solche Felder von Relevanz, die Dauer und Stärke der natürlichen Felder übersteigen. Auf die Aufnahme von Meßwerten kann daher verzichtet werden; eine exakte Ortung statischer Felder ist elektrobiologisch ausreichend. Die niederfrequenten Wechselfelder unserer Stromversorgung sind grundsätzlich künstlichen Ursprungs und daher unbiologisch. Es genügt nicht, diese Felder nur zu orten; sie müssen sowohl quantitativ wie auch qualitativ erfaßt werden.
Die physikalisch-technische Messung elektrischer Wechselfelder in bezug auf die biologische Belastung stellte bei Schlafplatzuntersuchungen lange Zeit ein Problem dar. Zu viele Faktoren wie Raumgeometrie, anwesende Personen und Luftfeuchtigkeit beeinflussen die Feldbeschaffenheit.

Bau- und Elektrobiologen wenden aus diesem Grund seit langem die Methode der kapazitiven Körperkoppelung (Fischer 1993) an, um eine realistische Aussage über die tatsächliche Körperbelastung machen zu können. Dabei erfolgt eine Messung des extrakorporalen elektrischen Wechselfeldes am im Bett liegenden, geerdeten Probanden. Potentialverhältnisse des Probanden, Geräteeigenschaften und weitere Faktoren haben einen erheblichen Einfluß auf das Meßergebnis – bei ungünstigen Konstellationen kann ein Meßfehler von mehreren hundert Prozent bewirkt werden. So werden mit diesem Verfahren die Äquipotentiale und nicht die Feldstärke erfaßt. Das Ergebnis stellt mehr die Raumbelastung dar als die Belastung des Körpers.
Diese Meßmethode genügt wissenschaftlichen Ansprüchen nicht. Mangels alternativer Meßtechnik wurde und wird diese Methode aber noch immer als die Standardmethode zur Messung biologisch relevanter elektrischer Wechselfelder angewandt. Dennoch muß aber festgestellt werden, daß die Methode der kapazitiven Ankoppelung als Standardkonfiguration ein einfaches und sicheres Verfahren darstellt, das die schnelle und sichere Ortung des feldverursachenden Stromkreises ermöglicht.
Erst vor wenigen Monaten ist es Zeisel gelungen, ein Meßverfahren und ein Meßgerät vorzustellen, das die tatsächliche biologische Belastung (= Körperstromdichte) im elektrischen Wechselfeld erfaßt. Das Verfahren beruht auf der Tatsache, daß an der Grenze Körper/Umgebung die extra- und intrakorporalen Stromdichten gleich sind. Durch die Messung der extrakorporalen Stromdichte an der Körperoberfläche erhält man ohne den Umweg einer Umrechnung die unter der Oberfläche wirkende intrakorporale Stromdichte (Zeisel 1993/94).

Magnetische Wechselfelder

Magnetische Wechselfelder werden durch die Gewebeeigenschaften unseres Körpers nicht beeinflußt. Es kann daher innerhalb des Körpers an einer definierten Stelle die gleiche Induktion gemessen werden wie an derselben Stelle ohne Körper. Aus der gemessenen Induktion kann der im Körper entstehende Wirbelstrom berechnet werden.

Für die Messung der Induktion im elektrischen Wechselfeld stehen sowohl selektiv für 50 Hz als auch breitbandig (10 Hz – 100 kHz) ausgereifte Geräte am Markt zur Verfügung.

Grenzwerte – Biologische Richtwerte

Die Grenzwerte nach VDE DIN 0848 Teil 4 (niederfrequente Felder) stellen in der Bundesrepublik einen einklagbaren Standard dar. Der gegenwärtige Wert für das elektrische Wechselfeld (EWF) beträgt:

20000 V/m entsprechen $S = 10\ mA/m^2$.

Der gültige Wert für das magnetische Wechselfeld (MWF) beträgt:

4000 A/m oder 5 mT $\Rightarrow S = 10\ mA/m^2$.

Selbst der Verordnungsgeber hat erkannt, daß diese Grenzwerte weit überhöht sind und für die Bevölkerung keinen Schutz darstellen. Geplant ist die Einführung folgender Grenzwerte, für das elektrische Wechselfeld (EWF):

5000 V/m		24 Std. Dauerbelastung $\Rightarrow S = 2{,}5\ mA/m^2$
10000 V/m	bis	2 Std. Dauerbelastung $\Rightarrow S = 5{,}0\ mA/m^2$,

für das magnetische Wechselfeld (MWF):

100 μT		24 Std. Dauerbelastung $\Rightarrow S = 0{,}2\ mA/m^2$
1 mT	bis	2 Std. Dauerbelastung $\Rightarrow S = 2{,}0\ mA/m^2$.

Selbst diese zukünftigen Grenzwerte sind weit davon entfernt, den biologischen Anforderungen an eine wirksame Gesundheitsvorsorge auch nur annähernd zu genügen. Aus elektrobiologischer Sicht ist es zwingend notwendig, unterschiedliche Grenzwerte für Arbeits- und Wohnbereiche zu erlassen. Welche Grenzwerte für bestimmte Arbeitsbereiche (z.B. Elektrolok-Führer, Arbeiter an Induktionsschmelzöfen) zu erlassen sind, muß arbeitsmedizinisch festgelegt werden und kann nicht aus Schlafplatzuntersuchungen ermittelt werden. Mit Sicherheit kann aber vorhergesagt werden, daß auch die zukünftigen Grenzwerte für einen effizienten Arbeitsplatzschutz noch zu hoch sein werden.

Unter den elektrobiologisch tätigen Wissenschaftlern bestehen kaum Meinungsunterschiede in bezug auf wohnrelevante Grenzwerte. Die Grenzwertempfehlungen führender Fachleute (Warnke 1993; Fischer 1993; Katalyse 1994; König/Folkerts 1992) lauten für elektrische Wechselfelder (EWF):

5–10 V/m

und für magnetische Wechselfelder (MWF):

100–200 nT.

Der Arbeitskreis Elektro-Biologie e.V. (AEB) fordert aufgrund der langjährigen Erfahrung seiner Mitglieder folgende Richtwerte:

für das elektrische Gleichfeld (EGF) (elektrostatisches Feld):

Feldgrenze ⇒ max: 30 cm über Boden
Verweildauer ⇒ max: 5 Minuten

für das magnetische Gleichfeld (MGF) (statisches Magnetfeld):

Kompaß-Ablenkung max: 1–2 Grad Nadelablenkung bzw. 300 nT

für das elektrische Wechselfeld (EWF):

S_{max}: 50 nA/m² (früher: 20 mV kap. Ankop.)

für das magnetische Wechselfeld (MWF):

B_{max}: 20 nT ⇒ 50 nA/m².

Diese Richtwerte beruhen auf einer bis zu 20jährigen Erfahrung aus Schlafplatzuntersuchungen. Die vom AEB empfohlenen Werte garantieren einen belastungsfreien Wohn- und Schlafbereich. Selbst 90% der sensibilisierten Personen weisen bei Einhaltung der Richtwerte keine Befindlichkeitsstörungen auf.
Die schwedischen TCO-Normen für Bildschirmarbeitsplätze stellen eine Arbeitsplatzschutzmaßnahme dar. EWF-Werte von 10 V/m und MWF-Werte von 200 nT in 30 cm Abstand vom Benutzer sind vorbildliche Werte. Diese schwedischen Grenzwerte wurden zum Schutz der an Bildschirmen arbeitenden Personen eingeführt; ein Schlafplatz sollte aber mindestens genauso gut, wenn nicht besser vor physikalischen Belastungen geschützt sein als ein Arbeitsplatz.

Die zur Zeit gültigen Grenzwerte nach DIN VDE 0848, und auch die zukünftigen DIN-VDE-Grenzwerte (Gelbdruck) stellen keinen wirksamen Schutz vor technisch induzierten physikalischen Belastungen dar. Die Festschreibung dieser Werte zementiert vielmehr das Machtmonopol des »Politisch-Industriellen-Komplexes« und dient mehr einer ungehemmten Energieverteilung und einer grenzenlosen Sucht nach Gewinn als den gesundheitlichen Interessen unserer Bevölkerung. Es muß leider festgestellt werden, daß der elektromagnetischen Verträglichkeit von Geräten und Maschinen – etwa durch die DIN-Norm 0107 – bislang wesentlich mehr Aufmerksamkeit geschenkt wird als dem Schutz des bedienenden Personals.
Selbst ein oberes Landesgericht, der Hessische Verwaltungsgerichtshof, urteilte am 11.3. 1993 wie folgt: »Nach der Rechtsprechung des Bundesverwaltungsgerichts stellen DIN-Normen auch Vereinbarungen interessierter Kreise dar, die eine bestimmte Einflußnahme auf das Marktgeschehen bezwecken. Den Anforderungen, die an Neutralität und Unvoreingenommenheit gerichtlicher Sachverständiger zu stellen seien, genügen sie deswegen nicht« (Az.: 3 TH 768/92).

Toxikologie – Symptomatik – Exposition

Da die DIN-VDE-Grenzwerte im wesentlichen nach elektrotechnischen Erfordernissen ausgerichtet werden, ist medizinischer Sachverstand bei der elektrotechnischen Kommission nicht sehr gefragt. Die Grundregeln der Toxikologie finden daher auch keine Berücksichtigung (Braun-von Gladiß 1992):

- Je länger eine Noxe (= schädlicher Reiz) auf den Organismus einwirkt, um so niedriger kann die Dosis sein, damit ein schädigender Effekt auftritt.
- Je mehr Noxen zusammenwirken, um so größer ist der schädigende Effekt.
- Bestimmte Vorschädigungen können das Ausgleichsvermögen des Organismus stark reduzieren bzw. sogar aufbrauchen.
- Schwache Noxen schädigen bei langer Einwirkdauer mehr als starke Noxen bei kurzer Einwirkdauer.
- Risikopersonen (Kinder, alte Menschen, Kranke) sind für Noxen viel empfänglicher als gesunde Personen mittleren Alters.

Die oft gestellte Frage, ob denn durch die verschiedenen Felder bestimmte Erkrankungen verursacht würden, kann nicht eindeutig beantwortet werden. Mit Nein deshalb nicht, weil Feldstärken unterhalb der Grenzwerte keine unmittelbare medizinische Wirkung zeigen, sondern sich in allgemeinen Befindlichkeitsstörungen äußern, die gewöhnlich häuslichen oder arbeitsplatzbedingten Belastungen zugeordnet werden. Mit Ja deshalb nicht, weil nach einem oder meist mehreren Jahrzehnten der Belastung das Biosystem Mensch am Ende seiner Ausgleichsfähigkeit angelangt ist und dann irreparable Erkrankungen dem Leben ein Ende bereiten können. König/Folkerts (1992) weisen in ihren Auswertungen vieler epidemiologischer Untersuchungen darauf hin, daß das Risiko, an Krebs zu erkranken, bei feldbelasteten Personen eindeutig höher ist als bei Menschen, die diesen Feldern nicht ausgesetzt waren.

Auch ist es nicht möglich, medizinische Befunde bestimmten Feldstärkewerten zuzuordnen; man kann aber von einem einheitlichen Reaktionsmuster des menschlichen Körpers auf technisch induzierte Felder sprechen. Der menschliche Körper reagiert mit drei nacheinander ablaufenden Phasen auf diese Belastung:

Die erste Phase stellt für den Körper eine Belästigung dar. Er reagiert auf die Belastung mit Streßzeichen wie Nervosität, Gereiztheit, Konzentrationsschwäche, Appetitlosigkeit, Lernschwäche, Libidoverlust, Ein- und Durchschlafstörungen sowie anderen vegetativen Störungen.

Die zweite Phase bedeutet für den Körper eine Beeinträchtigung. Er reagiert auf die jetzt noch immer bestehende Belastung mit deutlichen Störungen körperlicher Art wie gesteigerter Infektanfälligkeit, Kopfschmerzen, Migräneanfällen, Verdauungsbeschwerden, noch leichten Stoffwechselentgleisungen und weiteren organmanifesten Störungen.

Die dritte Phase bedeutet für den Körper den Ausbruch einer Erkrankung, die anfänglich meist reversibler Natur ist und irgendwann im Stadium einer irreversiblen Erkrankung endet. Das gesamte Spektrum medizinischer Erkrankungen spiegelt sich in diesem Abschnitt wieder.

Solange eine feldinduzierte Erkrankung noch nicht einen irreversiblen Zustand erreicht hat, kann durch eine Beseitigung der Feldbelastung geholfen werden. Eine Besserung der bestehenden Beschwerden konnte in 80 bis 90% der Fälle festgestellt werden. Die längerfristige Beurteilung der Erfolge kann wie folgt angesehen werden: In 50% der Fälle kann eine Erholung erzielt werden; in 30% der Fälle kann eine weiter symptomatische Verschlechterung verhindert werden, und in 20% der Fälle sind andere Ursachen Auslöser für die Erkrankung gewesen.

Der mögliche Ausbruch einer feldbedingten Erkrankung hängt wiederum von drei Faktoren ab – von der Expositionsdauer, der Dosis und der Prädisposition. Die Aussagen beziehen sich alle auf Belastungen, die zwischen den doppelten Richtwerten und dem Hundertfachen der Richtwerte nach AEB lagen.

1. Bei einer Expositionsdauer bis zu 10 Jahren beträgt das Erkrankungsrisiko 10%.
   Bei einer Expositionsdauer bis zu 20 Jahren beträgt das Erkrankungsrisiko 50%.
   Bei einer Expositionsdauer bis zu 30 Jahren beträgt das Erkrankungsrisiko 90%.
2. Zur Dosis muß festgestellt werden, daß Langzeiteinflüsse mit niedrigen Dosiswerten belastender sind als ein kurzzeitiger Einfluß mit höheren Dosiswerten.
3. Die allgemeine Prädisposition hängt wiederum von der individuellen Disponibilität ab, und diese gliedert sich wie folgt:
   a) die geschlechtliche Disponibilität verhält sich bei Männern zu Frauen zu Kindern wie 1 : 2 : 3;
   b) die spezifische Disponibilität bei Kranken, vorgeschädigten Personen und alten Menschen kann eine Faktorerhöhung um 2–5 bewirken;
   c) durch hereditere Disponibilität (erbliche Vorbelastung) kann eine weitere Erhöhung um den Faktor 2–10 eintreten;
   d) die synergetische Disponibilität (etwa Wechselwirkungen mit Schwermetallen, insbesondere Quecksilber) bewirkt eine weitere Faktorerhöhung um 5-10.

Im ungünstigsten Fall kann für besonders sensibilisierte Personen eine Risikoerhöhung mit einem Faktor von über 1000 entstehen. Für diesen extrem hypersensibilisierten Personenkreis – rund 0,5–1,0% der Bevölkerung – bedeutet das Leben mit Strom eine ständige Qual.

Am Ende dieses Beitrags mag eine Patientenaussage stehen, die für

Außenstehende unglaubwürdig, für Elektrobiologen aber alltäglich klingt:

»... Zwischenzeitlich waren meine Symptome so stark und so häufig, daß ein normales Leben unmöglich geworden war. Meinen Beruf mußte ich aufgeben. Auffällig war, wie sehr elektrische Geräte in meiner Umwelt einige Symptome spontan hervorriefen oder verschlimmerten. Fernsehen, Bügeln, das Benutzen der Kaffeemaschine, des Staubsaugers und anderer elektrischer Geräte wurde mir unerträglich. Beim Telefonieren erlitt ich Ohnmachtsanfälle ...«

András Varga
Molekularbiologische Nachweise
Biologische Wirkungen elektromagnetischer Felder und Strahlen

Die Entstehung von Krebs (Karzinogenese) ist bekanntlich noch nicht geklärt. Es gibt jedoch zwei Erklärungen über die Ursachen von Krebs, die Aufmerksamkeit verdienen:
- eine Erklärung ist genetischer Natur (DNS),
- die zweite geht von entarteten Zellmembranen aus.

Genetische Ursache

Zellentartungen (Mutationen) können entstehen
- spontan und zufällig bei der DNS-Replikation oder
- durch Einwirkung äußerer Faktoren, wie z. B. harte Strahlung, hohe Temperaturen oder chemische Substanzen, wobei sog. Onkogene entstehen.

Entartete Zellmembranen

Die neueste Krebsforschung konzentriert sich auf die Zellmembranen, deren biologische Funktionen sehr viel komplexer sind, als es ihr relativ einfacher Aufbau vermuten läßt. Die ganze Oberfläche der Zellmembran ist mit regionalem Ladungsüberschuß und aktiven Zentren (Enzymen) bedeckt, die den gesamten Stoffwechsel der Zellen sowie die Zellkommunikation mit der inneren und äußeren Welt regulieren.
Eine Plasmamembran (50 Å) besteht aus zwei Phosphorlipid-Schichten, an denen beidseitig, also innen und außen, Hydrocarbonketten hängen, die negative Ladungen tragen. Zwischen den beiden Schichten befindet sich eine Eiweißfüllung, die ähnlich funktioniert wie ein

Sieb; einige Ionen werden durchgelassen, andere aber zurückgehalten. Aus dieser Ionenkumulation und dem negativ geladenen Glykokalix resultiert das Membranpotential.
Eine Änderung dieses statischen Membranpotentials, z. B. durch in Feldern entstandene Ladungsverschiebungen (Elektronen, Ionen) oder durch reaktive chemische Stoffe, verursacht ein »Biosignal«, das ins Zellinnere übertragen wird. Wenn dieser örtlich begrenzte Feldsprung stark genug ist, öffnen sich in dieser Region die Membranporen, und es entsteht ein »Strömungskanal«, durch den – zeitlich begrenzt – Stoff und Strom fließt; diesen Vorgang nennt man »transduktive Kopplung«, wobei die Kalzium-Ionen die wichtigste Rolle spielen.
Durch elektromagnetische Felder können im Körper Wirbel- oder Verschiebungsströme entstehen, die dann das Fließgleichgewicht sowie die wellenförmige Bewegung der Glykoproteinfäden stören. Dadurch kann eine biochemische Kettenreaktion in der Zelle ausgelöst werden, z. B. Adenylatziklase, Proteinkynase sowie ATP-Umwandlungen in ADP und AMP (mit einem Energiegewinn, der bis zum Millionenfachen reichen kann).
Durch solche ungeregelten chemischen Reaktionen im Zellinneren wird der biologische Informationsfluß gestört, und die Zellteilung geschieht dadurch unkontrolliert. Daraus können »Krebskeime« entstehen. Diese Krebskeime können vom Immunsystem ein Leben lang ohne Folgen unter Kontrolle gehalten werden. Wenn das Immunsystem aber durch irgendwelche geistigen, seelischen oder körperlichen Ursachen geschwächt wird oder wenn bestimmte Noxen als Promotoren wirken, wie z. B. karzinogene Stoffe und/oder physikalische Faktoren (Strahlen, Reibung), dann kann dies unkontrolliertes Zellwachstum, eine Zellwucherung (Krebs), auslösen.
In dieser komplexen biologischen Situation müssen Modellversuche sehr sorgfältig angelegt werden. Versuche mit totem Gewebe können das mit Körpersäften durchströmte, mit Nevenfasern vernetzte und durch den Stoffwechsel und Informationsfluß versorgte lebende Gewebe nicht ersetzen (vgl. auch den Beitrag von F. A. Popp in diesem Band, S. 231 ff.). Das tote Gewebe hat nicht nur andere Stoffkonstanten als das lebende Gewebe, es hat auch keine Bewegung bzw. Schwingung (Resonanz) und kann deshalb auf Umweltreize biologisch auch nicht reagieren.

Das Onkogen

Die Chromosomen, im Zellkern entstehende Gebilde, enthalten Informationen über die Erbanlagen der Menschen. Der Mensch hat 46 Chromosomen bzw. 23 Chromosomenpaare. In den Chromosomen sind Gene in Reihen angeordnet, die die genetischen Informationen tragen. Gene bestehen aus etwa 5000-10000 Basenpaaren in verschiedenen Kombinationen (Sequenzen) von nur vier Pyrimidinbasen: Adenin, Guanin, Cytosin und Thymin. Aus diesen vier Basen wird ein genetischer Code, der sog. »Triplett«, determiniert – eine biologische Informationseinheit.

Bei der Replikation (Verdoppelung) von DNS-Molekülen, die solche Tripletts enthalten, kann die Reihenfolge von Basen durch Zufall verändert werden (Mutationen). Diese genetischen »Fehler« können zu Störungen und Defekten (z. B. Mißbildungen) führen. Mutationen können also spontan, aber auch durch chemische oder physikalische Einflüsse (z. B. Strahlen) verursacht werden. So kann z. B. der Platz von Guanin und Thymin innerhalb der Sequenz verwechselt werden; dann bildet sich ein sogenanntes Onkogen und die Entstehung von Krebs ist vorprogrammiert.

Onkogene, d. h. Krebskeime, trägt eigentlich jeder Mensch in sich; die Frage ist, ob sie eine Chance erhalten auszubrechen. Einer der den Krebs hemmenden Stoffe ist das Melatonin. Wenn wir durch Felder und Strahlen (z. B. von Sendemasten, Hochspannungsleitungen etc.) die Produktion von Melatonin für längere Zeit (Langzeitwirkung) unterdrücken, dann ist zu erwarten, daß sich das Krebsgeschehen entfalten wird. Allerdings ist es heimtückisch, weil man es erst nach – vielleicht 10 oder 15 – Jahren bemerkt, wenn es wegen der Metastasenbildung schon zu spät ist. Die Richtigkeit dieser Annahmen über die Krebsentstehung, z. B. unter Hochspannungsleitungen, wird durch Statistiken aus den USA, Schweden, Australien und in neuester Zeit auch aus Deutschland bestätigt (Buntenkötter et al. 1991; Ahlbom et al. 1992; Folderus et al. 1992).

Entartete Zellmembran

Die Zellmembran ist eine biologische Informationsverarbeitungsstelle. Hier findet nicht nur der Stoffwechsel, sondern auch die Zellkommunikation mit der Außenwelt statt. Durch Membrankanäle wird der (ionische oder elektronische) Informationsfluß von außen ins Innere der Zelle vermittelt. Damit kann eine Verschiebung des pH-Wertes im Inneren der Zelle stattfinden, die eine biochemische Kettenreaktion in der Zelle auslösen kann.
Durch diese unkontrollierte Kettenreaktion können Substanzen entstehen, die den normalen Stoffwechsel belasten (z. B. Phorbolester, Ornithindekarboxylase usw.). Diese »Fremdkörper« möchten die Zelle verlassen und greifen dabei die Zellmembran an.
Wenn dieser Vorgang häufig auftritt, wird die Zellmembran an mehreren Stellen angegriffen und in ihrer Funktion gestört. Die Zelle verliert die Kontrolle über das Wachstum, und es entsteht eine Zellwucherung. Bei dieser Zellwucherung lagern sich zwischen den Membranschichten unerwünschte Endprodukte ab, die dann die Zellmembran völlig entarten lassen – die Zelle stirbt (Adey 1986).
Was bei einem Kalziumionen-Austritt aus Gehirnzellen durch Einwirkung elektromagnetischer Felder und Strahlen geschieht, zeigt Abb. 1.

Nachweis, daß die Produktion von Melatonin durch elektrische Felder gesenkt wird

Melatonin wird von der erbsengroßen Hinanhangdrüse (Zirbeldrüse) produziert. Diese Drüse ist eine übergeordnete Schaltstelle, die alle von den Nerven gemeldeten Strahlungs-Reize in Hormon-Signale umwandelt. Für Lichtreize sind die Augen als Rezeptoren zuständig. Für niedrigere Frequenzen, z. B. für UHF-Strahlen, braucht man keine Rezeptoren, denn durch deren Eindringtiefe wird diese strahlenempfindliche Drüse durchaus erreicht. Durch die Dauerwirkung von EM-Feldern und Strahlen wird die Melatoninproduktion nach etwa 2,5 Wochen unter den Kontrollwert gesenkt (Abb. 2).

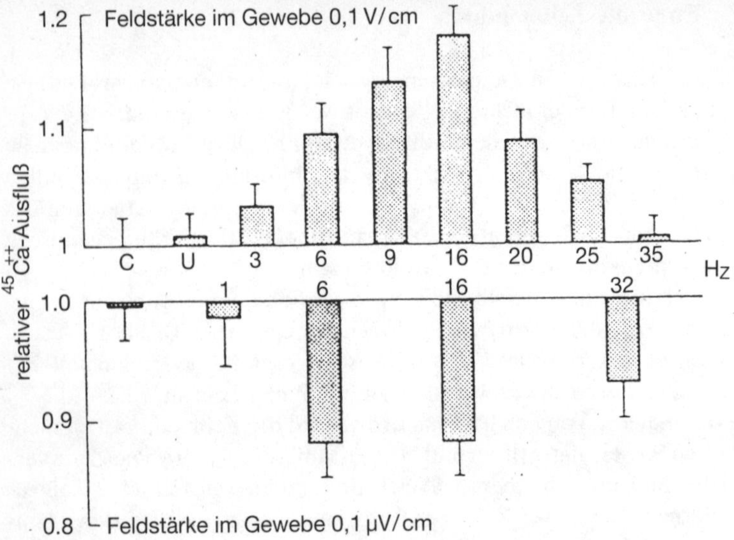

Abb. 1: Wenn man ein sinusförmiges hochfrequentes elektromagnetisches Feld (0,8 mW/cm² - 147 MHz) mit einer Frequenz von 1 bis 32 Hz moduliert und damit Gehirnzellen von Küken, Ratten oder Katzen bestrahlt, läßt sich ein erhöhter Ausfluß von Kalziumionen feststellen (obere Werte).
Dasselbe passiert auch, wenn man diese Versuche ohne hochfrequente Strahlung mit einem elektrischen Feld (in der Luft) von 56 V/m, bei einer Frequenz von 1 bis 32 Hz durchführt (untere Werte).
Von diesem äußeren elektrischen Feld von 56 V/m erreicht etwa ein Millionstel (einige µV/m) die Gehirnzelle; wenn man aber bedenkt, wie wichtig die Kalziumionen für die Nervenzellen sind, ist diese Erkenntnis bedenklich (Bawin/Kaczmarek/Adey 1975; Bawin/Adey 1976).

Nachweis, daß die Melatoninsynthese schon bei minimaler Strahlungsdichte (~ 10 pW/cm²) gesenkt wird

Um die Melatoninproduktion zu hemmen, reicht schon eine Leistungsdichte (Licht, UHF-Strahlen usw.) von etwa 0,01 µW/cm² aus, wobei bei 0,5 µW/cm² die maximale Hemmung erreicht wird (Abb. 3).

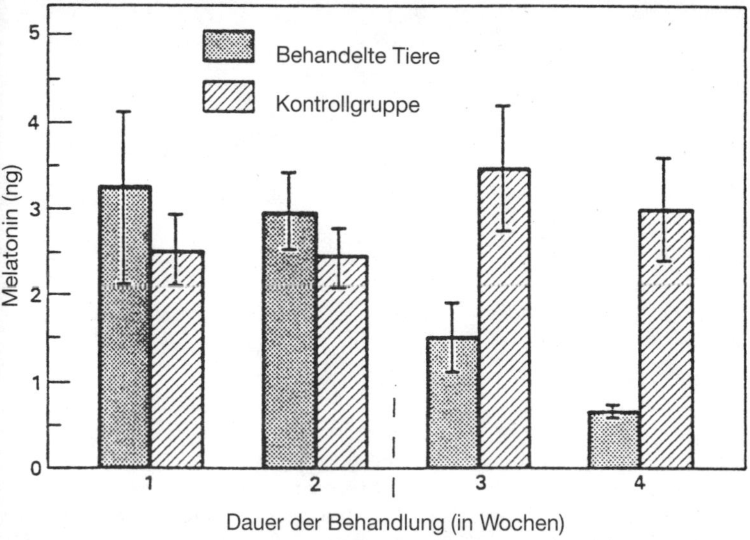

Abb. 2: Verlauf der Melatoninwerte bei Ratten. Die gerasterten Säulen zeigen die Werte bei Nacht, die schraffierten Säulen die Werte bei Tag. Wenn man die Tiere aber einem elektrischen Wechselfeld niedrigerer Frequenzen (ELF 2-39 kV/m) aussetzt, ändert sich nach etwa 2,5 Wochen das Verhältnis, und die Melatoninwerte der behandelten Tiere bleiben auch nachts unter den Tageswerten (Wilson et al. 1990). Die Melatoninproduktion wird auch bei Ratten-Embryonen in Abhängigkeit von der Feldstärke deutlich reduziert, von 1250 auf etwa 700 pg (Reiter 1988).

Versuche mit Küken (tödlicher Grenzwert)

Es wurden 1440 bebrütete Hühnereier auf die Einwirkung hochfrequenter Strahlung (1,25 GHz) mit einer Leistungsdichte von 0,1–3 mW/cm^2 in 8 Gruppen beobachtet. Die Inkubationszeit bei Hühnereiern beträgt 21 Tage, aber nur in den ersten 5 Tagen (solange die Nervenfasern und der Blutkreislauf inaktiv sind) wird täglich 8 Stunden bestrahlt. Eine der 8 Gruppen ist abgeschirmt worden und dient der Kontrolle (K). Das Ergebnis zeigt, daß der heute in Deutschland

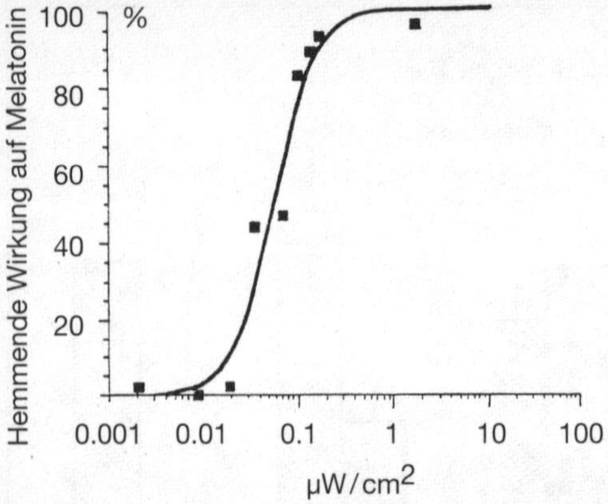

Abb. 3: Es ist deutlich zu erkennen, daß durch die steigende Leistungsdichte von elektromagnetischen Strahlen (Licht, Mikrowellen usw.) die Melatoninkonzentration sinkt, d. h., der Hemmungseffekt ihrer Wirkungen steigt (Depression) in Abhängigkeit von der Leistungsdichte; das beginnt bei einem Wert von 0,01 $\mu W/cm^2$ und erreicht sein Maximum schon bei 0,5 $\mu W/cm^2$ (nach: Brainard et al. 1983).

zulässige Grenzwert von 2,5 mW/cm^2 für Hühnerembryos tödlich ist. Der Grenzwert zwischen »Leben und Tod« bei 1,25 GHz liegt etwa zwischen 0,9-1,0 mW/cm^2 (vgl. Tab. 1). Natürlich kann dieser Effekt nicht ohne weiteres auf Menschenembryos im Mutterleib übertragen werden, aber die hochfrequenten Strahlen sind nicht so »klug«, daß sie zwischen menschlichen und Hühnerembryos unterscheiden könnten.

Erhöhte Mißbildungsrate bei Küken unter einem Magnetfeld

Nach meiner Überzeugung ist die heute gültige DIN VDE 0848, Teil 1–4, zum Schutz vor »Elektro-Unfällen« gedacht; sie ist als Schutz vor Störungen bei der biologischen Informationsverarbeitung jedoch nicht geeignet. Die heutigen DIN-Empfehlungen basieren nur auf thermischen, d. h. energiereichen Wirkungen bei gesunden Personen. Dauerbelastungen ausgesetzte und sensibilisierte oder im Kli-

Tab. 1: Darstellung der Meßergebnisse über die Wirkung von hochfrequenter Strahlung auf Embryos von Hühnern (Varga 1989 b).

	K	P (mW/cm²–1,25 GHz)						
		0,1	0,5	1,0	1,5	2,0	2,5	3,0
Anzahl der bebrüteten Eier	180	180	180	180	180	180	180	180
Geschlüpfte Küken	159	161	162	148	3	0	0	0
Gestorbene Küken (bis zum 5. Tag; keine Sektion)	3	2	3	12	3	–	–	–
Gesunde Küken (verfolgt bis 6 Wochen)	156	159	159	136	0	–	–	–

makterium befindliche Menschen, geschwächte Konstitutionstypen sowie Kinder (wegen des größeren Wassergehalts im Körper) werden vor Gesundheitsbeeinträchtigungen durch die heute gültigen Vorschriften nicht geschützt, vor allem deshalb, weil es sich bei der biologischen Informationsverarbeitung nicht um die Energie des einwirkenden Signals handelt (W/kg), sondern um die Energie, die durch das Signal im Körper selbst ausgelöst wird (bit/sec). Diese »provozierte« Energie kann etwa um das Millionenfache größer werden als das ursprüngliche Signal. Dieser molekularbiologische Vorgang darf jedoch nicht mit der »Reizschwelle« der Nervenfasern verwechselt werden.

Folgerungen

Ich behaupte nicht, daß elektrische und/oder magnetische Felder direkt Krebs verursachen (Initiation), aber ich nehme als sicher an, daß nicht-ionisierende Strahlen beim Krebswachstum als Ko-Faktoren wirken (Promotoren).

Diese kurzen Darstellungen über die Wechselwirkung zwischen lebenden Systemen und der elektromagnetischen Umwelt müssen als reale Wirkungsfaktoren betrachtet werden, wenn wir in Zukunft gesund auf unserer Erde leben wollen. Wir sollten die Ergebnisse der modernen Technologie natürlich nützen, aber das darf nicht unser Wohlbefinden und unsere Gesundheit beeinträchtigen.

Eduard David/Jörg Reißenweber

Die Elektrosmog-Debatte aus der Sicht der Schulmedizin

Seit Elektrizität und Magnetismus zum Erfahrungsschatz des Menschen gehören, herrschen Angst und Ungewißheit über deren Wirkungen auf den Körper. Auch Forschungsergebnisse und medizinische Erkenntnisse konnten nichts daran verändern; sie haben im Gegenteil die Sorgen noch verstärkt. So weiß man erst seit Galvanis Entdeckung im 18. Jahrhundert, daß elektrische Felder, wie sie bei Gewittern auftreten, zu Muskelerregungen führen können. Das magnetische Feld der Erde war den Benützern des Kompasses schon lange vor Kolumbus (1493) bekannt; trotzdem konnten sie keine Aussagen über seine Wirkung machen. Immerhin erkannte man, mit welcher Kraft Eisen oder Nickel vom magnetischen Feld angezogen wurden.

Das vergrößerte die Unsicherheit beim Umgang mit Magneten, und obwohl die Physik schon im vorigen Jahrhundert, z. B. durch Maxwell (um 1860), die richtige Beschreibung für die elektrischen und magnetischen Felder unterschiedlicher Frequenz lieferte, herrschten doch z. B. in der Medizin nur unklare Vorstellungen darüber, was Magnetismus und Elektrizität ist. So war es Franz Anton Mesmer in den siebziger Jahren des 18. Jahrhunderts zunächst als anerkanntem Arzt und Heiler möglich, in seinen Magnetisierungszirkeln sein Unwesen zu treiben, bis man ihn aus der Pariser Akademie der Wissenschaften hinauswarf. Er glaubte nämlich, durch Auflegen seiner Hände heilenden Magnetismus übertragen zu können. In Wirklichkeit war er, ohne es zu wissen, einer der ersten Hypnotiseure nach modernem Muster.

Intensiv hat sich die Schulmedizin mit der Wirkung der Elektrizität seit der Jahrhundertwende beschäftigt, als man echte Heilerfolge mit elektrischen Behandlungsgeräten erzielte. Dabei hat man z. B. rheumatisch erkrankte Körperteile mit ziemlich hohen Strömen durchflutet, die erst in den fünfziger Jahren durch technische Normen auf 90 mA pro Behandlungskreis begrenzt wurden. Dabei kam es in Einzelfällen zu Verbrennungen; bei empfindlichen Menschen wurden auch allergische Hautreaktionen ausgelöst.

Anders entwickelte es sich beim magnetischen Feld, das man erst in den sechziger Jahren dieses Jahrhunderts zur Heilung bei Knochenbrüchen und Durchblutungsstörungen einsetzte. Natürlich fällt es der Schulmedizin schwer, Heilwirkungen anzuerkennen, Beeinträchtigungen aber nicht. So hat man schon vor 30 Jahren, und noch intensiver bei der Entwicklung des Kernspintomographen – Lauterbur hat 1972 als erster ein Magnetbild eines Fingerquerschnitts veröffentlicht –, vielleicht hinter vorgehaltener Hand, Wissenschaftler aufgefordert, genaue Messungen an biologischen Substraten, aber auch am Menschen über die Wirkungen elektrischer und magnetischer Felder durchzuführen. Von der Elektroindustrie wurde eine Forschungsstelle für Elektropathologie beim Arbeitsmediziner Prof. Hauf in Freiburg eingerichtet, die sich in den fünfziger und sechziger Jahren allerdings mehr mit Elektrounfällen, also den direkten Wirkungen des Stromes beschäftigte, und erst zu Beginn der achtziger Jahre wurden auch elektrische und magnetische Feldwirkungen erforscht.

Der Autor dieses Artikels hatte das Glück, im Physiologischen Institut der Universität Erlangen an den von der Fa. Siemens initiierten Forschungen über Effekte medizinischer Reizströme und später über die sehr starken magnetischen Felder des Kernspintomographen teilnehmen zu können. Dabei wurden magnetische Gleichfelder eingesetzt, die das Erdfeld von 40 μTesla um das 100000fache, nämlich bis 4 Tesla, überstiegen. Hierbei werden, wenn man sich bewegt, Ströme induziert, die Nerven-, Muskel- und Sinnesreizungen mit Lichterscheinungen, sog. Phosphenen, hervorrufen können. Wenn auch das Herz mit seiner kugeligen Form geringeren Einflüssen unterliegt als langgestreckte Organe, besonders also Nerven, so ist man doch vorsichtiger geworden und hat in den entsprechenden technischen Gremien der Berufsgenossenschaften Normen gesetzt, die vor unliebsamen Überraschungen schützen sollen.

Als diese Normen dann vor mehr als 30 Jahren allgemeine Anerkennung fanden und auch die Gerichte sich ihrer bedienten, um Haftungsfragen zu klären, haben diese Gremien nicht nur die einschlägige Literatur zu Rate gezogen, sondern auch Wissenschaftler aufgenommen und Forschungsprojekte in Auftrag gegeben. In diesem Zusammenhang ist das große Verbundprogramm in Braunschweig entstanden, das seit mehr als 20 Jahren unter der Leitung und Organisation von Prof. Brinkmann vierzehn Universitätsinstitute in der ganzen Bundesrepublik unter den Forschungsthemen »Wirkungen schwacher elektrischer und magnetischer Felder« vereint. Seit die – 1982 gegründete – Private Universität Witten-Herdecke die Abteilung Elektropathologie geschaffen und in die Obhut des unter meiner Leitung stehenden Physiologischen Institutes gestellt hat, werden auch meine Publikationen in der Öffentlichkeit diskutiert.

Aus unserer Sicht hat das Problem »Elektrosmog« zwei Seiten:

- eine technisch-naturwissenschaftliche Seite, die messend nach dem Dosis-Wirkungs-Prinzip zwischen Feld und Effekt arbeitet, und
- eine empirisch-analytische Seite, die Erfahrungen sammelt und Kataloge empirischer Beobachtungen zusammenstellt, deren Beziehungen zum elektromagnetischen Feld vornehmlich Einzelfälle betreffen.

Es ist für die Beschreibung der heutigen Situation sicher nützlich, diese beiden Standpunkte gegenüberzustellen.

Der naturwissenschaftliche Bereich sucht, wie schon gesagt, nach Dosis-Wirkungs-Beziehungen und arbeitet prospektiv. Das heißt, er stellt das Experiment unter eindeutigen Bedingungen in den Mittelpunkt. Dazu hält er möglichst alle meßbaren Größen (Parameter) konstant und variiert dann eine definierte Größe, um die Reaktion des Systems zu untersuchen. Dabei soll der Experimentator nicht wissen, welcher Parameter gerade gemessen wird. Auch die Versuchsperson, falls eine solche existiert, soll den Meßvorgang nicht beobachten können; es soll also im sog. Doppelblindversuch untersucht werden. Dies schränkt natürlich die Untersuchungsmöglichkeiten erheblich ein. Zum einen sind nur solche Phänomene erforschbar, die kurzzeitig ablaufen, zum anderen sollten Versuchsobjekte einfach strukturiert sein, um Veränderungen nur in einer Richtung zuzulassen. Ideal sind Einzelmoleküle, einfache Fermentsysteme oder isoliert lebende Zellen, die in ihren Funktionen sehr beschränkt sind.

Natürlich werden auch ganze Lebewesen wie der Mensch untersucht, jedoch mit der Einschränkung, daß immer ein möglichst einparametrisches System verwendet wird, was die aus der übrigen Umwelt stammenden Einflüsse sehr einschränkt. Sehr schnell zieht sich eine

solche Versuchsanordnung den Vorwurf der Unnatürlichkeit zu. Im einzelnen wurden Spin-Resonanzen einzelner Atome, besonders des Wasserstoffs, des Phosphors und des Kalziums, also Substanzen, die im Körper häufig vorkommen, im elektromagnetischen Wechselfeld untersucht. Ebenso sind einzelne Fermentsysteme unter dem Einfluß hochfrequenter Felder, wie sie in der Telekommunikation (Mobilfunk) Anwendung finden, auf ihre Aktivität untersucht worden, wobei verständlicherweise Resonanzphänomene aufgetreten sind, die von Ferment zu Ferment unterschiedlich, aber spezifisch waren.
Allerdings hat sich gezeigt (Silny 1991), daß die einzelnen Phänomene einander beeinflußten und im Verband lebender Zellen kurzfristig nicht mehr sichtbar waren. Ob nun die Zelle in der Lage ist, einzelne Funktionsänderungen zu kompensieren oder die Effekte nur verschwimmen, sei dahingestellt. Auf jeden Fall entwickelt jede lebende Zelle mit Hilfe aktiver elektrogener Ionentransportvorgänge, sog. Pumpen, sehr erhebliche Membranspannungen von umgerechnet 100000 V/m, wogegen sich übliche äußere Einflüsse sehr bescheiden ausmachen. Allerdings weiß man, daß Feldstärken, die bestimmte Intensitäten überschreiten, sehr erheblich in Körperfunktionen eingreifen, so daß z. B. Herzmuskelzellen fehlerregt werden und anfangen zu flimmern oder Nervenzellen blockiert werden, so daß sie ihre Steuerfunktion einbüßen. Jedoch kann auch hier der Gesamtorganismus gegenregulieren, so daß erst noch höhere Feldintensitäten, als sie für Einzelzellen wirksam sind, wirklich gefährlich werden.
Da es sich hier um nur kurzfristig zu beobachtende Phänomene handelt, ist es wünschenswert, langfristige Beobachtungen anzustellen und dabei immer den ganzen lebenden Organismus im Auge zu haben. Erst sehr spät hat ja auch die heilende Medizin erkannt, daß nur die ganzheitliche Betrachtung, d. h. das Zusammenwirken aller Organe, Behandlungserfolge verspricht. So wird auch verständlich, daß sich in den 40 Jahren deutscher Krebsforschung nichts Aufsehenerregendes bewegte. Man hat immer die Krebszelle isoliert oder gar einzelne Zellbestandteile (Zellorganellen) wie Zellkern, Genom, Mitochondrien, Membranen oder andere Zellkompartimente erforscht und dabei übersehen, daß Krebswachstum immer unter dem Einfluß des Wirtsorganismus erfolgt.
Auf der anderen Seite steht die empirische Erfahrung, die mehr aus Einzelfallstudien gewonnen wird, im Mittelpunkt. Sie stützt sich auf

das Verhalten bzw. Fehlverhalten des ganzen Menschen im Feld und konzentriert sich auf Langzeiteffekte. Hier steht nicht das Experiment im Vordergrund. Experimente finden nämlich immer in unnatürlicher Umgebung mit künstlich konstant gehaltenen Parametern statt. Nur ein Parameter wird dabei gezielt variiert. Die Unsicherheit, ob dabei der richtige ausgewählt wurde, bleibt. Entgegen allen Beteuerungen werden auch hier, wie in der naturwissenschaftlich orientierten Forschung, gesellschaftlich relevante Themen bearbeitet. Mehr noch als anderswo spielen Probleme des täglichen Lebens eine Rolle. Die Beobachtungen sind subjektiv und lassen unterschiedliche Deutungen zu; auf Objektivität wird kein besonderer Wert gelegt. Die Reproduzierbarkeit geht wegen der komplexen Natur der Situation und der Mehrparametrigkeit der Systeme üblicherweise verloren. Die Beobachtungen sind dann mehr qualitativer Natur und lassen sich nicht quantifizieren.
Wenn an dieser Stelle mit Zahlen operiert wird, so liegen diese meist weit entfernt von den technischen Angaben. Dies zeigt sich auch in dem enormen Unterschied zwischen den heute gültigen Grenzwerten für das 50-Hz-Feld, z.B. im magnetischen Bereich von 5000 μTesla, und den hier diskutierten gefahrenträchtigen Werten von 0,1 μTesla. Obwohl auch hier physikalische Mechanismen diskutiert werden, spielen transzendentale Gedanken eine gewisse Rolle. Auf jeden Fall findet die Diskussion in diesem Bereich unter großer Anteilnahme der Bevölkerung statt.
Im großen und ganzen ergibt sich aus der Gegenüberstellung folgendes Bild: Die klassische Forschung über die Wirkung elektrischer und magnetischer niederfrequenter Felder im Frequenzbereich von 0–30000 Hz hat als hervorstechenden Effekt die Reizwirkung erbracht. D.h., Nerven, Muskeln und Sinnesorgane werden ab einer bestimmten berechenbaren Feldstärke gereizt. Dadurch entstehen ungewollte Muskelbewegungen mit Unfallgefahr; es kann auch zu Herzkammerflimmern mit Todesfolge kommen. Ferner können Sinneswahrnehmungen verändert und das gesamte Informationen verarbeitende System des Körpers gestört werden. Entsprechende Grenzwerte sollen dies verhindern. Alle frei zugänglichen Stellen unserer Umgebung dürfen keine Feldstärke aufweisen, die höher liegt als der Grenzwert. Im hochfrequenten elektromagnetischen Feld von 30 kHz bis 8 GHz, wie es von den verschiedenen Sendern verwendet wird, steht die Wärme-

wirkung im Vordergrund. Grenzwerte verhindern hier, daß spürbare Erwärmungen auftreten; sie liegen bei 1 Watt/m^2.
Mit einem gewissen Recht wirft man den »Grenzwertmachern« vor, sie hätten sich nur auf heute bekannte und kurzfristig auftretende Effekte gestützt, die langfristigen, aber noch unbekannten nichtthermischen Effekte jedoch nicht berücksichtigt. Deshalb hat man sich entschlossen, Vorsorgewerte einzuführen, die unter den Sicherheitsgrenzwerten liegen. Natürlich ist die Festlegung ihrer Zahlenwerte schwierig, da keine gesicherten Forschungsergebnisse zugrunde liegen. Man hat deshalb das sog. ALARA-Prinzip (as low as reasonably achievable) zugrunde gelegt, das besagt, daß die Richtwerte so niedrig wie sinnvollerweise möglich zu legen sind; es handelt sich dabei also um eine mehr politische Entscheidung.
Natürlich wird man in der Forschung, so das nötige Geld zur Verfügung steht, nach Effekten suchen. Eine der Möglichkeiten ist die epidemiologische Forschung. Dabei werden Kranke mit Krebs und anderen Erkrankungen, deren Ursachen noch nicht bekannt sind, nach Hause begleitet, um dort die einwirkende Feldstärke, z. B. magnetische, zu messen. Je höher diese ist, um so größer ist das erwartete Krebsrisiko. Eine ganze Reihe von internationalen Studien (Wertheimer/Leeper 1979; Savitz/Wachtel/Barns et al. 1988; Ahlbom/Feychting 1992), und in der Bundesrepublik Deutschland von Michaelis (1989), konnten diesen Zusammenhang statistisch signifikant nicht belegen, wenn auch manche einen Trend in den Ergebnissen sehen (Savitz 1988).
Um einen Beweis aus dem Trend zu gewinnen, versucht man Hypothesen über Wirkungszusammenhänge aufzustellen. Eine der am meisten diskutierten Hypothesen ist die über die Wirkung von Melatonin. Dieses Hormon, das in der Zirbeldrüse des menschlichen Gehirns produziert wird, steht unter dem Einfluß der Lichtwahrnehmung und damit der Erregung der Sehnerven. Seine Aufgabe ist es, beim Menschen allerdings nur noch schwach ausgeprägt, die sexuelle Aktivität zu steuern. Üblicherweise ist im Winter bei den meisten Tieren diese Aktivität geringer. Da Melatonin nachts produziert wird und hemmend auf die östrogenrelevanten (Brunst erzeugenden) Zellen (Eierstöcke, Gebärmutter, Milchdrüsen) wirkt, ist es verständlich, daß im Winter, mit seinen langen Nächten, viel Melatonin gebildet und die Brunstzeit zurückgedrängt wird. Daraus hat man ab-

geleitet, daß Felder – wie das Licht in der Nacht – den Sehnerv oder die Zirbeldrüse beeinflussen, die Melatoninproduktion hemmen und damit den östrogenrelevanten Zellen freien Lauf lassen. Wenn nun Krebszellen östrogenrelevant sind, würde ihr Wachstum schneller ablaufen. Dieser Effekt ist jedoch nicht massiv genug, um merkliches Tumorwachstum zu erzeugen.

Es gibt noch eine Vielzahl weiterer Wirkungsmechanismen. All diese Erkenntnisse weisen auf Mikroeffekte hin. Ein solcher Mikroeffekt ist auch die Modifikation der Kalziumtransmembranströme an der Zelle. Wie nämlich zu erwarten ist, werden Natrium-, Kalzium-, aber auch Kaliumionen als geladene Teilchen in ihrem Strömungsverhalten durch die Zellmembran in beiden Richtungen durch ein äußeres Magnetfeld – sei es ein Gleichfeld, sei es ein Wechselfeld – leicht modifiziert. Dieser an sich nicht überraschende Effekt läßt sich jedoch nicht mit irgendwelchen Krankheitserscheinungen bei Mensch oder Tier in Zusammenhang bringen. Denn beispielsweise wird durch die Modifikation der Natrium- und Kaliumtransmembranströme längst kein Aktionspotential ausgelöst, so daß die Informationsweiterleitung im Nervensystem durch solche Mikroeffekte nicht beeinflußt wird. Es werden somit auch keine Störsignale im Körper ausgelöst, die dann möglicherweise zu nervösen Erscheinungen oder zu Dysregulationen beitragen könnten. Es sei darauf hingewiesen, daß ähnliche Effekte auch beim Anhalten der Luft, z. B. beim Tauchen, auftreten.

Die meisten dieser Effekte sind im In-vitro-Zellversuch beobachtet worden. Jedoch können In-vitro-Ergebnisse nicht ohne weiteres auf den lebenden Organismus von Mensch oder Tier übertragen werden. Im lebenden Organismus stehen die Zellen nämlich in vielerlei Hinsicht in räumlicher und funktionaler Beziehung zueinander: Es existieren viele Regelkreise und Kompensationsmöglichkeiten, über die heute intensiv geforscht wird. Der Gesamtorganismus, in den die Zellen eingebettet sind, ist weit mehr als die Summe seiner Teile. All diese Kompensationsmechanismen bewirken, daß viele Effekte an Zellen, die an der isolierten In-vitro-Zelle gefunden wurden, am Gesamtorganismus nicht beobachtet werden können. Sie stellen keinen alarmierenden Effekt von Feldeinwirkung auf den Gesamtorganismus dar.

An dieser Stelle sollte noch auf eine weitere Tatsache hingewiesen werden: Je empfindlicher die Meßinstrumente werden, desto selbstverständlicher ist es natürlich, daß auch neue Mikrowirkungen und Mikroeffekte entdeckt werden. Wenn beispielsweise eine noch feinere Lupe genommen wird, kann man natürlich noch mehr sehen. Das heißt jedoch nicht, daß die dann gefundenen Mikroeffekte entsprechend gefährlich sein müssen. Es wäre nicht verantwortlich, solche gefundenen Mikroeffekte mit Krankheiten in Verbindung zu bringen, ohne Beweise dafür zu haben. Auf solche Weise erzeugt man nur Angst, die ihrerseits dann wirklich Krankheiten auslösen kann. Und dies alles unnötigerweise, in einer Welt, in der genügend bewiesene Gefahrenquellen auf den Menschen lauern.

Zusammenfassend folgt hieraus aus unserer Sicht – der Sicht der Schulmedizin – die Notwendigkeit, eine einseitige Betrachtung zu vermeiden. Physikalisch-naturwissenschaftliche Grundlagen sind zur Charakterisierung der Situation und zur Abschätzung des Handlungsbedarfs notwendig.

Karl-Heinz Braun-von Gladiß

Toxische und therapeutische Wirkungen elektromagnetischer Impulse im athermischen Dosisbereich

Krebsentstehung und Therapie-Ansätze

1. »Wissenschaft« und Leben

Beim Asbest ist es einfach: Mikroskopisch kleine Fasern von Asbest sind eingespießt im Krebsknoten aufzufinden. Der Asbestkrebs am Rippenfell (das Pleura-Mesotheliom) tritt signifikant gehäuft bei Asbest-Arbeitern auf. Dies haben auch Berufsgenossenschaften anerkannt, und sie zahlen dafür Entschädigungen. Nur etwa zwei Prozent aller Krebsarten beim Menschen sind einzelnen Verursachern ähnlich eindeutig zuzuordnen. Individuelle Anfälligkeit und die Summation mehrerer Belastungen wirken zusammen und bedingen, daß der Krebs beim einzelnen Menschen nicht auf einen konkreten Verursacher allein zurückgeführt werden kann.

Man stelle sich vor: Nach der Einführung einer neuen elektromagnetischen Technik würde plötzlich eine neue Krebsart entstehen, beispielsweise eine Entartung der Regenbogenhaut am Auge. Dann wäre der Zusammenhang mit den neuen elektromagnetischen Wellen offenkundig. Weiter wäre in diesem Krebsknoten das spezifische Frequenzgemisch enthalten, welches durch die neue Technik abgestrahlt wird. Außerdem könnte man dieses hör- und sichtbar machen, indem ein Monitor mit dem Krebsknoten verbunden würde, der – sozusagen als Videokassette benutzt – jene Frequenzen wiedergäbe, welche die neue Technik zuvor in ihn eingespeichert hat. Dann wäre die Analogie zum Asbestkrebs hergestellt, die neue Technik müßte aufgegeben werden.

Dieses Gedankenmodell führt mitten in das Dilemma der Wissenschaft: Wenn man die Frage prüft, ob schädigende Chemie-Reize in den Körper eingedrungen sind und sich in einem Krebs verdichtet haben, dann analysiert man die Geschwulst mit chemischen Methoden nach qualitativen und quantitativen Gesichtspunkten, also hinsichtlich Art und Menge der enthaltenen Stoffe. Wenn aber wissenschaftlich die Frage aufgeworfen wird, ob elektromagnetische Schwingungen im athermischen Dosisbereich Unheil im Körper anrichten können, dann wird nicht mit entsprechenden physikalischen Methoden gemessen, sondern behauptet, dies sei wegen der niedrigen Intensität nicht möglich. Wenn keine Wirkungen festgestellt werden, so heißt dies jedoch lediglich, daß sie nicht registriert worden sind – mehr nicht.

Wie Materie grundsätzlich elektromagnetische Schwingungen abstrahlt, so weist auch jedes Organ ein typisches Schwingungs-Muster auf, und jedes Lebewesen als Ganzes ebenso (vgl. die Erläuterung des Begriffs im Glossar). Das Frequenzmuster von Lebewesen mischt sich mit dem der natürlichen Umwelt. Vergleichbar ist dies mit einem Konzert für Flöte und Orchester, bei dem das biologische System den Solisten darstellt. Der ungeübte, an Musik nicht interessierte und nur auf die Lautstärke von Tönen eingestellte Zuhörer hört nur eine Geräuschkulisse, aus der er nichts Spezifisches herausfiltern kann. Sein Ohr registriert nur bei einer gravierenden Erhöhung des Lautstärkepegels, zum Beispiel beim Vorbeiflug eines Tieffliegers, ein spezifisch abweichendes Geräusch.

In der Situation dieses musikalischen Laien befinden sich Meßtechniker mit der heutigen Elektronik, wenn sie biologische Systeme registrieren sollen. Nach ihren Bewertungskriterien sind technische elektromagnetische Signale nur einige hinzugefügte leise »Geräusche«, die den Lautstärke-Pegel nicht ansteigen lassen. Daß sich der Musik-Charakter dadurch aber entscheidend ändern kann und das Konzert so empfindlich gestört wird, entgeht den Wissenschaftlern, wenn sie sich in ihrer Betrachtung auf die Dosis beschränken. Die Frage, ob technisch erzeugte Schwingungen biologische Systeme stören können, kann erst untersucht werden, nachdem Denkweisen und Instrumentarien entwickelt worden sind, die in der Lage sind, den »Musik-Charakter« und nicht nur den »Lautstärke-Pegel« zu registrieren. Davon ist die offizielle Wissenschaft noch weit entfernt, denn sie klammert Wechselwirkungs-Prozesse aus. Sie beschränkt sich auf eine eindimensionale Betrachtung und ignoriert neuere Erkenntnisse, wie zum Beispiel »deterministische chaotische Systeme« und biokybernetische Regelkreis-Modelle (Ohlenschläger/Berger 1991; Popp 1991), von denen bekannt ist, daß an kritischen Labilitäts-Punk-

ten eines Systems die minimalsten Reizstärken ausreichen, um große Wirkungen zu erzielen. Schon allein diesen Gesichtspunkt zu berücksichtigen ist unerläßlich, wenn man begreifen will, welche Auswirkungen äußere Reize auf biologische Systeme haben.
Die Krebserkrankung stellt den Endpunkt einer langen Entwicklung dar, in der die Fähigkeit des Organismus zur Regulation und damit zur Erhaltung der inneren Balance nach und nach zerstört wurde (Braun-von Gladiß 1991). Daher darf man die eventuelle Beteiligung elektromagnetischer Signale an der Entstehung von Krebs nicht unter dem Blickwinkel sehen, ob ihnen eine Führungsrolle zukommt oder nicht. Technisch erzeugte Schwingungen können einmal als Mosaiksteinchen fungieren, ein anderes Mal als Meilensteine, in den seltensten Fällen wohl bilden sie die Hauptursache. Sie wirken mit vielen anderen schädigenden Reizen als Kofaktoren zusammen. Durch sie ausgelöste Unpäßlichkeiten sind erste Indizien für die Störung der Regulation.
Technische Signale können, wenn sie Resonanzen erzeugen, vom Organismus in das eigene Schwingungs-Programm eingebaut werden und wirken dort dann selbst als »Engramme« (vgl. die Erläuterung des Begriffs im Glossar). Die Entstehung von Krebs beruht vielfach auf derartigen Engrammen. In diesen Fällen ist eine Heilung vom Krebs nur möglich, wenn die pathologischen Programm-Determinanten wieder gelöscht werden.

2. Das biologische Fenster

Ein Reiz trifft dann in das »biologische Fenster«, wenn die beiden Meßgrößen Frequenz und Intensität mit der spezifischen Empfänglichkeit des Organismus übereinstimmen. Der Körper ist dann sozusagen »auf dieser Welle empfänglich«. C. W. Smith zum Beispiel fand eine zyklische Korrelation zwischen Frequenz und Symptom: Bei Frequenzänderungen am Oszillator kam es in zyklischen Intervallen zum Auftreten und Verschwinden von Störungen der Funktionen des Körpers. Die Symptome spezieller Allergiker waren durch athermisch dosierte Funk-Impulse auslösbar. Dabei verschwindet die Symptomatik durch das Drehen des Einstellknopfes am Frequenz-Generator, um bei der nächsthöheren Frequenz wieder aufzutreten. »Es

scheint einen logarithmischen Zusammenhang zwischen den erfolgreichen neutralisierenden Frequenzen und der Folge natürlicher Zahlen wie Oberwellen oder Obertöne in der Musik zu geben« (Smith 1990, S. 62).
Wenn also die zu einer bestimmten Frequenz passende Signalintensität verändert wird, ist das vorher getroffene biologische Fenster verlassen, und der biologische Effekt erlischt. Dabei ist es nebensächlich, ob die Intensität erhöht oder vermindert wird. Der Blick auf das biologische Fenster zeigt, daß es ebenso wahrscheinlich ist wie bei höheren Intensitäten, daß gerade im niedrigen Dosisbereich biologische Wirkungen auftreten. Es gibt sogar viele Hinweise darauf, daß der Körper gerade im »ultrafeinen« Dosisbereich auf elektromagnetische Schwingungen besonders gut anspricht.

3. Das Sozio-Psycho-Neuro-Endokrino-Immunologische System

Das komplexe Regelsystem des Menschen kann man mit einem »Mobile« vergleichen, in dem sich jede Bewegung eines Teils dem Ganzen übermittelt. Treten Bewegungen in einer Komponente dieses »Mobiles« auf, dann schlägt der Bewegungsimpuls auf alle anderen Bereiche des Systems durch. Dies geschieht um so nachhaltiger, je schlechter das Ausgleichsvermögen des gesamten Systems ist. Das körpereigene Kompensationsvermögen wird um so kleiner, je länger die einzelnen Belastungen auf den Organismus einwirken.
Die Langzeit-Regel der Toxikologie (Daunderer 1990) besagt: Je länger ein schädigender Reiz den Organismus belastet, und je eher dies kontinuierlich geschieht, desto niedriger kann die schädigende Dosis sein, um im Laufe der Zeit zunehmend höhere Effekte an den Organen zu erzielen. Dies bewahrheitet sich um so mehr, wenn viele Reize zusammentreffen. In einem gesunden Organismus befinden sich die einzelnen Teile des »Mobiles« in der Balance, das heißt, die Funktionen jeder Komponente sind auf die Tätigkeit der anderen Bereiche abgestimmt. Davon hängt die psychosomatische Erkrankungsbereitschaft und die psychosomatische Stabilität ab.

4. Therapeutische Möglichkeiten

Die bioenergetische Medizin geht von der Vorstellung aus, daß jedem Organ, vielen Krankheiten, Gedanken, Gefühlen und Handlungsweisen spezifische Frequenzen zuzuordnen sind. Schmidt entwarf einen »biokybernetischen Steuerungsplan« des Organismus, in welchem die Frequenz-Kopplungen zwischen übergeordneten Steuer-Zentren und Organen des Körpers dem Schaltplan eines Gerätes gleich aufgezeichnet sind. Jedem Organ ist eine sogenannte Kernfrequenz zugeordnet – der Leber zum Beispiel 56 Hertz –, die man auch als »Organ-Ton« bezeichnen könnte. Das Organ gibt diese Schwingung nur dann ab, wenn es mit einer ihm übergeordneten »Frequenz-Kaskade« von Steuer-Frequenzen vernetzt ist (Schmidt 1989).
Bei der Tätigkeit von Organen, Gefühlen und Handlungsweisen werden nicht nur Schwingungen der jeweiligen Frequenz fortgeleitet, sondern umgekehrt werden diese Vorgänge beim Empfang der von außen einwirkenden Schwingungen aktiviert. Wie es eine das Organ, das Gefühl und die Handlungsweise aktivierende Frequenz gibt, so existiert auch die spezifische blockierende Frequenz. Gemeint ist dabei ein Impuls, der die Organschwingung abschwächt oder löscht. Darüber hinaus gibt es Resonanz-Kopplungen – vergleichbar mit »Obertönen« –, über die ein Impuls auch andere System-Komponenten ansprechen kann.
Ganzheitsmedizinisch gesehen stellt sich die Krebserkrankung als Manifestation des Zusammenbruchs aller funktionellen Reserven des Organismus dar (Braun-von Gladiß 1991). Biokybernetische Krebsbehandlung ist daher immer Regulations-Therapie. Die Behandlung darf sich nie auf den Krebs allein beschränken. Zusätzlich müssen auch therapeutische Maßnahmen eingesetzt werden, die einen Aufbau des gesunden Milieus im Organismus zum Ziel haben. Die folgenden ganzheitsmedizinischen Behandlungs-Methoden dürfen so wenig allein angewendet werden, wie es in der offiziellen Medizin bei Operation, Chemotherapie und Bestrahlung der Fall sein müßte.
Bei vielen Krankheiten, denen die Medizin recht hilflos gegenübersteht, werden mit »wissenschaftlich nicht anerkannten« Verfahren zunehmende Behandlungserfolge erzielt. Dabei wird elektromagnetische Energie gezielt therapeutisch eingesetzt, und man kann dann oft auf chemische Medikamente verzichten. Das Therapeutikum ist

»Energie«, deren niedrige Intensität in der Regel technisch nicht gemessen werden kann. Man setzt zum Beispiel die »Schwingungen« von Pflanzen, Farben, Mineralien, Tönen oder Magnetfeldern ein. Nach dem Verständnis der offiziellen Medizin ist »nichts« getan worden, und doch sind die Behandlungserfolge eindrucksvoll. Energetische Therapieweisen werden in der offiziellen Medizin als Scharlatanerie verlacht; der Begriff »Energie« wird ex cathedra als »unwissenschaftlich« definiert.

Farbakupunktur
Lichtwand-Bestrahlung
Helium-Neon-Soft-Laser
Engramm-Lösch-Frequenzen (Smith)
BRT (Bioresonanztherapie) mit Schwingungen des Körpers
BRT (Bioresonanztherapie) mit Schwingungen der Natur
Takt-Frequenz-modulierte Magnetfeld-Therapie
Abstimmung der elektromagnetischen Impulse des Gehirns
Resonanz-Therapie-Musik
Therapie mit Edelsteinen/Mineralien (Lithotherapie)
Therapie mit speziellen Schwingungen der Natur
(Bach-Blüten, Baumblüten, Wasser aus »Orten der Kraft«)
Baum-Meditation/Aufenthalt an »Orten der Kraft«
Homöopathie
Therapie mit geometrischen Zeichen, Formen, Strichen
Therapie mit Informationen (z. B. »Radionik«)

Abb. 1: Therapie mit »Schwingungen«
(Die Reihenfolge enthält keine Wertung)

4.1 Therapie mit Licht

Die Farbakupunktur erzielt mit der Auflage kleiner farbiger Seiden-Stückchen enorme therapeutische Effekte, je nach Wahl der Farbe unterschiedliche, und zwar ohne daß der Patient sieht oder weiß, welche Farbe benutzt wird. Die Wirkung geschieht durch das von der Farbe ausgehende Schwingungssignal, welches im Körper Resonanzen erzeugt. Unterschiedliche Farben lösen verschiedene Reaktionen aus. Selbst in der Universitätsmedizin wird inzwischen begonnen, mit einer Vollspektrum-Lichtwand-Bestrahlung Depressionen zu behandeln; und dies einfach wegen der therapeutischen Effizienz bei saisonalen Depressionen, obwohl die universitäre Lehre eine exakte wissenschaftliche Erklärung für die Wirksamkeit dieses Verfahrens nicht findet.

4.2 Therapie mit Soft-Laser

Die Übertragung elektromagnetischer Impulse auf ein Medium gelingt um so besser, je mehr man die Strahlung bündelt oder, anders gesagt, je größer der »Gleichklang« der Reize ist. Wissenschaftlich spricht man von »Kohärenz«, die in der Laser-Technik genutzt wird. Bekannt ist das Phänomen, daß Soldaten eine Brücke zum Einsturz bringen können, wenn sie darauf im Gleichschritt marschieren. Die Brücke kann das tausendfache Gewicht der Soldaten aushalten, wenn die Schritte nicht »kohärent« ausgerichtet werden. Durch die Phasenkopplung der Marsch-Tritte der Soldaten tritt eine Potenzierung des Effektes ein, der durch die Dosis nicht erklärbar ist. Erst das Phänomen der Resonanz macht die Wirkung verständlich: Wenn eine Schwingung wirksam auf ein Medium übertragen werden soll, muß das Medium zum Mitschwingen angeregt werden. Dazu ist eine hohe Reizdosis nicht erforderlich, wichtig ist aber, daß der Impuls im »Gleichtakt« (kohärent) gegeben wird. Möglicherweise ist auch der Einsturz der Mauern von Jericho durch die sie – trompetend – umrundenden Israeliten, von dem im Alten Testament die Rede ist, auf diesen Wirkungszusammenhang zurückzuführen.

Beim Helium-Neon-Soft-Laser-Verfahren wird Licht, das auf Rotorange gebündelt ist, auf Akupunktur-Punkte oder erkrankte Hautstellen gerichtet und damit Heilwirkung erzielt. Die Erklärung dafür ist die folgende: Zellen senden kleinste Lichtreize aus und empfangen solche von anderen Zellen und der Umgebung. Damit stimmen sie ihre Zellfunktionen auf die Umgebung ab. Man bezeichnet dies als »Biophotonen-Luminiszenz der DNS« oder auch als »das Leuchten der Zelle«. Die ypsilonförmige DNS dient als Sende- und Empfangs-Antenne für die Kommunikation der Zellen untereinander und nach außen. Die Kommunikations-Frequenz der Zellen ist die Frequenz des rot-orangen Lichtes. Der durch fremde Frequenzen möglichst ungestörte Austausch dieses rot-orangen Lichtes der Zellen ist die ent-

scheidende Voraussetzung für die Erholung des Körpers in der Entspannungsphase und damit für Gesundheit. »Abschalten« kann man aber nicht ausreichend, wenn die Antennen des Körpers ununterbrochen Signale aus technischen Quellen empfangen und entstören müssen. Erkrankte Zellverbände und Akupunkturpunkte im Zustand der energetischen Entladung oder Überreizung werden von Information und Kommunikation des Gesamtsystems zunehmend ausgeschlossen. Ihre Trägerfrequenz arbeitet nur mangelhaft, daher kommen die im Organismus immer vorhandenen Informationen über Reparationen unzulänglich in der Störzone an, und eine Ausheilung des krankhaften Zustandes findet nicht statt.
Wenn man nun die Trägerfrequenz, also das rotorange Licht, von außen zuführt, dann erreicht man, daß die heilenden Schwingungsimpulse aus der Umgebung wieder »ankommen« können. Dieses geschieht in abgeschwächter Form auch, wenn Sonnenlicht oder technisches weißes Licht benutzt wird. In diesem Fall »sucht sich« der Körper die benötigte Frequenz aus dem gesamten Spektrum aus. Exakter formuliert: Es kommt zur Resonanz im biologischen Fenster. Wie beim Schlüssel-Schloß-Prinzip »greift« jene Kommunikationsfrequenz, die benötigt wird.

4.3 Therapie mit Engramm-Lösch-Frequenzen

Wie bereits dargestellt, kann eine Symptomatik durch funktechnische Applikation athermischer Impulse ausgelöst werden. Dabei treten die Symptome nur bei ganz bestimmten Frequenzen auf. Im Breakspear Hospital in Abbots Langley/England werden diese Forschungsergebnisse therapeutisch zum Beispiel bei Allergikern, Elektrosensiblen, neurovegetativ Gestörten und psychosomatisch Kranken angewandt, die von den belastenden Frequenzen »desensibilisiert« und so geheilt werden können (Smith 1990).

4.4 Therapie mit »Bioresonanz«-Technik

Einige Arten von Bioresonanz-Therapiegeräten arbeiten vorrangig mit sogenannten »patienteneigenen« Schwingungen. Dabei kommen Körpersekrete zum Einsatz (Blut, Stuhlgang, Urin, evtl. Nachtschweiß, Sekrete aus dem Nasen-Rachen-Raum, Tumorgewebe

u. ä.), deren Eigenschwingung im Gerät »homöopathisiert« wird und dann als Therapieschwingung zur Verfügung steht. So wird eine gezielte »Ausleitung« von Umweltgiften und Schlacken aus Störfeldzonen bewirkt. Auch pathologische Schwingungs-Engramme aus Infektkontakten, Umweltgiften und ererbten Mustern lassen sich damit tilgen.
Wie jede einzelne Zelle ihr Ruhemembranpotential ständig neu aufbauen muß, so ist das Schwingungsverhalten des ganzen Organismus von einer natürlichen »Grundorientierung« abhängig, die durch den Kontakt zur Natur täglich neu geschaffen werden muß. Was hier mit »Grundorientierung« bezeichnet wird, kann in der Technik mit dem Vorgang des Eichens eines Gerätes verglichen werden.
Es gibt zum Beispiel Geräte (Brügemann 1990; Köhler 1991), welche die Schwingungen von Farben, Edelsteinen, Metallen, Tönen und Magnetfeldern nachahmen. Damit wird der Mensch in die natürliche Grundorientierung zurückgeführt, wie er sie zum Beispiel in einem mit Sonnenlicht durchfluteten Buchenwald erlebt, wo er gleichzeitig Vogelstimmen lauschen, die Sonneneffekte in den Blättern sehen, den weichen Waldboden auf sich wirken lassen kann... Wenn nun die jeweils zusammenpassenden Schwingungssignale aus natürlichen Impulsgebern gekoppelt über Körper-Elektroden verabreicht werden, regeneriert sich der Organismus ähnlich der beschriebenen Situation im Wald.

4.5 Taktfrequenzmodulierte Magnetfeld-Therapie

Das Feld eines Permanentmagneten wird frequenzvariabel mit elektrischen Gleichstromimpulsen modifiziert. Damit wird die Kernfrequenz des jeweiligen Organs verstärkt und dessen Funktion verbessert. Entweder setzt man empirisch gefundene typische Frequenzen ein, oder man wählt einen »Durchlauf« durch ein großes Frequenzband, bei dem jede Frequenz nur sehr kurze Zeit verabreicht wird; dies wird vielfach wiederholt. Dabei kommt der Organismus mit der durch den krankhaften Prozeß blockierten Schwingung automatisch in Resonanz, ohne daß man wissen muß, um welche Frequenz es sich im einzelnen handelt. Nur für den jeweiligen Bedarf an Schwingungen ist ein biologisches Fenster »offen«, und es kommt dann im Bruchteil einer Sekunde zur Resonanz; die übrigen angebotenen Frequenzen

»prallen« wirkungslos ab, wenn sie nicht über die Dauer von mehreren Sekunden gegeben werden. Gleichzeitig werden die magnetischen Polaritäten im dämpfenden oder aktivierenden Sinne genutzt.

4.6 Abstimmung der elektromagnetischen Impulse des Gehirns

Das Gehirn wird in den verschiedenen Aufgabenbereichen über unterschiedliche »Trägerwellen« (Machleidt et al. 1989) gesteuert, die man im EEG registriert. Es handelt sich um Beta-, Alpha-, Teta- und Delta-Wellen. Wohlbefinden, Gesundheit und Arbeitsfähigkeit sind nur gewährleistet, wenn das Gehirn auf alle vier Frequenzbereiche jederzeit abhängig vom aktuellen Bedarf zugreifen kann. Die einzelnen Wellenlängen werden während der jeweiligen Funktions-Zustände (Aggression, Konzentration, Träume, Tiefschlaf) abgestrahlt, sie sind aber auch von außen zu erzeugen, wenn das Gehirn mit diesen Frequenzen angepeilt wird.
Bei der »Abstimmung der elektromagnetischen Impulse des Gehirns« nutzt man eine »Mind-Machine« als Frequenz-Generator. Optische und akustische Reize wirken auf den Patienten ein und veranlassen das Gehirn, sich auf die therapeutisch verabreichten Frequenzen einzuschwingen. Der Patient wird aus den streßorientierten raschen Frequenzen »abgeholt« und auf langsamere Hirnwellen »heruntergefahren«. Dort angekommen, lassen sich gezielte Imaginationen oder Suggestionen als Heilimpulse setzen. Beim Krebskranken beispielsweise wird in dieser Phase eine mit Meditationsmusik assistierte Imagination erzeugt: Vor dem inneren Auge wird ein Bild des Immunsystems mit seinen zellulären und humoralen Komponenten entworfen, das der anatomischen und biochemischen Realität im Körper entspricht. Dem Kranken wird dabei suggeriert, daß er die verschiedenen Komponenten seines Abwehrsystems gezielt mobilisieren kann, daß der Tumor in der Auseinandersetzung mit solch potenter Abwehr unterliegt und immer kleiner wird und daß die erkrankten Körperbereiche, statt von Dunkelheit besetzt, mit heilendem Licht durchflutet, schmerzfrei und erfüllt mit Lebenskraft werden. Die signifikanten immunogenen Effekte und die damit erzielte Rückbildung von Tumoren, wie sie durch derartige Imaginationen und Suggestionen erreicht werden, sind vielfach bewiesen worden, und sie bestätigen sich im ärztlichen Alltag immer wieder.

4.7 *Therapie mit Resonanz-Musik*

Jedes im Zellgedächtnis gespeicherte Engramm hat Repräsentanzen auf anderen Ebenen; so spiegelt es sich auch auf der Ebene der Töne wider. Die Therapie pathologischer engrammatischer Automatismen geschieht nun dadurch, daß das Engramm »aufgerufen« und mit einer anderen – gesunden – Information »überschrieben« wird. In der Resonanz-Therapie-Musik wird die pathologische Dynamik des krankhaften Engramms mit einem energetischen Testverfahren (Braun-von Gladiß 1991) erfaßt, dann wird an einer über mindestens 2 Oktaven reichenden chromatischen Tonleiter jene Kombination von Tönen ermittelt, welche die pathologische Energie des Engramms aufhebt. Aus dieser Tonkombination wird dann mit einem Instrument eine Art »Seelen-Musik« hergestellt, auf eine Kassette überspielt und dem Patienten mitgegeben, damit er sie situationsorientiert oder routinemäßig täglich während des Behandlungs-Zeitraumes hören kann.

4.8 *Therapie mit Kontakt zu natürlichen Medien: Edelsteinen, Mineralien, Pflanzen*

Auch wenn es die Techniker nicht registrieren, so beeinflußt doch die Schwingung der Erde und ihrer Bestandteile das Muster der Schwingungen biologischer Systeme: Die Schwingung von Steinen, Salzkristallen, Metallen, Edelsteinen und vielen anderen Bereichen der »unbelebten« Natur prägt die Umgebung und damit auch die Lebewesen, die sich dort befinden. So werden diese empfindlicher oder widerstandsfähiger gegen Einflüsse aus der Umwelt. Wie man die Tonlage und damit den Musik-Charakter eines Orchesters verändern kann, indem ein anderer Grundton vorgegeben wird, so läßt sich die »Tonlage« eines biologischen Systems zum Beispiel durch den »Grundton« eines Edelsteines verändern.

In der Lithotherapie, der Behandlung mit Edelsteinen (Braun-von Gladiß 1991), hält man diesen Teil der Natur unter energetischen Gesichtspunkten für außerordentlich »lebendig«: Durch die Berührung der jeweiligen Körperzonen mit bestimmten Edelsteinen lassen sich wichtige therapeutische Wirkungen erzielen, Schmerzen beseitigen und krankhafte Organfunktionen heilen. In den Bestandteilen der

Erdkruste (und dies trifft auch auf die Edelsteine zu) sind kosmische Informationen aus Jahrmillionen imprägniert.
Wie sich Licht durch ein Prisma in sein Farbspektrum zerlegen läßt, wobei jede Farbe einem besonderen Frequenzbereich entspricht, repräsentieren die verschiedenen Teile der »unbelebten« Materie besondere Ausschnitte aus dem kosmischen Strom von Schwingungen. Als solche können sie therapeutisch eingesetzt werden, wobei man sich von der Vorstellung leiten läßt, daß Gesundheit einen ausgewogenen Gleichklang mit dem kosmischen Schwingungsmuster darstellt. Beim Kranken ist die Resonanz auf eine bestimmte (ursprünglich kosmische) charakteristische Schwingung gestört; sie kann wiederhergestellt werden, indem der Organismus oder einer seiner Teile einem Impulsgeber dieser Schwingung ausgesetzt wird.

4.9 Therapie mit der »Baum-Meditation«

Pflanzen dienen als Antennen zum Universum. Sie empfangen kosmische Energie durch die Baumkrone, die Aufzweigung des Wurzelwerkes und durch die Blatt- und Nadel-Rippen. So sehen es jedenfalls Menschen, die ohne primär traditionell wissenschaftlichen Anspruch heilend mit natürlichen Energie-Trägern arbeiten. Alte Kulturen wußten um die heilende Kraft der Bäume. Viele Erforscher der Kommunikation von und mit Pflanzen beschrieben die besondere Wichtigkeit der großen Bäume für den Empfang kosmischer Informationen und Energien, die jeder Mensch für sich nutzen kann: »Jeder sollte mit großen alten Bäumen meditieren. Dabei soll man sich mit dem Rücken gegen die Baumstämme lehnen. Die Energiefelder von Mensch und Baum verschmelzen sich dabei und die Aura des Menschen wird gereinigt. Gerade nach einem stressigen Tag hilft der Baum uns, wieder die eigene Mitte zu finden« (Kerner/Kerner 1992, S. 166). Ungeachtet dessen, ob die Wortwahl dieser Beschreibung heutigen wissenschaftlichen Standards genügt oder nicht, zeigt die Erfahrung des Praxis-Alltags doch eindrucksvoll, welche Heilerfolge mit der »Baum-Meditation« zu erreichen sind.
Zumindest im Sinne der »Grundorientierung des Systems« ist dieser Therapieschritt in der energetischen Behandlung Krebskranker ein wichtiger Punkt. Es kann zwar mangels Sensibilität der Meßinstrumente nicht definiert werden, welche elektromagnetischen Frequen-

zen des Baumes mit welchen Reizstärken im Patienten Resonanzen hervorrufen. Daß sich der Organismus des Patienten aber auf die externen Frequenzen in regenerativer Weise »einschwingt«, kann kaum bezweifelt werden, dazu sind die biologischen Effekte zu evident. Wer mit dieser Methode begonnen hat zu arbeiten, der möchte sie nicht mehr missen. Sie ist eine der billigsten, zeitsparendsten und angenehmsten überhaupt, und sie ist frei von allen Nebenwirkungen, sofern man die Besonderheiten einiger zu Therapiezwecken weniger geeigneten Bäume (z. B. Eibe, aber auch Walnuß) berücksichtigt.

4.10 Therapie mit Zeichen

Mit geometrischen Strukturen und Zeichen lassen sich kosmische Einstrahlungen gezielt abwandeln. Therapeutische Signale werden dabei verstärkt, belastende Energien gelöscht. Man kann sich vorstellen, Gesundheit hänge davon ab, daß vom Organismus jene Schwingungsbereiche eines sehr breiten kosmischen Spektrums ausgefiltert werden, die aktuell als reparative Informationen benötigt werden. Wie man in einen Lichtstrahl Filter einschieben kann und dadurch einzelne Schwingungs-Komponenten verstärkt, die auch schon vorher im Lichtstrahl vorhanden waren, läßt sich durch den Einschub einer geometrischen Form zwischen Organismus und kosmischen Fluß ein bestimmter Impuls an Energie und Information betonen. Diese Therapie-Methode ist von Körbler (wieder)entdeckt und weiterentwickelt worden; er hat sie etwas unpassend als »Neue Homöopathie« bezeichnet (Körbler 1992). Dabei werden Formen auf somatotopisch relevante Zonen des Körpers gezeichnet (Braun-von Gladiß 1991). So kann die Wirkung von pathologischen Engrammen aufgehoben werden, welche in diesem Körperabschnitt gespeichert waren.
Solche Beobachtungen kann man mit heute anerkannter wissenschaftlicher Terminologie nicht erklären. Man muß sich aber damit abfinden, daß die Existenz von Phänomenen nicht dort endet, wo wissenschaftlicher Deskription die Begriffe fehlen. In der täglichen medizinischen Praxis lassen sich mit der Behandlung über geometrische Muster verblüffende Wirkungen erzielen, insbesondere im funktionellen Bereich, also zum Beispiel bei Schmerzen und vegetativen Störungen, aber auch bei energetischen Störungen an Narben, Tumoren in der Haut und besonders bei oberflächlichen Metastasen.

4.11 Therapie mit Informationen (»Radionik«)

Auch die »Radionik« geht über die bisher vorgestellten elektromagnetischen Therapieverfahren hinaus, was ihr Verständnis mit heutigen wissenschaftlichen Denkmustern betrifft (Köhne 1993). Jede Materie hat ihr nicht-stoffliches »Abbild« in einer Seinsebene, die unserem Bewußtsein nicht zugänglich ist. Sheldrake (1984) hat in seiner Theorie der »morphogenetischen Felder« beschrieben, daß die materielle Form als Folge der Einwirkung eines zuvor nicht materiell existierenden informativen Feldes entsteht. Organfunktionen, Handlungsweisen, Gefühlsregungen, körperliche Formen usw. sind also materielle Manifestationen (Verdinglichungen) geistiger Inhalte. Alles was in der Natur geschieht, hinterläßt ein informatives Speicherungssignal in Pflanzen, Tieren, Menschen und anderer Materie. Alle Engramme spiegeln sich in einem holographischen Informationsspeicher wider und sind dort wieder abrufbar. Wenn man einen Patienten auf spezifische Informationen »fokussiert«, entsteht eine Resonanz zwischen seiner individuellen Energie und der Information des holographischen Informations-Pools. Dies hat zur Folge, daß sich die »angepeilte« Information als Engramm in das Energiefeld des Patienten imprägniert, wo sie auch nach dem Ende der Behandlung weiter wirkt.

5. Informationstheoretisches Verständnis biologischer Systeme

Es ist nicht geklärt, ob der »Informationstherapie« (noch) elektromagnetische Oszillationen zugrunde liegen oder »nur« Informationen ohne Energie. Sheldrakes (1984) Forschungsergebnisse erwecken sogar Zweifel daran, ob es sich bei den das Leben prägenden Informationen überhaupt noch um elektromagnetische Signale handelt oder ob die Dimension des Begriffs »Information« nicht weit über den heutigen Begriff von Energie (der sich an elektromagnetischen Feldern orientiert) hinausgeht (Sheldrake et al. 1993). Daß aber andererseits elektromagnetische Felder Träger von Informationen sind, ist unbestritten. Zweck der Funk- und Nachrichtentechnik ist die Übermittlung der Informationen, die den elektromagnetischen Feldern aufge-

prägt sind. Wenn informative Engramme sogar unterhalb der niedrigst vorstellbaren Dimension von energetischer Leistung wirken – und dies ist therapeutischer Alltag –, dann geht jede Diskussion um Richtwerte am Thema vorbei.
Die vielschichtigen Wechselwirkungen, die den Alltag von Lebewesen bestimmen, können nur deshalb so reibungslos funktionieren, weil Engramm-Kombinationen andere gespeicherte Muster durch Resonanzeffekte mit aktivieren. Immer gibt es Dosisbereiche und Wellenlängen, die am System wirkungslos abprallen. Oft aber treffen Reizstärke und Frequenz auf ein offenes biologisches Fenster und erzeugen dort große biologische Wirkungen, deren Bedeutung nichts mehr mit der »nur« minimalen athermischen Dosis zu tun hat. Verständlich wird dies erst, wenn man kybernetisch denkt und die Besonderheiten der kritischen Labilitätspunkte von Systemen betrachtet. Diesen Sachverhalt zu ignorieren hat nichts mehr mit Wissenschaft zu tun, sondern mit dem Festhalten an veralteten Lehrmeinungen.
Im biologischen Fenster kann ein Reiz mit mathematisch gegen Null tendierender Dosis große Reaktionen im System auslösen. Dies gehört für Kybernetiker zum Alltagswissen. Wenn die Medizin dies für Menschen verneint, streitet sie ab, daß Lebewesen biokybernetische Systeme sind. Der Komplexität von Lebensvorgängen kann man sich nur nähern, wenn die Gedankenmodelle der Kybernetik, Chaosforschung und Informationstheorie genutzt werden. Modellhaft weiß man, daß letztlich der Flügelschlag eines Schmetterlings in China einige Tage später in München einen Sturm auslösen kann. Die Wirkung von Reizen in vernetzten und deterministisch chaotischen Systemen ist unabhängig von der Dosis, und es gibt keine Berechtigung zur Annahme, die Größe der Wirkung nehme mit der Dosis ab. Vielfach findet man das Gegenteil.
Gesundheit ist kein Zustand, der durch die Abwesenheit von störenden Einflüssen bedingt ist. Vielmehr ist es die Fähigkeit des biologischen Systems zur Regulation, welche die Grenze zwischen Gesundheit und Krankheit markiert. Daß der Mensch unter dem Einfluß elektromagnetischer Impulse aus natürlichen Quellen ohne äußere Störung lebt und automatisch auf diese die Lebensvorgänge steuernden Signale reagieren kann, ist Voraussetzung für Gesundheit. Je mehr dieser feinsinnige Prozeß durch störende technische Impulse verändert wird, desto anfälliger werden Lebewesen für Krankheit.

Wenn mit »Schwingungen« – und elektromagnetische Signale sind Schwingungen – therapeutisch erfolgreich gearbeitet wird, widerspricht es jeder Logik, daß technisch erzeugte elektromagnetische Schwingungen im athermischen Bereich keine Wirkungen haben sollen, nur weil sie nicht aus therapeutischer Absicht emittiert worden sind. Sie greifen in die natürliche elektromagnetische Umgebung unabsichtlich ebenso ein, wie man dies mit therapeutischen Signalen beabsichtigt, und sie verhindern die ungestörte Reaktion des Organismus auf natürliche Einflüsse.

IV. Das Gefahrenfeld – Ursachen und Wirkungen

Günter Käs

Hochfrequente Strahlung und biologische Systeme

Ursachen und Wirkungen

A. Einflüsse auf das Verhalten biologischer Systeme

1. Situation

Jede Emission, elektromagnetische Felder ebenso wie Autoabgase oder Abgase der Heizung beispielsweise, stellt eine Beeinflussung des Menschen und seiner Umwelt dar.
Während die Einwirkungen elektromagnetischer Felder auf technische Systeme in vielen Arbeitskreisen, Symposien und Richtlinien, seit November 1992 sogar in einer EG-Richtlinie, klar und umfassend behandelt sind, werden Einflüsse auf Menschen, Tiere und Pflanzen immer noch kontrovers diskutiert. Die Grenzwerte für die Bundesrepublik Deutschland, festgelegt in der DIN VDE 0848, letzte Ausgabe Oktober 1991, sind hundertfach (und mehr) höher als in anderen Ländern, vorwiegend denen des Ostens.
Biologische Systeme reagieren naturgemäß anders als technische Systeme. Die Strukturen technischer Vorschriften sind daher nicht ohne weiteres für biologische Systeme anwendbar. Während bei technischen Systemen oft die Intensität der Einkopplung ausreicht, um eine Reaktion festzustellen, sind bei biologischen Systemen, zusätzlich zur Intensität – thermische/athermische Effekte (Bise 1978; International Symposium 1991), Amplitudenfenster –, auch die Latenzzeit, als Zeit zwischen Reiz und Reaktion, sowie die Kurzzeit-/Langzeit-Wirkung mit meistens konträren Auswirkungen (Kokoschinegg 1990) und schließlich synergetische Effekte zu beachten, die ein häufig überadditives Ergebnis durch das Zusammenwirken zweier unabhängiger Effekte zeigen.
Es sind dies Einflüsse, die im technischen Bereich unbekannt oder

weitgehend bedeutungslos sind. Daneben sind noch besondere Einwirkungsmöglichkeiten denkbar, beispielsweise durch Signale, die Triggerfunktion haben und Störungen bei Stoffwechselprozessen oder andere biologische Fehlsteuerungen auslösen können. Das kann mit äußerst kleinen Leistungen geschehen, deren Wirkungen oft erst nach Monaten feststellbar sind (Grießhammer/Lungershausen 1987).

2. Synergetische Effekte

Besonders bemerkenswert erscheinen Kombinationen verschiedener Belastungen, sogenannte synergetische Effekte, wo jede Einwirkung einzeln nur gering wirksam ist, beide zusammen aber ein Vielfaches der Einzelwirkung zeigen – eine sog. überadditive Wirkung. Beispiele dafür sind Asbest und Rauchen: Nimmt man für die Einwirkung von Asbest einen Risikofaktor 6 für ein erhöhtes Krankheitsrisiko an und für Rauchen den Faktor 11, so weist ein asbestbelasteter Raucher nicht etwa ein erhöhtes Risiko von 6+11=17, sondern von 60 (!) auf, das experimentell ermittelt wurde (Abb.1).
Es gibt Hinweise, daß in ähnlicher Weise eine Kombination der Belastung durch »elektromagnetische Wellen + Schwermetalle« eine Reduzierung der Belastbarkeit um den Faktor 100–1000 bewirkt.

3. Kurzzeit-/Langzeitbelastungen

Aus Versuchen ist bekannt, daß Langzeitbestrahlungen gegenüber Kurzzeitbelastungen oft konträre Ergebnisse zeigen (Kokoschinegg 1990). Während anfangs häufig Wachstumsbeschleunigungen zu verzeichnen sind – eigene orientierende Versuche mit Pflanzen, Keimlingen etc., in unterschiedlichen Frequenzbereichen durchgeführt, haben das mehrfach gezeigt –, kehren sich die Verhältnisse nach einigen Wochen um, und es kommt zu starken Wachstumsverzögerungen. Wissenschaftlich gesicherte Ergebnisse sind selten, da Langzeitversuche teuer sind und Forschungsgelder kaum zur Verfügung stehen, was sich besonders auf Versuche auswirkt, die längere Zeiträume erfordern.

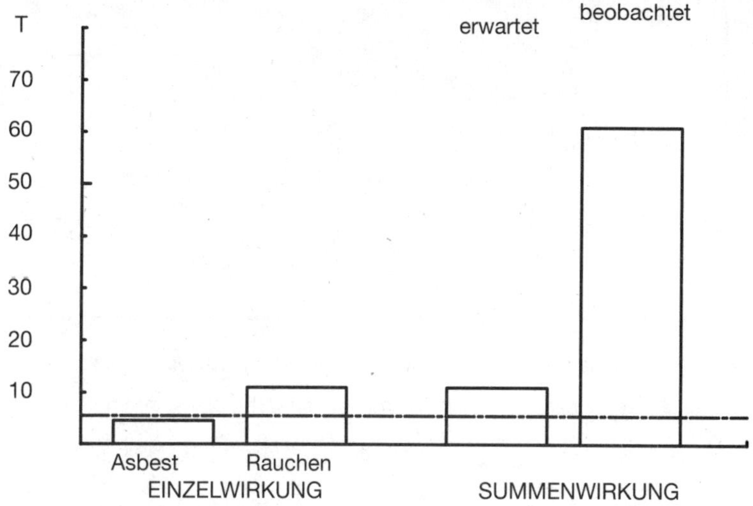

(Synergetischer Effekt: 6 + 11 ≙60)

Abb. 1: Synergetische Effekte

4. Latenzzeit

Große Schwierigkeiten bereitet im biologischen Bereich bei der Zuordnung von »Einfluß – Wirkung« häufig die Zeit zwischen Reiz und Reaktion, die Latenzzeit. Aus der Arbeitsmedizin ist ein Fall bekannt, bei dem im Falle einer Asbestkontamination die Mindestzeit von der Berührung bis zum Ausbruch der Krebserkrankung (mit hundertprozentig tödlichem Ausgang) 17 Jahre betragen hat. Es ist evident, daß bei solchen Latenzzeiten meistens nur zufällig gesicherte Ergebnisse zu erhalten sind.

5. Frequenz

Es ist verständlich, daß für den ungeheuer breiten Frequenzbereich der technisch allgemein angewendeten elektrischen Felder und Wel-

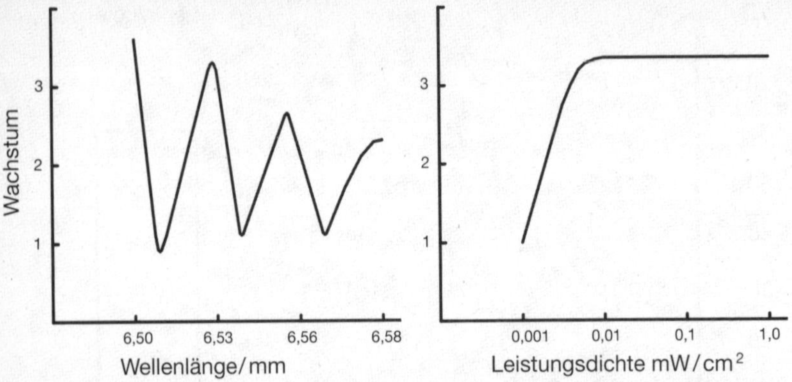

Abb. 2: Frequenzabhängiges Wachstum von Hefezellen (schematisiert) (nach: Grundler/Keilmann 1983)

len, die von einigen Hertz bis weit in den Gigahertzbereich hineinreichen, ganz unterschiedliche Wirkungsmechanismen auftreten.
Besonders interessant erscheinen Forschungsergebnisse, die eine starke Frequenzabhängigkeit aufweisen (Abb. 2) und damit Einflußänderungen für positives und negatives Wachstumsverhalten in rascher Folge anzeigen.
Resonanzeffekte spielen unter dem Begriff »Mikrowellenresonanztherapie« in Rußland, der Ukraine und Armenien seit Jahrzehnten eine bedeutende Rolle bei der Behandlung von Bluthochdruck, Asthma, Depressionen u. a. Die Wirkungsmechanismen sind nicht unumstritten, eine Klärung scheint mit dem heute möglichen Austausch von Wissenschaftlern in den kommenden Jahren aber denkbar.
Im extrem niederfrequenten Bereich werden Magnetfelder von einigen Hertz bis zu knapp 20 Hz im klinischen Bereich schon seit über 10 Jahren zur Beschleunigung des Heilungsverlaufs, z. B. bei Knochenbrüchen, mit gutem Erfolg verwendet. Im Kreiskrankenhaus Garmisch-Partenkirchen wird dieses Verfahren seit vielen Jahren angewendet; dabei werden für einen optimalen Heilungsverlauf Felder mit Frequenzen von anfangs wenigen Hertz eingesetzt und dann, mit fortschreitender Heilung, langsam gesteigert.
Neben der Frequenz ist sicher die Intensität der Felder und Wellen

das wichtigste Kriterium der Einwirkung mit der größten Wirkungsvielfalt.

6. Intensitäten

Die Grenzwerte für die Bundesrepublik Deutschland sind in der VDE DIN 0848 als Norm festgelegt. In der neuesten Ausgabe, die erst als Entwurf vorliegt, betragen die zulässigen Grenzwerte im HF-/Mikrowellenbereich für die Allgemeinbevölkerung 0,2 mW/cm^2 bis zu einer Frequenz von 400 MHz; der Wert steigt dann linear bis 2 GHz an und beträgt dort 1 mW/cm^2 bis zu einer Frequenz von 300 GHz. Die deutschen Grenzwerte zählen damit zu den höchsten der Welt.
Die geringste Leistungsdichte, bei der in einem weiten Frequenzbereich eine gut reproduzierbare Reaktion festgestellt werden konnte, liegt bei 10^{-9} mW/cm^2. Wenn man unterstellt, daß jede Reaktion eine – wenn auch nur sehr geringe – Streßwirkung hervorruft, dann kann schon diese extrem minimale Strahlenbelastung zu einer verstärkten Beanspruchung des Organismus führen, obwohl sicher noch keine Schädigung zu verzeichnen ist (Bise 1978).
Eine deutliche Beeinflussung des menschlichen Organismus ist aber nach den Erkenntnissen russischer, armenischer und ukrainischer Wissenschaftler gegeben, die auch mit Werten um 1 mW/cm^2 zur Therapie von Bluthochdruck, Asthma, Infarktpatienten u.a. nur etwa ein Tausendstel der Körperoberfläche bestrahlen, die nach DIN VDE 0848 zulässig wäre. Damit unterscheiden sich deutsche und russische Pegel zur Therapie (ebenso wie die am Arbeitsplatz zulässigen Pegel) um mehrere Zehnerpotenzen. Dabei sind die am Arbeitsplatz zulässigen Leistungsdichten (Kurve 1 in Abb. 3) mit der letzten Änderung der DIN VDE 0848 (Abb. 3) im Bereich von 0,4 GHz bis 2 GHz, dem Arbeitsbereich der D- und E-Netze sowie der Mikrowellenherde, sogar gegenüber der vorhergehenden Norm (gestrichelte Kurve) noch angehoben worden.
Gepulste Strahlung ist in unseren Vorschriften nur irrelevant berücksichtigt; sie ist meistens um das 1000fach Höhere zulässig als die Mittelwerte (ziemlich genau den Verhältnissen bei Puls-Radaranlagen entsprechend), so daß praktisch nur die Mittelwerte berücksichtigt werden, obwohl nach neuesten Untersuchungen gepulste Mikro-

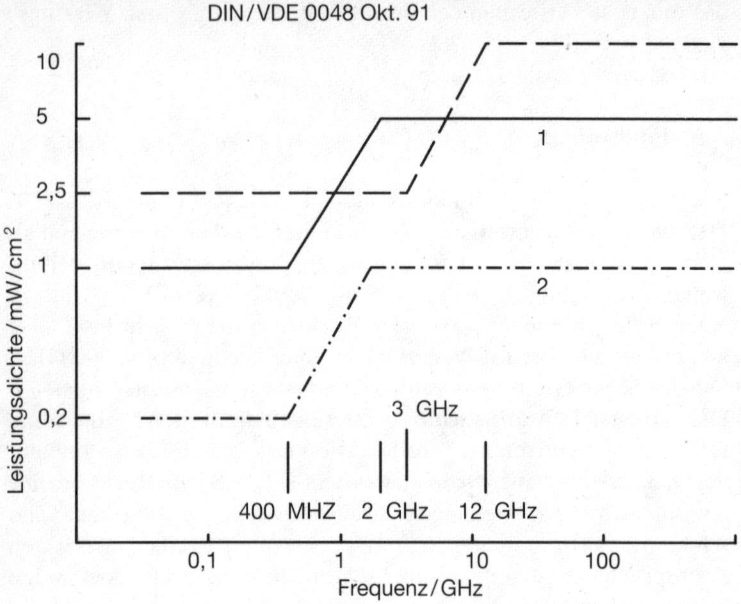

Abb. 3: Leistungsdichte-Grenzwerte für die Bundesrepublik Deutschland

wellenstrahlung mit nur 1 μW/cm² (900 MHz, D-Netz-Pulsstruktur) das EEG signifikant zu beeinflussen scheinen (von Klitzing 1992).
In Rußland werden Hochleistungspulse von kurzer Dauer (Nanosekundenbereich) zur Tumorbehandlung verwendet, die für den Patienten Belastungen im μW-Bereich (Mittel!) bedeuten (zur Therapie!), wo bei uns Leistungen von 1 mW, also mehr als das 100fache, für die Allgemeinheit zugelassen sind.

7. Biologische Fenster

Amplitudenfenster sind in der Biologie wohlbekannt und vielfältig nachgewiesen. Damit sind Verhaltensweisen beschrieben, die nur in einem gegebenen Intensitätsbereich funktionieren, nicht über, aber

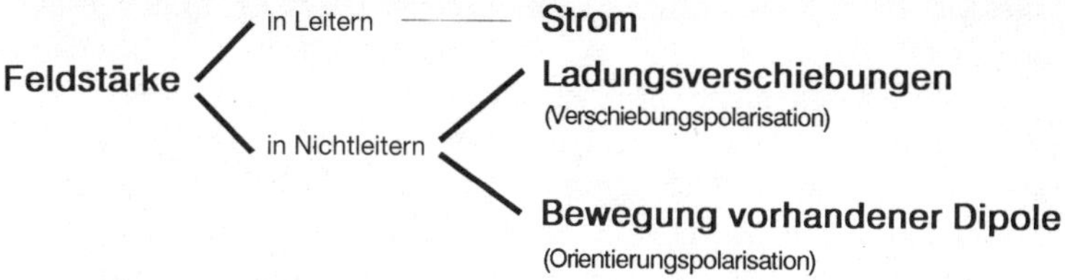

Abb. 4: Ursache und Wirkung elektromagnetischer Felder

auch nicht unter einem bestimmten Pegel. Da die Wirkung auch nur in einem bestimmten Frequenzbereich auftritt, spricht man von »biologischen Fenstern«. Dabei ist offen, ob außer Frequenzfenstern und Amplitudenfenstern nicht auch noch Zeitfenster eine Rolle spielen. Gesicherte Forschungsergebnisse liegen selten vor, da Forschungsmittel kaum bewilligt werden. Lapidare Begründung: Es liege kein Forschungsbedarf vor.

B. Beispiele für Wirkungen

Die Wirkung elektromagnetischer Felder und Wellen auf Leiter und Nichtleiter zeigt Abb. 4.
Diese Verhältnisse erklären vorwiegend thermische Effekte, wenn sich also beispielsweise Moleküle jeweils nach der Richtung eines Wechselfeldes ausrichten und durch Reibung Wärme entsteht. Ein anderer Punkt ist die Eindringtiefe einfallender Wellen in biologisches Gewebe, die sehr stark von der Frequenz abhängt.
Dabei fällt auf, daß etwas oberhalb von 1 GHz die Eindringtiefe wesentlich schneller abnimmt. Damit konzentriert sich die Strahlungsenergie auf die Körperoberfläche, wo auch die Wärmerezeptoren sitzen, so daß eine Bestrahlung im Mikrowellenbereich mit starker Intensität wesentlich schneller bemerkt wird als in tieferen Frequenzbereichen. Auch diese Tatsache wird bei der Grenzwertfestlegung be-

rücksichtigt: Die zulässigen Werte steigen im Mikrowellenbereich stark an (s. Abschnitt »Grenzwerte«); unberücksichtigt bleiben dabei – wie immer – die nichtthermischen Effekte.
Zu beachten ist dabei aber, daß mit der Eindringtiefe der Abstand von der Körperoberfläche gemeint ist, bei dem die aufgenommene Strahlungsenergie auf etwa 37% abgesunken ist. Wenn man davon ausgeht, daß auch wesentlich geringere Intensitäten wirksam sein können, zeigt Tab. 1 Intensitätswerte in tieferen Schichten. Dabei ist mit r die Eindringtiefe gekennzeichnet.

	37%-Tiefe r	5%-Tiefe 3r	1%-Tiefe 5r
Fett	6,4 cm	20 cm	32 cm
Muskel	1,8 cm	5 cm	9 cm
Knochen	18,0 cm	54 cm	90 cm
Gehirn	2,1 cm	6 cm	10 cm

Tab. 1: Eindringtiefen bei 1 GHz

Man unterteilt häufig in thermische und athermische Wirkungen, je nachdem, ob Erwärmungseffekte auftreten oder nicht.

1. Thermische Wirkungen

Wirkungen durch Erwärmung sind heute gut erforscht und kaum noch Gegenstand von Diskussionen. Thermische Wirkungen werden beispielsweise zum Erwärmen von Kochgut im Mikrowellenherd, zur Nahrungsmitteltrocknung und anderen Vorgängen genutzt. Inwieweit das behandelte Gut damit verändert wird, ist allerdings weitgehend unerforscht.
Neben der Absorption im Gewebe spielt die Reflexion bei geschichtetem Gewebe, z. B. Muskel-Fettschichten, eine wesentliche Rolle. Wie Abbildung 5 zeigt, können dabei, besonders bei höheren Frequenzen, durch Interferenzen sog. »Hot spots« entstehen; das sind Bereiche, in denen sich die Energieanteile überlagern und ein Mehrfaches der einfallenden Energiewerte annehmen können. Der Kopf beispielsweise, mit seinen sehr stark unterschiedlichen Dielektrizi-

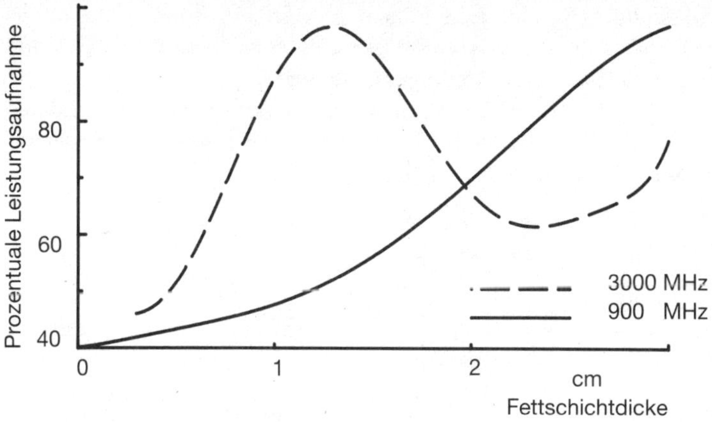

Abb. 5: »Hot spots« bei geschichtetem Gewebe

tätswerten, die vom biologischen Material (Knochen, Flüssigkeit) abhängen, begünstigt vom Aufbau her die Entstehung solcher Hot spots durch stehende Wellen.

Thermische Wirkungen sollen aber nicht der Gegenstand weiterer Betrachtungen sein. Die deutschen Grenzwerte der VDE DIN 0848 beruhen ausschließlich auf der Annahme thermischer Wirkungen und lassen andere Wirkungsmöglichkeiten außer Betracht (siehe Abschnitt C: Grenzwerte).

2. Athermische Wirkungen

Athermische Wirkungen werden dagegen auch heute noch von manchen Institutionen bestritten, obwohl es mittlerweile eine Vielzahl von Forschungs- und Versuchsergebnissen gibt, die daran kaum Zweifel lassen.

Einen Hinweis – unter vielen anderen – auf die Wirkung schwacher elektromagnetischer Felder geben Personen, die wahrscheinlich aufgrund anderer Vorbelastungen, beispielsweise Schwermetallanreicherungen im Körper, ganz besonders sensibel auf diese Einwirkungen reagieren, die sog. »Elektrosensiblen«. Die Zusammenhänge

sind kaum erforscht, jede Person reagiert individuell ganz unterschiedlich auf die Belastung durch elektromagnetische Felder und Wellen mit Störungen des Allgemeinbefindens.
Eine Möglichkeit zur Unterteilung der Wirkung schwacher elektromagnetischer Felder und Wellen gibt die Frequenz: in niederfrequente und hochfrequente Signale.

2.1 Niederfrequente Signale

Sferics oder atmospherics nennt man die (natürliche) Wetterstrahlung, die im Zusammenhang mit Wetterfronten im Bereich um 10 kHz (horizontal polarisiert) und etwa 28 kHz (vertikal polarisiert) seit Jahrtausenden entsteht und mit Intensitäten von einigen 100 mV/m über mehr als 100 km vor der Wetterfront gemessen werden kann (Baumer 1987). Interessant ist dabei (außer der geringen Feldstärke) die Korrelation der Anfallsrate von Epileptikern (also auch einer vorgeschädigten Gruppe von Menschen) mit der Sfericshäufigkeit.
Viele Kliniken nutzen heute die Sfericsmeßwerte zur Modifizierung der Behandlung von Epileptikern, da die Anfälle von Epileptikern mit der Sfericsaktivität korrelieren, wobei die 28-kHz-Sferics deutlich dominieren. Die Sfericsfeldstärken sind (mit Werten um einige 100 mV/m) mit den üblichen Feldstärkemeßgeräten meßbar und dürfen nicht mit Erdstrahlung oder ähnlichem verwechselt werden.
Neben dieser natürlichen Strahlung gibt es eine Reihe künstlicher Strahlungsquellen im Bereich niederer Frequenzen in unserem Umfeld. Im Bereich von etwa 4 Hz bis 18 Hz werden magnetische Felder – wie schon erwähnt – zur Beschleunigung der Knochenheilung eingesetzt – eine Behandlungsweise, die als Magnetfeldtherapie bekannt ist. Dabei wird die Frequenz mit zunehmendem Heilungsfortschritt langsam gesteigert.
50-Hz-Felder, wie sie unter Hochspannungsleitungen auftreten, sind Gegenstand einiger großangelegter Studien mit hohem finanziellen Aufwand in den USA und Schweden gewesen (Becker 1990, Brodeur 1989). Dabei wurde festgestellt, daß auch unterhalb der in den verschiedenen Grenzwertempfehlungen genannten Feldstärkewerten Effekte auftreten können und daß in der Nähe von Hochspannungs-Freileitungen ein erhöhtes gesundheitliches Risiko (Gehirntumore, Leukämie besonders bei Kindern) nicht auszuschließen ist (Haury et

al. 1993). Die Werte bewegen sich dabei im Bereich von 0,1 μT bis 1 μT.
Im Vergleich zu den technisch erzeugten Feldern und Feldstärkewerten im niederfrequenten Bereich sind nachfolgend einige Biosignale zusammengestellt, wie sie im medizinischen Bereich Anwendung finden. Beispiele dafür sind das Herz (EKG/MKG), das Auge (EOG/MOG bzw. ERG/MRG), das Gehirn (EEG/MEG) und die Muskeln (EMG/MMG). Die Zusammenstellung zeigt, in welchen Größenordnungen Biosignale auftreten.

- Herz:
  Wechselspannungsquelle als schwingender Dipol
  Herzfeld: 50×10^{-12} T
  EKG/MKG (Elektro-/Magnetokardiogramm): Das Herzfeld erzeugt Potentialschwankungen an allen Stellen des Körpers, auch auf der Haut
  EKG: 0,1–3 mV MKG: 0,1–10pT f_u/f_o: 0,2–200 Hz

- Auge:
  Bewegung: EOG/MOG (Elektro-/Magneto-Okulogramm): Das menschliche Auge wirkt wie ein Dipol in gut leitender Flüssigkeit. EOG und MOG durch Bewegung des Augendipols (Änderung der Blickrichtung). Die Dipolachse entspricht etwa der optischen Achse.
  EOG: 0,1–3 mV MOG: 0,1–10 pT f: 0–100 Hz
  Lichtreiz: ERG/MRG (Elektro-/Magneto-Retinogramm)
  ERG: 0,02–0,3 mV MRG: 0,1–10 pT f: 0,1–100 Hz

- Gehirn:
  EEG/MEG (Elektro-/Magneto-Enzephalogramm); Gehirnfeld 1 pT
  EEG: 0,005–0,1 mV MEG: 1 pT f: 1–70 Hz

- Muskeln:
  EMG/MMG (Elektro-/Magneto-Myogramm): Die Tätigkeit der Körpermuskulatur ist wie beim Herz mit elektrischer Aktivität verknüpft; gemessen an der Hautoberfläche mit Elektroden (Eichmeier 1983; Varga 1989).
  EMG: 0,1–5 mV MMG: 10 pT f: 10–1000 Hz

2.2 *Hochfrequente Signale*

Einer der am besten untersuchten Effekte im Bereich hochfrequenter Wirkungen ist die veränderte Calzium-Abgabe von Gehirnzellen unter dem Einfluß hochfrequenter Wellen (Haury et al. 1993). Dieser Effekt ist nichtlinear zur Intensität und damit auch ein Hinweis auf das Vorhandensein von Intensitätsfenstern. Die kleinste Intensität, bei der dieser Effekt in einem weiten Frequenzbereich festzustellen war, betrug 10^{-9} mW/cm². Eine Veranschaulichung dieses Wertes zeigt die untenstehende Nebenrechnung:

$$10^{-9}\,\mathrm{mW/cm^2} \equiv 3{,}8\,\mathrm{mV/m}$$

umgerechnet mit dem Feldwellenwiderstand des freien Raumes $120\,\pi$:

$$4\,\mathrm{mV/m} \equiv 72\,\mathrm{dB}\text{ über }1\,\mu\mathrm{V/m},$$

das ist der Pegel, der (im Mittel) zu einem ausreichenden Rundfunk- und Fernsehempfang notwendig ist, mit dem also die Bundesrepublik vielfach (1., 2., 3. Programm usw.) flächendeckend bestrahlt wird.
Mikrowellen-Resonanzerscheinungen gehören zu den Effekten, die sowohl theoretisch (Kaiser 1988) als auch experimentell (Grundler/Keilmann 1983) untersucht wurden. Berechnungen, die anhand eines Pendelmodells von Fröhlich angestellt wurden, veranschaulichen, wie ein Schwingungsmechanismus von einem regulären periodischen Zustand in einen chaotischen Zustand durch einen winzigen Energiebetrag (Trigger) übergeführt werden kann, wenn das zum richtigen Zeitpunkt geschieht. Die Hauptenergie stammt dabei vom System; das Signal von außen steuert nur den Prozeß ohne nennenswerte Energie, also sicher ein athermischer Vorgang. Diese Effekte werden zumeist unter dem Begriff »mikrowellen-getriggerte Vorgänge« zusammengefaßt.
Die Mikrowellen-Resonanz-Therapie ist eine Behandlungsmethode, bei der – ähnlich wie auch bei der Mikrowellen-Akupunktur – weniger als ein Quadratzentimeter mit Leistungsdichten bestrahlt wird, die in der Größenordnung unserer Grenzwerte liegen.
Beide Methoden stellen eine Strahlenbelastung für den Patienten dar, die bis zum Faktor 1000 unter den Grenzwerten liegt, die in der DIN

VDE 0848 vom Oktober 1991 festgelegt sind, weil die darin festgelegten Leistungsdichten jeweils für die Ganzkörperbestrahlung, also eine etwa 1000fach größere Fläche gelten und damit eine 1000fach größere Leistung zulassen.

Für die Effizienz dieser Methoden fehlt oft der wissenschaftliche Nachweis, da die Ergebnisse in den westlichen Ländern infolge mangelnder Forschungsmittel nicht auf breiter Basis überprüft werden konnten.

Wesentlichen Einfluß auf die Wirkung hochfrequenter Signale hat die Modulation. Schon vor Jahrzehnten wurde durch Versuchsergebnisse aus den Ländern des Ostblocks bekannt, daß ein Hochfrequenz-Signal von 417 MHz unmoduliert keine Wirkung zeigte, mit niederfrequenten Signalen von etwa 10 Hz moduliert aber signifikant wirksam war. Dabei war die Wirkung mit der Wirkung der Niederfrequenz allein vergleichbar, woraus man schließen kann, daß eine Demodulation im biologischen System erfolgt. Dieses Ergebnis wurde auch in Wiederholungsexperimenten in den USA bestätigt und darf heute als gut gesichert gelten.

Damit ist eine deutliche Wirkung durch modulierte hochfrequente Signale nachgewiesen, die im Gegensatz zu vielen Behauptungen steht, daß hochfrequente Signale keine biologischen Wirkungen hervorrufen. Mit der Zunahme hochfrequenter Quellen bekommt diese Tatsache auch zunehmend Bedeutung.

Gepulste Strahlung, wie sie bei Radaranlagen und beim Mobilfunk (D-Netz) verwendet wird, scheint eine Sonderstellung in der Modulation einzunehmen und ganz besonders biologisch wirksam zu sein.

Aus der Gentechnologie wird berichtet, daß dort kurze Mikrowellenpulse ($\tau<10$ µs) zum Aufschließen von Zellmembranen verwendet werden; ein reversibler Vorgang, wenn die Pulse kurz genug sind.

Bei der Verwendung körpernaher Sendeantennen, wie sie beispielsweise beim Telefonieren mit drahtlosen Telefonen (mit im Hörer integrierten Antennen) auftritt, werden im Kopf pro Watt Sendeleistung folgende Leistungen absorbiert: höchster Wert (Abstand 5 cm) ist 0,66 mW/cm^3W; der ANSI-Grenzwert für lokale Behandlung beträgt 8 mW/cm^3 (nach: Haury et al. 1993, S. 91).

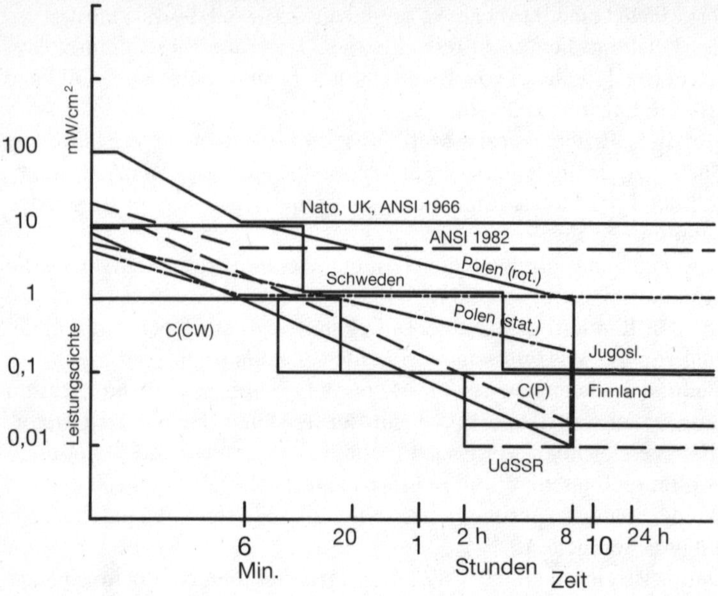

Abb. 6: Grenzwerte verschiedener Länder, zeitabhängig

C. Grenzwerte

Aufgrund der großen Unterschiede in der Art der Grenzwertfestlegung in östlichen und westlichen Ländern und den nur ungenügend gesicherten Erkenntnissen ergibt sich eine große Diskrepanz bei den einzelnen Werten, wie die folgende Abbildung mit einer Vielfalt von Grenzwerten zeigt.
Ähnlich sieht die Darstellung der Grenzwerte in Abhängigkeit von der Frequenz aus.
An diesen Werten hat sich innerhalb der letzten 10 Jahre nicht viel geändert. Unter dem Druck einer auch durch die Medien immer stärker sensibilisierten, aber auch verunsicherten Bevölkerung scheint sich die Situation nun aber allmählich zu ändern.

Bei der Vielzahl von Ländern, deren Institutionen und Behörden jeweils eigene Grenzwerte festsetzen, kann die nachstehende Liste von Abkürzungen etwas Orientierung bieten:

IRPA	International Radiation Protection Association
ANSI	American National Standard Institute
INIRC	International Non-Ionizing Radiation Comitee
ICNIRP	International Commission on Non-Ionizing Radiation Protection (1992)
DIN VDE	Deutsches Normengremium der Deutschen elektrotechnischen Kommission (DKE)
MEQB	Minnesota Environmental Quality Board
NRPB	National Radiological Protection Board (UK)

Diese Gremien der westlichen Hemisphäre gleichen ihre Grenzwerte einander allmählich an, was dadurch begünstigt (oder auch verzögert) wird, daß in ihnen fast immer dieselben Personen vertreten sind.

1. Grenzwerte auf der Basis thermischer Wirkungen

Der Hauptgrund für die hohen Abweichungen der Grenzwerte der westlichen Industrienationen von ihren östlichen Nachbarn besteht in der Grenzwerterstellung. Die westliche Welt postuliert bis heute nur thermische Wirkungen. Aus der Tatsache, daß der Grundumsatz des Menschen (Leistungsverbrauch im Ruhezustand) eine abgestrahlte Leistung von 5 mW/cm^2 Körperoberfläche beinhaltet, leitete Prof. Schwan ab, daß durch Thermoregulation eine (halbkörperseitig) aufgenommene Strahlungsleistung von 10 mW/cm^2 ohne Schaden ausgeregelt werden könne. Dieser Wert hat sich Jahrzehnte gehalten, mit einigen Änderungen, die von der Frequenz und einigen Reduzierungen abhängen, aber kaum ins Gewicht fallen (Bundesrepublik Deutschland: 5 mW/cm^2 statt 10 mW/cm^2 am Arbeitsplatz, geplant seit Februar 1990, Allgemeinbevölkerung 1 mW/cm^2 bei 12 GHz. In der gleichen Änderung wurden die Grenzwerte für 2,45 GHz – Mikrowellenherd! – von 2,5 auf 5 mW/cm^2 wieder angehoben – Arbeitsplatzwert).

Im Gegensatz zu den westlichen Ländern berücksichtigen östliche Länder auch nichtthermische Wirkungen und gehen von einer phänomenologischen Grenzwerterstellung aus.

2. Prinzip der phänomenologischen Grenzwerterstellung

Ein Schwellenwert von z.B. 1 mW/cm^2 bei einem Tierexperiment bewirkt eine Verhaltensänderung (1 Stunde bei einer Frequenz von 3 GHz); extrapoliert auf 10 Stunden (täglich) führt dies über 0,1 mW/cm^2 weiter zu 10 $\mu W/cm^2$ wegen des Sicherheitsfaktors 10 für berufliche Exposition; mit einem Sicherheitsfaktor von 10 für die Allgemeinbevölkerung wird so ein Wert von 1 $\mu W/cm^2$ ermittelt.
Höhere Pegel sollen bei Langzeiteinwirkung zu Depressionen und Schädigungen des zentralen Nervensystems führen. Bemerkenswert ist, daß hier von Langzeitwirkungen gesprochen wird, ein Begriff, der in den deutschen Vorschriften nicht vorkommt, obwohl Untersuchungen vorliegen, die darauf hinweisen, daß die Wirkungen von Kurzzeitbelastungen häufig zu gegenteiligen Ergebnissen führen, wenn die Versuche über lange Zeiträume durchgeführt werden.

3. Beispiele für Grenzwerte

Aus der Vielzahl von Grenzwertbestimmungen einzelner Länder und Institutionen sollen hier nur zwei Beispiele herausgegriffen werden:
- die DIN VDE 0848, weil es der bedeutendste deutsche Beitrag ist, und
- die IRPA-Werte, weil sie derzeit am meisten beachtet werden.

Für Grenzwerte, die auf der Basis thermischer Wirkungen erstellt sind, geht man von sog. Basisgrenzwerten aus. Diese werden bestimmt aus der Energieabsorption (damit ist der Nachweis gegeben, daß – trotz manchmal gegenteiliger Aussagen – ausschließlich thermische Wirkungen berücksichtigt werden) bei Exposition durch hochfrequente Felder am Arbeitsplatz (Expositionsbereich 1) oder für die Allgemeinbevölkerung (Expositionsbereich 2). Man spricht von SAR-Werten (SAR: Specific Absorption Rate, spezifische Absorptionsrate), die derzeit 0,4 W/kg für den ganzen Körper nach DIN VDE für den Expositionsbereich 1 betragen; für lokale Absorptionsbereiche (Hände, Füße u.a.) gelten höhere Werte.
In der Praxis werden abgeleitete Grenzwerte für Feldgrößen außerhalb des Körpers verwendet, da man SAR-Werte im Körper praktisch nicht messen kann. Im unteren Frequenzbereich, bei 50 Hz beispiels-

weise, rechnet man vorzugsweise mit der elektrischen bzw. magnetischen Ersatzfeldstärke.

Beispiel: Die elektrische Ersatzfeldstärke (von 25 bis 420 Hz) beträgt $250/f_{kHz}$ für 24 Stunden im Expositionsbereich 2 in V/m für den Effektivwert, hier also 5 kV/m. Für den oberen Frequenzbereich, wenn sich elektrische und magnetische Feldstärken meßtechnisch oft kaum noch getrennt erfassen lassen, beispielsweise von 30 MHz an bis in den Mikrowellenbereich (und darüber hinaus), verwendet man vorzugsweise die Leistungsflußdichte mit der Einheit W/m^2 oder mW/cm^2. Der Zahlenwert mit der Einheit W/m^2 ist dabei um den Faktor 10 größer als in mW/cm^2; so entspricht z.B. ein Wert von 10 W/m^2 einem Wert von 1 mW/cm^2. Einen Ausschnitt aus dem Grenzwertverlauf über der Frequenz im Vergleich der DIN VDE-Ausgaben von 1981 und 1991 zeigt bereits Abb. 3.

Dabei bezeichnet die durchgezogene Linie (1) die Grenzwerte von 1991 für den Expositionsbereich 1 (beruflich, am Arbeitsplatz) und die strichpunktierte Linie (2) die Grenzwerte für die Allgemeinbevölkerung (Expositionsbereich 2). Zum Vergleich zeigt die gestrichelte Linie die Werte von 1981 an. Man sieht, daß die Werte für den Expositionsbereich 1 zwischen 1 und 6 GHz höher liegen als vorher. Das ist der Bereich, in dem das Mobilfunk-E-Netz und der Mikrowellenherd arbeiten!

Dabei wird der Bereich von 400 bis 2000 MHz, also vom unteren Knickpunkt bei 400 MHz, der Kurvenanstieg und der obere Knickpunkt aus der Beziehung

Leistungsflußdichte $S = f/40\ W/m^2$ mit f in MHz

berechnet. Die Schnittpunkte bei 2,5 mW/cm^2 (entsprechend 25 W/m^2) liefern mit

$f/40 = 25\ W/m^2$ die Frequenz $f = 1$ GHz

und der zweite Schnittpunkt aus

$S_g = 25 \times f/3000\ W/m^2 = 50\ W/m^2$ die Frequenz $f = 6$ GHz.

Für den unteren Frequenzbereich, vorwiegend für die Netzfrequenz von 50 Hz, sollten die Grenzwerte der IRPA Grundlage sein, da die DIN-VDE-Grenzwerte nach deutscher Rechtsprechung den notwendigen objektiven Kriterien nicht genügen (Hess. Verwaltungsge-

richtshof, Az.: 3/TH 768/92 vom 11.3.1993) und darin neue wissenschaftlich gesicherte Erkenntnisse nicht berücksichtigt sind (Bayer. Verwaltungsgerichtshof, Az.: 20 AE 92.40159 vom 4.2.1993).
Die IRPA-Richtlinien für Hochfrequenz-Strahlung (IRPA Guidelines 1988) sind mit den DIN-VDE-Angaben weitgehend identisch.

Frequenz f/MHz	Feldstärke		Äquivalente Leistungsdichte	
	E V/m	H A/m	P W/m^2	P mW/cm^2
0,1–1	614 (87)	1,6/f (0,23/f$^{1/2}$)	–	–
> 1–10	614/f (87/f$^{1/2}$)	1,6f 0,23/f$^{1/2}$)	–	–
> 10–400	61 (27,5)	0,16 (0,0073)	10 (2)	1 (0,2)
> 400–2000	3f$^{1/2}$ (1,375f$^{1/2}$)	0,008f$^{1/2}$ (0,0037f$^{1/2}$)	f/40 (f/200)	f/400 (f/2000)
> 2000–300000	137 (61)	0,36 (0,16)	50 (10)	5 (1)

Die angegebenen Werte gelten für die Exposition am Arbeitsplatz, die Werte in Klammern für die Allgemeinbevölkerung.

4. Beurteilung der Grenzwerte

Ein Vergleich zeigt, daß die deutschen Grenzwerte mit zu den höchsten der Welt zählen. Berücksichtigt werden nur thermische Wirkungen.
In den Ländern des Ostens wird mit Werten therapiert, die zum Teil noch unter unseren Grenzwerten liegen. Berücksichtigt man dabei, daß häufig nur kleinste Körperpartien (z.B. Akupunkturpunkte) bestrahlt werden, bei unseren Grenzwerten aber eine Ganzkörperbestrahlung zugrunde gelegt wird, liegt die Strahlenbelastung zur Therapie in den östlichen Ländern bis zum Faktor 10000 unter unseren Grenzwerten.
Gepulste Strahlung wird in unseren Vorschriften praktisch nicht berücksichtigt, da Pulswerte bis zum Eintausendfachen des Mittelwertes zugelassen sind, Werte, die gerade von Radaranlagen erreicht werden, sonst aber praktisch so gut wie nie auftreten. Dabei gibt es

neuere Untersuchungen, die zeigen, daß gepulste Felder sehr kleiner Intensität von etwa 1 $\mu W/cm^2$ deutliche Wirkungen zeigen, die Dauersignale nicht hervorrufen.
Auf die Modulation einer Strahlung wird nirgendwo eingegangen, obwohl seit Jahrzehnten Berichte darüber vorliegen, daß beispielsweise niederfrequent-modulierte Hochfrequenzsignale die gleiche Wirkung zeigen wie die niederfrequenten Signale allein, unmodulierte HF-Signale diese Wirkung aber nicht hervorrufen.
Der oft verwendete Hinweis, daß Wirkungen nicht bekannt geworden seien, ist u.a. darauf zurückzuführen, daß in den vergangenen Jahrzehnten Forschungsfelder praktisch nicht zur Verfügung gestellt wurden und die Wirkungen deshalb nicht erforscht werden konnten. Dabei liefern die häufig abqualifizierten Ergebnisse aus den östlichen Ländern eine Vielzahl von Hinweisen und damit Vorschläge für Forschungsthemen für nichtthermische Wirkungen. Daß von elektromagnetischer Strahlung – z.B. des Mobil- und Richtfunks – schädliche Umwelteinwirkungen ausgehen, kann nach dem derzeitigen wissenschaftlichen Erkenntnisstand jedenfalls nicht ausgeschlossen werden.

D. Grenzwerte in der Rechtsprechung

In der Literatur findet sich eine Reihe von Hinweisen auf die zivilrechtlichen und/oder verwaltungsrechtlichen Möglichkeiten, gegen EMF-emittierende Anlagen vorzugehen (Krahn-Zembol 1993; Roßnagel 1993; vgl. auch den Beitrag von M. Wölke in diesem Band, S. 218ff.).
Von grundsätzlicher Bedeutung erscheint ein Beschluß des Hessischen Verwaltungsgerichtshofs mit dem Leitsatz: Im bauaufsichtlichen Zustimmungsverfahren für einen Sendemast des Mobil- und Richtfunks sind auch schädliche Umwelteinwirkungen für die Bevölkerung im Sinne der §§ 3 Abs. 1, 22 Abs. 1 Satz 1 Nr. 1 BImSchG zu prüfen. Nach dem derzeitigen wissenschaftlichen Erkenntnisstand können sie nicht ausgeschlossen werden (Hess. Verwaltungsgerichtshof, Az.: 3 TH 768/92 vom 11.3.1993).

In bezug auf die Grenzwerte der DIN VDE 0848 heißt es dort weiter: »Dieses technische Regelwerk habe keine absolute, quasi gesetzliche Geltung. Nach der Rechtsprechung des Bundesverwaltungsgerichts stellen DIN-Normen auch Vereinbarungen interessierter Kreise dar, die eine bestimmte Einflußnahme auf das Marktgeschehen bezwekken. Den Anforderungen, die an die Neutralität und Unvoreingenommenheit gerichtlicher Sachverständiger zu stellen sind, genügen sie deswegen nicht.«

Herbert L. König

Unsichtbare Umwelt

Elektrosmog – 50-Hz-Magnetfelder

I. Elektromagnetische Strahlung

Um welche Art des physikalischen *Umweltfaktors* geht es hierbei? Der Begriff »elektromagnetisch« weist bereits auf elektrische und magnetische Zusammenhänge hin. Trotzdem gibt im Rahmen der sogenannten Elektrobiologie der oft benutzte Begriff »elektromagnetische Strahlung« immer wieder zu Mißverständnissen Anlaß. Gemeint sind Vorgänge, die klassisch als »Elektromagnetismus« bezeichnet werden, also die Erzeugung eines Magnetfeldes durch den (fließenden) elektrischen Strom. Dagegen versteht man unter »elektromagnetischer Strahlung« im technischen Bereich die Erscheinung der »elektromagnetischen Welle«. Diese weist jedoch zu dem durch einen elektrischen Strom erzeugten Magnetfeld zumindest im Rahmen der Elektrobiologie, wo es also nur um energietechnische Felder geht, keine unmittelbaren physikalischen Zusammenhänge auf. Hierauf wird noch näher eingegangen.
Die Frequenz beziehungsweise Wellenlänge der elektromagnetischen Strahlung hat eine besondere Bedeutung für die sonstigen physikalischen Eigenschaften dieser Strahlung, insbesondere was deren Durchdringungsfähigkeit von Materie und damit letztlich auch die Abschirmeigenschaften von Materie gegen diese Strahlung betrifft *(Abb. 1)*.

1. Das Feld

In der Physik wird der Begriff *»Feld«* benutzt, um damit die Wirkung einer physikalischen Größe im Raum zu beschreiben. Bei der elektromagnetischen Strahlung, die hier interessiert, kommt dieser Größe als Kraft entscheidende Bedeutung zu: als elektrisches Feld, wie es im

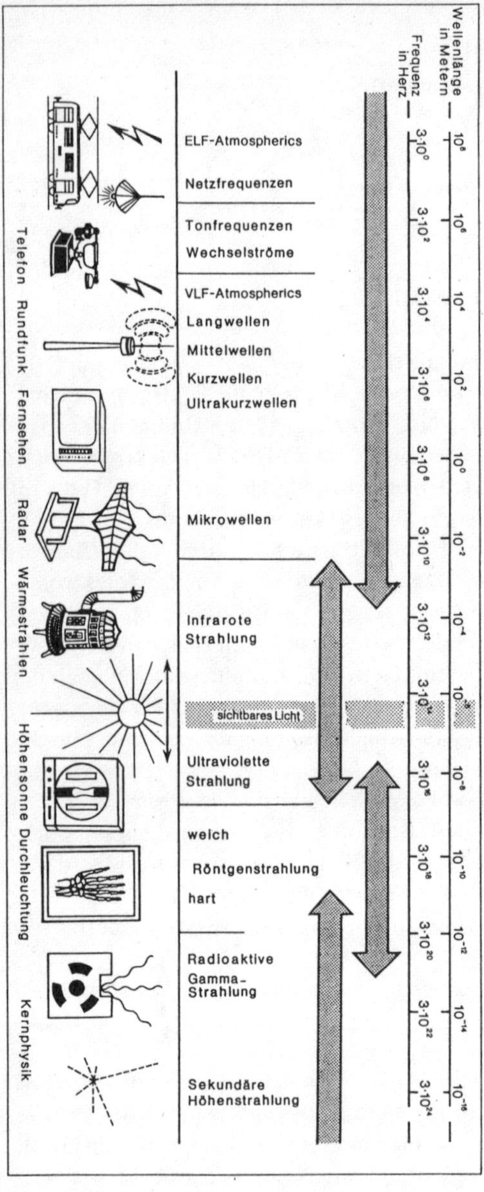

Abb. 1: Übersicht zur Anwendung und zu den Erscheinungsformen elektromagnetischer Energien über einen weiten Frequenzbereich und Kennzeichnung gewisser Schwergewichtsbereiche.

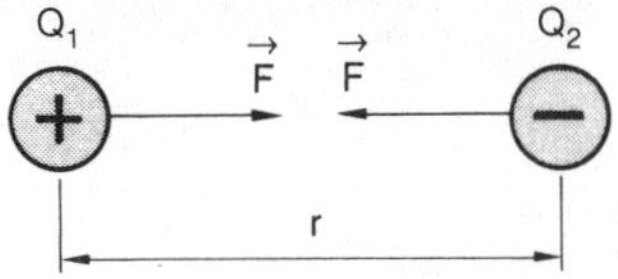

Abb. 2: Zwei im ungestörten Raum mit einem Abstand r vorhandene ungleichnamige (gleichnamige) Ladungen ziehen sich gegenseitig an (stoßen sich gegenseitig ab) mit der Kraft $\vec{F}$.

Bereich elektrischer Ladungen vorhanden ist, und in Form des magnetischen Feldes, wie es der elektrische Stromfluß erzeugt. In statischem Zustand, wenn sich zeitlich gesehen die Felder nicht verändern, sind diese Zusammenhänge besonders anschaulich zu beschreiben.

2. Das elektrostatische Feld

Befinden sich im Raum an verschiedenen Stellen elektrische Ladungen Q_1, Q_2 usw., so geht von diesen eine summarische Kraftwirkung $\vec{F}$ auf eine im Raum befindliche elektrische Ladung q aus. Eine bestimmte Größe, der im Raum zusätzlich eine Richtung zuzuordnen ist, wird in der Physik mit Hilfe des »Vektors« charakterisiert (symbolisch durch einen Pfeil über dem Buchstaben gekennzeichnet). Das elektrische Feld $\vec{E}$ (der elektrische Feldvektor) beschreibt demnach definitionsgemäß Größe und Richtung der Kraft $\vec{F}$ auf die Ladung q.
Ganz allgemein gilt dabei: Zwei im Abstand r (m) im Raum vorhandene elektrisch geladene Körper mit den Ladungen Q_1 und Q_2 (As) ziehen sich je nach den Polaritätsverhältnissen betragsmäßig mit der Kraft F (N) an oder stoßen sich ab *(Abb. 2)*.

3. Das statische Magnetfeld

Für das magnetische Feld gelten prinzipiell und im wesentlichen dieselben Definitionen wie beim elektrischen Feld, nur geht es hier um die Kraftwirkung, die durch den Magnetismus bedingt ist. In einem Punkt unterscheidet sich jedoch das Magnetfeld entscheidend vom elektrischen Feld: Die magnetischen Feldlinien haben keinen Anfang und kein Ende, sie sind in sich geschlossen. Das ist zum Beispiel mit Hilfe einer Kompaß-Nadel beim Magnetfeld einer Luftspule nachvollziehbar *(Abb. 3)*.

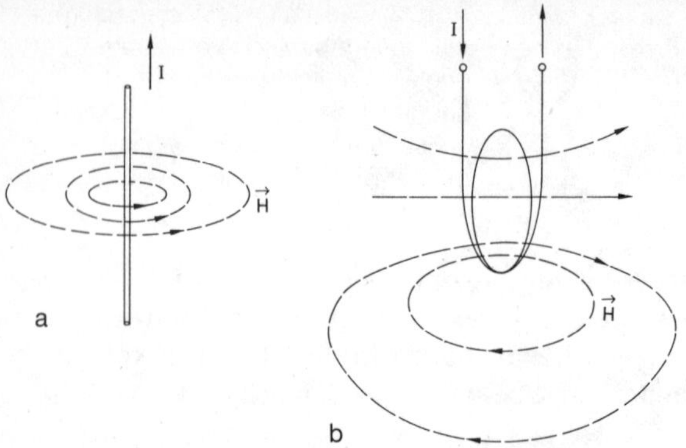

Abb. 3: Magnetische Feldlinien $\vec{H}$ sind in sich geschlossen und mit dem elektrischen Strom I verkettet, der das Magnetfeld erzeugt; hier gezeigt am Beispiel eines langen geraden Leiters (a) und einer Spule (b).

Der Zusammenhang zwischen magnetischer Induktion $\vec{B}$ und magnetischer Feldstärke $\vec{H}$ ist durch die magnetische Permeabilität μ gegeben. Die Permeabilität (magnetische Leitfähigkeit) beschreibt materialmäßig beziehungsweise stofflich die für den Magnetismus interessierenden Eigenschaften eines Mediums (zum Beispiel Eisen oder Luft). Im vorliegenden Fall ist speziell der für den Menschen relevante Wert der Luft ($\mu = \mu_0$) von Bedeutung.

4. Zeitabhängigkeit

Polt sich ein elektrisches oder magnetisches Feld periodisch innerhalb bestimmter Zeitintervalle symmetrisch um, spricht man von einem klassischen Wechselfeld. Dies gilt insbesondere für den Fall eines sinusförmigen zeitlichen Verlaufs des Umpolungsvorgangs. Schon im vorigen Jahrhundert berechnete Maxwell, daß im freien Raum ein derartiges Wechselfeld der einen Art hierbei ein Feld der anderen Art erzeugt, was dann als elektromagnetische Welle bezeichnet wird, die sich mit Lichtgeschwindigkeit ausbreitet.

Tab. 1: Magnetfelder im Bereich verschiedener, bei 115 V Betriebsspannung im Haushalt benützter elektrischer Geräte und Vorrichtungen (nach: Kieback 1989; Marino 1988)

Elektrisches Gerät	Magnetfeld (im Abstand von 30 cm gemessen) (nT)
Elektrischer Rasierer	280
Elektrisches Bügeleisen	370
Elektrische Schreibmaschine (verschiedene Typen)	56....250
Leuchtstofflampe	270
Kühlschrank	270
Glühlampe	500
Wäschetrockner	2000
Fernseher	4000
Fußbodenheizung	8000
Handbohrmaschine	16000
Elektroherd	20000
Heizlüfter	40000

5. *Wechselfeld*

Es geht bei der von energietechnischen Anlagen erzeugten Strahlung also um unabhängige elektrische und magnetische Wechselfelder, die letztlich getrennt wie statische Felder behandelt werden können. In dem hier interessierenden Frequenzbereich von 50 Hz treten praktisch keine elektromagnetischen Wellen auf. Das magnetische Feld existiert als unabhängiges Wechselfeld.
Neben den Eigenschaften, wie sie den statischen und niederstfrequenten Feldern gemeinsam sind, weisen elektrische wie auch magnetische Wechselfelder Besonderheiten auf, die nur für dynamische Felder typisch sind. So bedeutet der hier wichtige Zeitfaktor: Die an einer bestimmten Elektrode vorhandene Ladungskonzentration bleibt nicht bestehen, sie baut sich ab und mit der umgekehrten Polarität wieder auf. Es muß somit notwendigerweise elektrische Ladung zyklisch (im Rhythmus der Frequenz und meist sinusförmig) zu- und

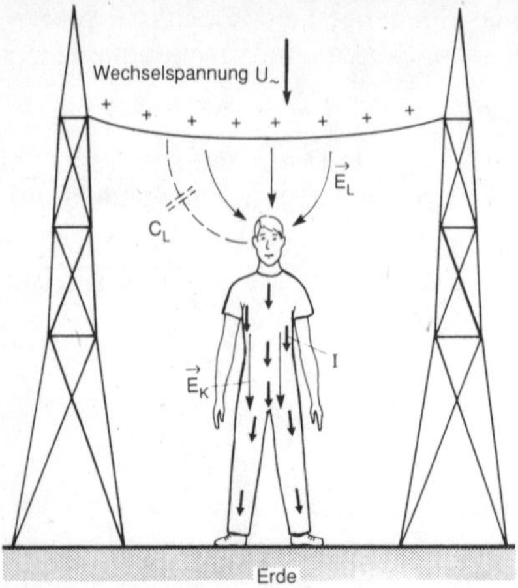

Abb 4: Das elektrische Feld $\vec{E}_L$ im Bereich einer Hochspannungsleitung influenziert an der Körperoberfläche eines gut geerdeten menschlichen Körpers elektrische Ladungen, die sich wegen des Wechselfeldes (50/60 Hz) laufend umpolen (hier als Augenblickszustand dargestellt). Der dadurch bedingte Ladungszu- und -abfluß stellt einen 50/60-Hz-Wechselstrom (I) dar, dessen Größe durch die wirksame elektrische Feldstärke oder technisch, unter Berücksichtigung des Drehstrombetriebes, durch die Betriebsspannung U~ und den durch die Luftkapazität C_L zwischen Körper und Leitungssystem bestimmten Blindwiderstand X_C beschrieben wird. Der totale Strom, welcher hierbei durch jeden Fuß zur Erde fließt, beträgt etwa 8×10^{-6}A pro kV/m elektrisches Feld ($\vec{E}_L$). Das entspricht im Körper einer gemittelten Stromdichte von etwa 30×10^{-9} A/cm², die im Körper ein elektrisches Feld $\vec{E}_K$ erzeugt.

wieder abfließen. Jede Art sich räumlich bewegender elektrischer Ladungen bedeutet die Existenz eines elektrischen Stroms und damit letztlich auch eines damit verbundenen magnetischen Wechselfeldes, mag es auch noch so schwach sein.

Die ladungsmäßige Umpolung an den Elektroden hat ferner zur Folge, daß in der gleichen Weise auch das von den Ladungen zwischen den Elektroden erzeugte elektrische Feld alternierend mit entgegengesetzter Orientierung auf- und abgebaut wird.

Dies hat unter anderem für den Menschen Konsequenzen. Sein Körper entspricht in einem derartigen Wechselfeld, wie es beispielsweise im Bereich einer Hochspannungsleitung existiert, einer Elektrode. Folglich fließt durch seinen hinreichend geerdeten Körper ein entsprechend großer Wechselstrom I, obwohl er keinerlei körperlichen Kontakt zu irgendwelchen spannungs-/stromführenden Teilen hat *(Abb. 4)*.

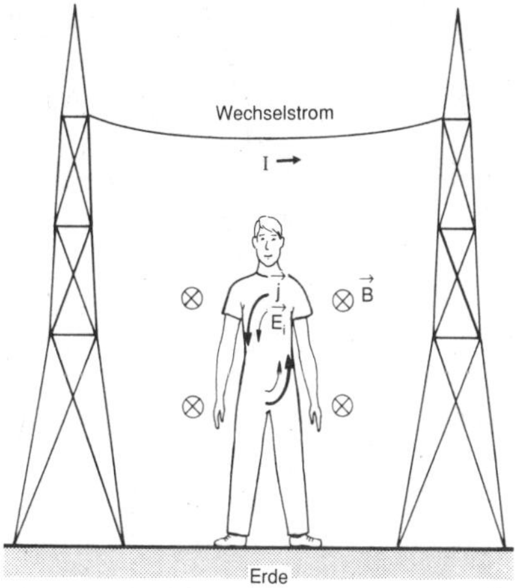

Abb. 5: Im menschlichen Körper wird durch ein magnetisches Wechselfeld $\vec{B}$ (wie durch jede Art fließenden Stroms I erzeugt) ein Wirbelstrom (Stromdichte $\vec{j}$) induziert (hier als Augenblickszustand dargestellt), der im Zusammenhang mit Hochspannungsleitungen größenordnungsmäßig mit dem durch das elektrische Feld erzeugten kapazitiven Körper-Strom vergleichbar ist. Wesentlicher Unterschied: Das Magnetfeld durchdringt als Verursacher im Gegensatz zum elektrischen Feld jede praktisch interessierende Materie, wie beispielsweise Bäume, Büsche, Mauern, Betondecken und -wände, Dächer, Kellerfundamente, Erdreich und natürlich auch den menschlichen Körper weitgehend ungehindert. Es gibt also gegen Magnetfelder dieser Art praktisch keine wirksame Abschirmung.

6. Wirbelstrombildung

Technisch ist bekannt, daß ein sich änderndes Magnetfeld in einem elektrisch leitenden Medium zu einer Wirbelstrombildung führen kann. Berechnet man für den Fall eines 60-Hz-Magnetfeldes die Größe solcher in einem menschlichen Körper zu erwartenden Wirbelströme *(Abb. 5)*, ausgehend von der Tatsache, wonach eben doch externe, sehr starke elektrische Felder der Frequenz f = 60 Hz (und damit auch bei 50 Hz) immerhin zumindest sehr schwache Felder in lebenden Organismen erzeugen, so zeigt sich, daß im Rahmen der magnetischen Induktion auch magnetische Wechselfelder mit der Frequenz 60 Hz (50 Hz) in der Lage sind, physiologisch signifikante elektrische Felder und Ringströme zu produzieren.

7. Zusammenfassung

Für das von Anlagen der elektrischen Energieversorgung erzeugte elektrische Feld und das magnetische Feld gilt folgendes:

- Die Stärke des elektrischen/magnetischen Feldes hängt in jedem Fall von der elektrischen Spannung/vom elektrischen Strom ab, wie sie in den jeweiligen Vorrichtungen vorhanden sind (Verdrahtung, Kabel, Steckdose, Schalter, elektrische Geräte jeder Art, Stromzähler, dem Stromanschlußkabel für das Haus, den zum Dachständer führenden Leitungen, die Transformatoren mit all ihren Anschlußleitungen, Hochspannungsleitungen usw.). Wie groß der im System fließende elektrische Strom/Spannung ist, hat praktisch keinerlei Einfluß auf das elektrische/magnetische Feld.
- Die Feldabstrahlung vergrößert sich prinzipiell mit zunehmendem Abstand zwischen den einzelnen Leitungen eines Systems. Dies gilt sowohl für das einphasige (Zweileiter-)System als auch für das Drehstromsystem (Dreiphasen-System). Die zu einem Dachständer führenden Freileitungen bauen folglich in ihrer Umgebung ein stärkeres magnetisches Feld auf als ein an derselben Stelle befindliches, dieselbe Anzahl von (verdrillten) Leitungen enthaltendes Kabel. Entsprechendes gilt für eine in der Wand eingebrachte Stegleitung im Vergleich zu einer verdrillten Leitung oder einem Kabel beziehungsweise speziell für Hochspannungsleitungen, da sie zur Vermeidung von Spannungsüberschlägen einen besonders großen Leiterabstand benötigen.
- Mit zunehmender Entfernung von den spannungführenden Teilen nehmen die Felder in ihrer Stärke grundsätzlich ab. Diese Abnahme dürfte bei einem Drehstromsystem aus systembedingten Gründen im allgemeinen stärker ausgebildet sein als bei einem Zweileiter-System.
- Jede Art hinreichend elektrisch leitender und geerdeter Materie stellt eine geerdete Elektrode dar, an der elektrische Feldlinien enden, die damit dem entfernteren Bereich entzogen werden. Diese Art der physikalischen Beschreibung der Strahlensituation weist darauf hin, daß der hiervon betroffene entferntere Bereich entsprechend weniger bestrahlt ist, was letztlich einem Abschirmeffekt beim elektrischen Feld gleichzusetzen ist (Reduzierung der Feldstärke). Dies trifft im Freien zum Beispiel für Bodenerhebungen, aber auch für Bäume und Büsche, Häuser und sonstige Bauten sowie für jegliche Lebewesen zu, also für alles, was einigermaßen besser leitend ist als Luft und unter diesem Gesichtspunkt auch eine hinreichende Erdung aufweist.

Gegen das Magnetfeld gibt es keine in der Praxis vernünftig verwertbare Abschirmung. Das durch energietechnische Ströme erzeugte Magnetfeld durchdringt jegliche Materie.

- Das elektrische Feld wird in der Einheit Volt/Meter (V/m) angegeben, das magnetische Feld in Ampere/Meter (A/m) beziehungsweise als magnetische Flußdichte in Tesla (T), wobei hier Nanotesla (1 nT = 10^{-9} T) sowie Mikrotesla (1000 nT = 1 μT) in den meisten Fällen Verwendung finden.

II. Biologische Wirkung von Feldern

Mit gewissem Recht wurde die elektrische Energie besonders zu den Zeiten als »saubere« Energieform gepriesen, als die allgemeine Umweltverschmutzung immer mehr in das Bewußtsein der Menschen Eingang fand. Die Entrüstung vor gut 10 Jahren über Berichte, wonach erste Hinweise auf die Möglichkeit einer – unter bestimmten Voraussetzungen denkbaren – gesundheitsschädlichen Wirkung durch elektrische und magnetische Felder gegeben seien, wird daher verständlich, da hierdurch ja der elektrische Strom womöglich ins Zwielicht gebracht würde.

Alle im Rahmen der angesprochenen Thematik gemachten weiteren Ausführungen sind hier allein von physikalisch-technischer Fachkompetenz geprägt. Bevor jetzt auch, um einen Überblick über den Stand der Kenntnisse und die hier vorhandenen Probleme zu geben, konkret auf die medizinisch orientierte Komponente der behandelten Thematik eingegangen wird, ist deshalb folgendes klarzustellen und festzuhalten:

Es kann aus naheliegenden Gründen zu rein medizinischen Problemen und Diskussionen hier nicht in irgendeiner Form kritisch Stellung genommen werden. Sollten trotzdem in dieser Richtung Anmerkungen gemacht werden, sind sie unter obiger Einschränkung zu bewerten.

Die Auswahl aus der inzwischen fast nicht mehr überschaubaren Anzahl einschlägiger Facharbeiten erfolgte nicht deshalb nach dem Prinzip »nachgewiesener Effekte«, um damit ein einseitiges Bild zu erzeugen, sondern aus pragmatischen Gründen.

Im vorliegenden Fall kommt es zuerst darauf an, auf die prinzipielle

Möglichkeit einer biologischen Wirkung oder gar Schädlichkeit der hier diskutierten Felder-Typen hinzuweisen, um daraus zumindest schon einmal eine Rechtfertigung abzuleiten, daß es sinnvoll und nötig ist, sich mit dieser Problematik weiterhin und noch intensiver auseinanderzusetzen.

1. Epidemiologische Untersuchungen

Erstmals so richtig ins wissenschaftliche Gespräch gebracht wurde die Thematik durch die Studie von Wertheimer/Leeper (1979), die den Zusammenhang zwischen elektromagnetischer Strahlung und der Erkrankung von Menschen statistisch untersuchte. Die Autoren stellten die Frage, ob Kinder aus dem Bereich um Denver, Colorado/USA, die im Zeitraum von 1950 bis 1973 an Krebs starben, häufiger in der Nähe von Hochspannungsleitungen lebten als nicht erkrankte Kinder. Die dabei benutzten Definitionen von »Hochspannungsleitung« und »nahe« entsprachen Schätzungen und waren von der Vorstellung geprägt, daß das von Hochspannungsleitungen ausgehende Magnetfeld mit der Erkrankung in ursprünglichem Zusammenhang stehe. Diese Definitionen wurden sowohl für die an Krebs erkrankten als auch für die als Kontrollgruppe ausgewählten Kinder benutzt.
Annähernd die doppelte Zahl der zu erwartenden Erkrankungen an Leukämie, Lymphom und Tumoren des Nervensystems wurde bei den in der Nähe der energietechnischen Anlagen lebenden Kinder festgestellt. Bei einer ähnlichen Studie von Wertheimer und Leeper (1982) über Erwachsene, die in den Jahren 1967–1977 an Krebs erkrankten, ergab sich gleichfalls ein Zusammenhang zwischen Leben in der Nähe von Hochspannungsleitungen und der Erkrankung an Krebs. Die Ergebnisse der beiden Untersuchungen sind in *Tab. 2* zusammengefaßt.
Die Untersuchung verdient besondere Beachtung, denn sie zeigt, daß beim Vergleich der Zahl der Krebsfälle bei Kindern, die in der Nähe einer Hochspannungsanlage leben, mit der entsprechenden Zahl der Kontrollgruppe letztere deutlich weniger Erkrankungen aufweisen, was im schwächeren Ausmaß auch für Erwachsene gilt. Vergleicht man nun für eine Gruppe Kinder, die ausgewähltermaßen keine Hochspannungsanlage in ihrem unmittelbaren Lebensbereich haben, wiederum die Daten mit den sonstigen Kindern, so hat umgekehrt die

Tab. 2: Häufigkeit von Krebserkrankungen bei Kindern ($p < 0{,}001\,\%$) und bei Erwachsenen ($p < 0{,}01\,\%$) in Zusammenhang mit der Nähe von Hochspannungsleitungen (nach: Wertheimer/Leeper 1979, 1982).

	Kinder		Erwachsene	
	Krebs-fälle	Kon-trolle	Krebs-fälle	Kon-trolle
Nahe Hochspannungsanlage	101	55	438	372
Keine Hochspannungsanlage	171	217	741	807

Kontrollgruppe die höhere Erkrankungszahl, bei derselben Tendenz für die Erwachsenen. Es liegt sicher nahe, hieraus die gezielte Vermeidung von der von einer Hochspannungsanlage ausgehenden Belastung für den Menschen als sinnvoll im Sinne eines »gesünder leben« abzuleiten.

Einen Schritt in die Richtung, die jeweilige Stärke des Magnetfeldes zu berücksichtigen, machten Perry et al. (1981) bei einer Erhebung im Zusammenhang mit Fällen von Selbstmorden. Entsprechende Feldstärkemessungen wurden in den Wohnungsbereichen von Selbstmördern durchgeführt und die nötigen Vergleichswerte von Kontrolladressen ausgewertet. Insgesamt lieferten Messungen in 1184 untersuchten Wohnungen Daten, wonach sich an einer für alle Wohnungen gleich definierten Stelle Magnetfeldwerte im Bereich zwischen 1 nT und 1500 nT ergaben. Die Zuordnung der Selbstmordfälle zur jeweiligen Stärke des Magnetfeldes zeigt *Abb. 6*.

Erhebliches Aufsehen erregten die Ergebnisse von Untersuchungen im Zusammenhang mit Planungen des Staates New York, die sich mit dem Ausbau des Hochspannungs-Verteilernetzes befaßten. Hierbei wurden damit verbundene mögliche Gesundheitsrisiken für die Bevölkerung ganz speziell behandelt, worüber Ahlbom et al. (1987) ausführlich berichteten (für alle Kinderkrebsarten *Abb. 7*, speziell für Leukämie bei Kindern *Abb. 8*, für Krebserkrankungen bei Kindern im Bereich des zentralen Nervensystems *Abb. 9* und für Krebs bei Erwachsenen *Abb. 10*). Viele Effekte wurden im Laborexperiment bei magnetischen Flußdichten im Bereich von 100 μT oder mehr gefunden.

Bei geringeren Flußdichten zeigten sich die beobachteten Feld-Ef-

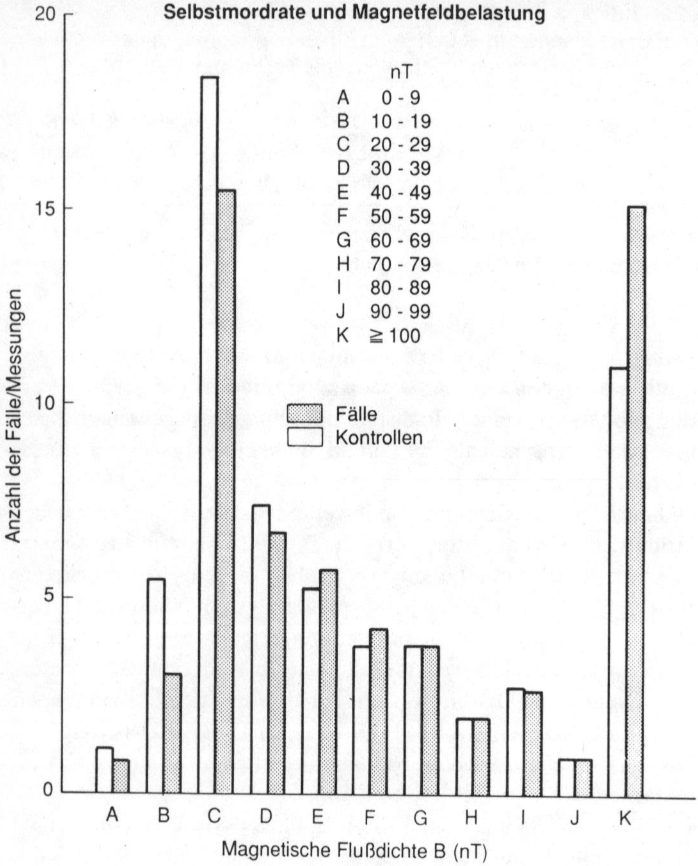

Abb. 6: Fall-Kontrolle-Studie über die Korrelation von Selbstmordfällen mit verschieden starken 50-Hz-Magnetfeldern. Für unterschiedliche Intensitätsbereiche der magnetischen Flußdichte B, wie sie in Wohnbereichen in den English Midlands gemessen wurden, ist die Anzahl der Wohnungen mit Selbstmordfällen (dunkler Balken) und der Kontrollen (weißer Balken) eingetragen (nach: Perry et al. 1981).

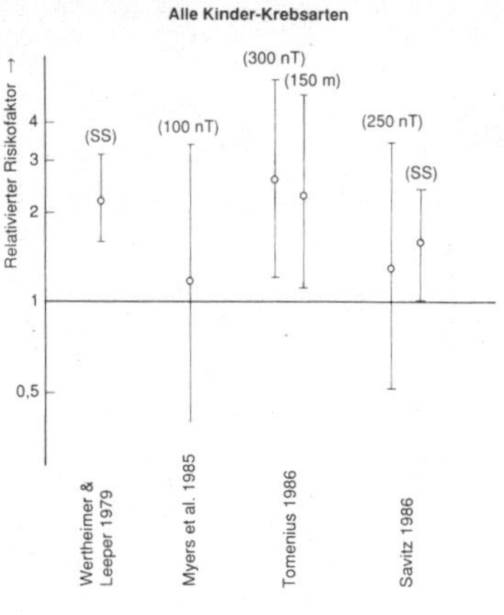

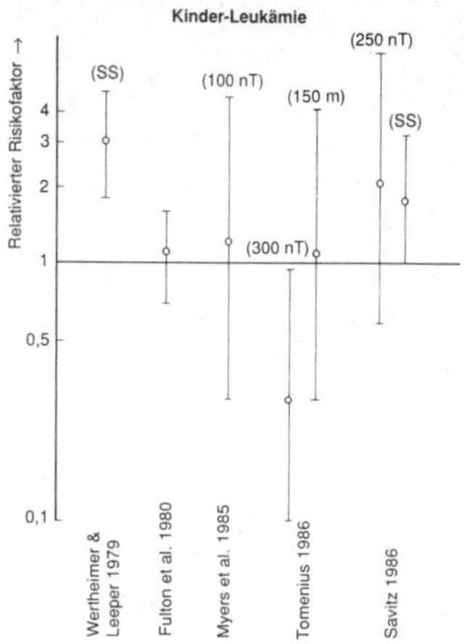

Abb. 7: Übersicht über Ergebnisse verschiedener Untersuchungen von Krebserkrankung bei Kindern im Zusammenhang mit den von 50-/60-Hz-Strömen erzeugten Magnetfeldern (Irrtumswahrscheinlichkeit 5 %, die Balken geben den Vertrauensbereich an); SS = Starke Ströme, 150 m = Entfernung 150 m von Hochspannungsleitung oder Transformator (nach: Ahlbom et al. 1987).

Abb. 8: Ergebnisse gemäß verschiedener Berichte über das Auftreten von Leukämie-Erkrankungen bei Kindern im Zusammenhang mit den von 50-/60-Hz-Strömen erzeugten Magnetfeldern (Irrtumswahrscheinlichkeit 5 %, die Balken geben den Vertrauensbereich an); SS = Starke Ströme, 150 m = Entfernung 150 m von Hochspannungsleitung oder Transformator (nach: Ahlbom et al. 1987).

fekte nur in wenigen Fällen. Die epidemiologischen Studien haben demgegenüber die Möglichkeit angedeutet, daß sogar 1/1000 der bei den Laborversuchen Wirkung zeigenden Flußdichten für die Gesundheit von Bedeutung sein können. Trotzdem sieht man sich bislang offensichtlich seitens der hierfür zuständigen Stellen aus mehreren Gründen nicht in der Lage, irgendwelche auf den epidemiologischen Untersuchungen basierende Empfehlungen auszusprechen, da vor allem die Beziehung zwischen schwachen Magnetfeldern und Krebs nicht als eindeutig gesichert gelten kann. Auf die Konsequenzen dieser

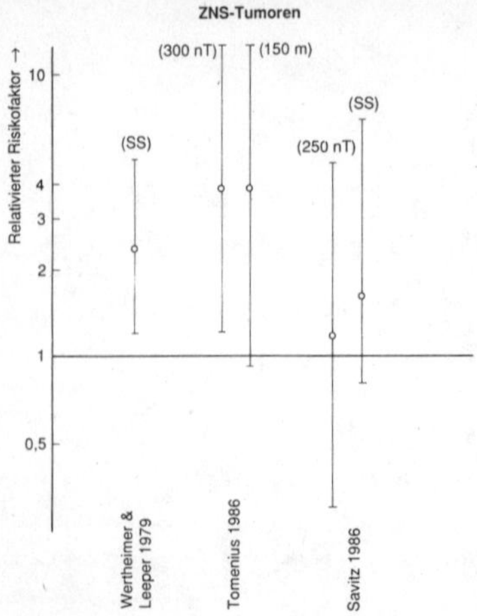

Abb. 9: Ergebnisse gemäß verschiedener Berichte über das Auftreten von Tumoren im Bereich Zentrales Nervensystem (ZNS) bei Kindern im Zusammenhang mit den von 50-/60-Hz-Strömen erzeugten Magnetfeldern (Irrtumswahrscheinlichkeit 5 %, die Balken geben den Vertrauensbereich an); SS = Starke Ströme, 150 m = Entfernung 150 m von Hochspannungsleitung oder Transformator (nach: Ahlbom et al. 1987).

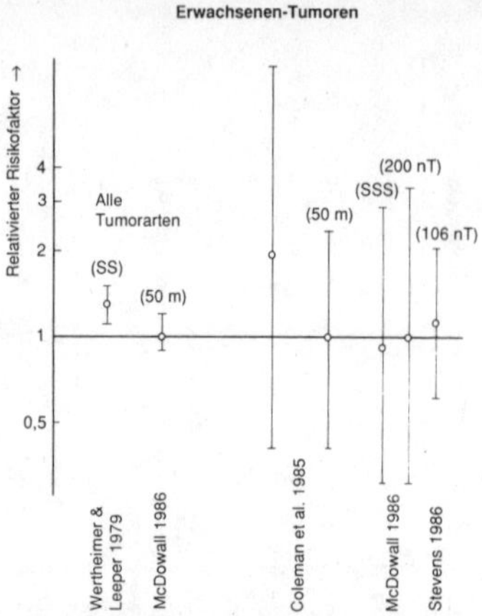

Abb. 10: Ergebnisse gemäß verschiedener Berichte über das Auftreten von Tumoren bei Erwachsenen im Zusammenhang mit den von 50-/60-Hz-Strömen erzeugten Magnetfeldern (Irrtumswahrscheinlichkeit 5 %, die Balken geben den Vertrauensbereich an); SS = Starke Ströme, SSS = Sehr Starke Ströme, 50 m = Entfernung 50 m von Hochspannungsleitung oder Transformator (nach: Ahlbom et al. 1987).

Haltung – unzulässige Experimente mit Menschen ohne deren Einwilligung – weist Marino (1988) hin.

Zusammenfassend wird vorangestellt, daß die im Zusammenhang mit dem Projekt durchgeführten Untersuchungen es wert erscheinen lassen, auf diesem Gebiet weiterzuarbeiten, da möglicherweise Implikationen für die Gesundheit des Menschen vorliegen. Die im Rahmen des Projekts geförderten Studien hätten ebenso wie in anderen Fällen anhand der erzielten Ergebnisse gezeigt, daß sowohl elektrische wie auch magnetische Felder der Frequenz 60 Hz gewisse biologische Sy-

steme beeinflussen könnten. Speziell Magnetfeld-Effekte seien im Rahmen der für diese Studie durchgeführten Untersuchungen festgestellt worden, wenngleich auch die hierfür verantwortlichen Mechanismen bislang unbekannt blieben.
Welche Bedeutung der Langzeitwirkung gerade in dem hier interessierenden Zusammenhang zukommt, zeigt eine Untersuchung von Mack et al. (1991) über den Zusammenhang zwischen dem beruflich bedingten Aufenthalt in niederfrequenten elektrischen und magnetischen Feldern und der dadurch riskierten Entstehung von Hirntumoren. Im Gegensatz zu verschiedenen anderen Arten von Hirntumoren wurde für Astrozytome, einer Untergruppe von Gliomen, beschäftigungszeitabhängig ein signifikant erhöhter Risikofaktor von 10,3 (95% Vertrauensbereich 1,3–80,8) gefunden und zusätzlich ein signifikanter Aufwärtstrend ($p = 0{,}01$) bei der Tumorentstehung mit zunehmender Dauer der beruflich bedingten Tätigkeit in solchen Feldern. Die meisten Astrozytom-Patienten waren Elektriker oder Elektroingenieure. Für die Beschäftigungszeitgruppen 0, >0 bis 5 und >5 bis 10 Jahre übersteigen die Risikofaktoren den Wert 1,1 nicht. Nach mehr als 10 Jahren Beschäftigungsdauer erhöhte er sich jedoch auf 10,3. Die Autoren erhoffen sich durch diese Erkenntnisse Fingerzeige auf biologische Mechanismen, welche den beobachteten Zusammenhang erklären könnten.
Derzeit stuft man den wissenschaftlich fundierten Informationsstand objektiv gesehen unverändert als unklar ein; die Ergebnisse epidemiologischer Untersuchungen würden sich noch total widersprechen. Dann besage ein epidemiologischer Befund nichts, solange nicht ein Modell der behaupteten Wirkung vorläge. Hier einer theoretischen Erklärbarkeit Priorität vor dem praktischen Befund zu geben erscheint jedoch sehr fragwürdig. Immerhin wurde bereits anläßlich des 10. Internationalen Kolloquiums der Sektion Elektrizität der Internationalen Vereinigung für soziale Sicherheit (IVSS) zur Verhinderung von Arbeitsunfällen und Berufskrankheiten durch Elektrizität und der allgemeinen Unfallversicherungsanstalt am 22. November 1990 in Wien vor internationalen Auditorium unwidersprochen vorgetragen: »Es ist nicht zu widerlegen, daß ein sehr kleines Krebs-Risiko besteht, da alle der vielen vorliegenden Studien Risikozahlen größer oder gleich 1 aufweisen. Wenn kein Zusammenhang vorhanden wäre, dann müßten diese um den Wert 1 streuen« (Schaefer 1990).

Dieser hier angesprochene Umstand, der auch in *Abb. 11* deutlich zum Ausdruck kommt, war jedoch schon lange erkennbar; einzig die Anzahl der vorliegenden Ergebnisse von Studien hat dabei mit der Zeit zugenommen und diese Tendenz immer mehr verdeutlicht.

2. Vorsorge als Perspektive

Unter Würdigung aller vorliegenden Informationen ist insgesamt gesehen zur Frage der Wirkung oder gar der Gesundheitsschädlichkeit elektrischer/magnetischer Felder, wie sie dem energetischen Bereich (50 Hz, gegebenenfalls auch 16⅔ Hz) zuzuordnen sind, zwar davon auszugehen, daß bei Anwendung streng wissenschaftlicher Maßstäbe eine Gesundheitsschädlichkeit bislang als nicht bewiesen gelten kann. Nach statistischen Gesichtspunkten ist jedoch eine Nullhypothese nicht möglich, wonach die Gesundheitsunschädlichkeit solcher Strahlung praktisch in jedem Einzelfall garantiert sei. Es nehmen sogar die Stimmen selbst kritischer Mediziner deutlich zu, wonach insbesondere im Zusammenhang mit den Ergebnissen der verschiedenen epidemiologischen Studien zumindest bei einer langfristigen Exposition die Gesundheitsschädlichkeit ganz allgemein nicht mehr mit letzter Sicherheit auszuschließen sei.

Bei einer verantwortungsbewußten, um die Gesundheit des Menschen besorgten und zukunftsorientierten Einschätzung der augenblicklichen Situation, unter Würdigung der hier noch offenen Fragen sowie unter Bezug auf die für die Zukunft zu planenden Maßnahmen, wie sie insbesondere den Verhältnissen angepaßt sind, die für den Bereich der Industrienationen gelten, ist beim derzeitigen Stand der wissenschaftlichen Erkenntnisse zumindest eine adäquate wie auch zu fordernde Vorsorge gerechtfertigt, um das »Experiment am lebenden Menschen« in seinem Ausmaß auf ein Minimum zu reduzieren.

Inzwischen wurde eine Empfehlung des Bundesamts für Strahlenschutz bekannt, wonach Hochspannungsleitungen nicht mehr direkt über Wohngebäude, Schulen und Kindergärten geführt werden sollen. Im Grunde genommen ist die Empfehlung des Bundesamts zwar als erster Schritt in diese Richtung anzusehen, letztlich aber als halbherzig einzustufen, da nur Hochspannungsleitungen angesprochen werden. Die vorliegenden Informationen lassen jedoch eindeutig erkennen, daß primär das vom elektrischen Strom verursachte Ma-

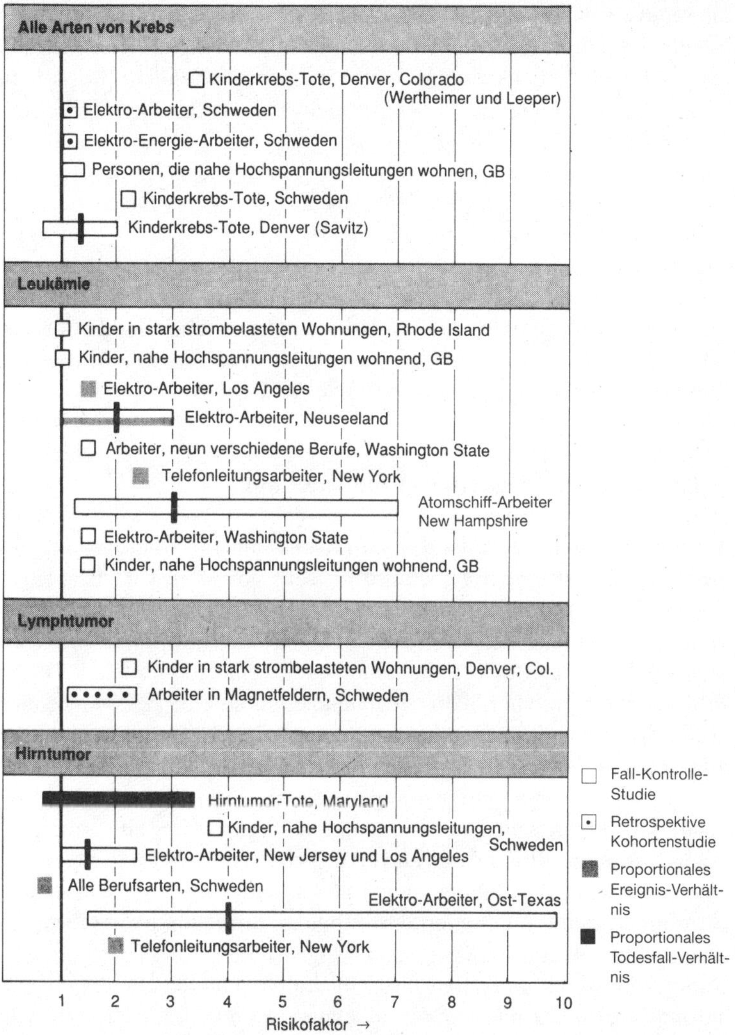

Abb. 11: Zusammenstellung der Risikofaktoren zu einer Übersicht, basierend auf verschiedenen epidemiologischen Studien, betreffend energietechnische Felder und Häufigkeit des Auftretens von Krebs, aufgeteilt nach verschiedenen Arten von Krebs. Die Balkenlänge beschreibt, falls bekannt, den jeweiligen Streubereich. Die Daten stammen aus der Bevölkerung der angegebenen Länder (nach: Fitzgerald 1990).

gnetfeld als das eigentliche Übel einzustufen ist. Konsequenterweise müßte daher eine solche Empfehlung alle Vorrichtungen ansprechen, die im Lebensbereich des Menschen eben solche kritischen Magnetfelder erzeugen. Dies sind nicht nur Hochspannungsleitungen, sondern gleichfalls durch Strom entsprechend hoch belastete Niederspannungsleitungen, wobei der bei solchen Leitungen vergleichsweise wesentlich geringere Abstand zum Menschen zu berücksichtigen ist.
Neuere Richtlinien, die in Schweden eingeführt wurden und für Neuanlagen Gültigkeit haben, sind von viel weitreichender Bedeutung, denn hier stellt die jeweils vorhandene magnetische Flußdichte das Maß der Dinge dar (höchstzulässiger Wert 250 nT). Hier wird echte Vorsorge offensichtlich bereits praktiziert.

III. Spezielle Magnetfeld-Kompensation

Unabhängig von der anhaltenden Diskussion über die gesundheitliche Problematik energietechnischer Felder wird sich im Einzelfall immer die Frage stellen, was letztlich zum Schutz vor allem gegen derartige Magnetfelder getan werden könnte. Das Ergreifen von Vorsichtsmaßnahmen dürfte dabei eine wesentliche Rolle spielen. Ob es sich dabei um eine bereits vorgegebene oder um eine sich möglicherweise ergebende Situation handelt, ist prinzipiell gesehen von zweitrangiger Bedeutung. Die primär entscheidende Frage stellt sich in jedem Fall: Was kann überhaupt getan werden, um die durch energietechnische elektrische Ströme erzeugten Magnetfelder zu vermeiden oder wenigstens hinreichend zu verringern?
Die klassische Vorstellung, mit Hilfe irgendwelcher Abschirmvorrichtungen weiterzukommen, greift bekanntermaßen nicht. Zwar ist die für eine Abschirmung solcher Magnetfelder nötige Technik bekannt, jedoch mit vertretbarem sachlichen und finanziellen Aufwand nur unter ganz bestimmten Voraussetzungen und räumlich relativ eng begrenzt einsetzbar. Für eine Anwendung im Privatbereich beziehungsweise für den Wohn- oder Aufenthaltsbereich des Menschen scheidet das Verfahren in jedem Fall aus.
Die Magnetfeldkompensation stellt hier in vielen Fällen als einzige Methode eine hervorragende Alternative zur Abschirmung dar. Was

ist der Unterschied zwischen Abschirmung und Kompensation eines Magnetfeldes?

- Abschirmung
  Es wird versucht, die Ausbreitung des störenden Magnetfeldes innerhalb eines bestimmten räumlichen Bereiches hinreichend zu verhindern. Die falsche Vorstellung, dies beispielsweise mit Platten oder Rohren im erwünschten Ausmaß zu erreichen, ist hinlänglich bekannt.
- Kompensation
  Mit Hilfe eines künstlich erzeugten »Gegenmagnetfeldes« wird das störende Magnetfeld so weit wie möglich eliminiert. Die sich für den Laien dabei manchmal stellende Frage, ob dann nicht das Kompensationsfeld im interessierenden räumlichen Bereich Nachteile mit sich bringe, ist zwar verständlich, stellt sich jedoch hier technisch/physikalisch erfreulicherweise nicht. Die im Raum durch das Störfeld vorhandene Energie wird durch die mit dem Kompensationsfeld aufgebaute Gegenenergie sozusagen neutralisiert. Der sich hieraus ergebende Endzustand – keine Energie und damit kein Magnetfeld im Raum – stellt die Magnetfeldkompensation dar.

Diese wenigen Hinweise deuten bereits an, um welch komplizierten und hochsensiblen Vorgang es bei der Kompensation von magnetischen Wechselfeldern (50 Hz) in jedem Fall geht.

Technisch gesehen, sind für eine gute Magnetfeld-Kompensation bei einem beliebigen Punkt im Raum folgende drei Forderungen zu erfüllen:

- Das kompensierende Magnetfeld muß betragsmäßig genauso stark sein wie das störende Magnetfeld;
- das kompensierende Magnetfeld muß räumlich genau entgegengesetzt zum störenden Magnetfeld orientiert sein, das heißt, die beiden – das störende und das kompensierende Magnetfeld repräsentierenden – Feldvektoren müssen räumlich auf einer gemeinsamen Achse liegen und entgegengesetzte Vorzeichen haben, und
- das kompensierende Magnetfeld muß alle zeitabhängigen Veränderungen des störenden Magnetfeldes innerhalb eines entsprechenden, zu definierenden breiten Frequenzbandes möglichst zeitgleich betragsmäßig nachvollziehen.

Die mit diesen drei Forderungen angesprochenen Zusammenhänge

weisen bereits auf die Tatsache hin, daß ein innerhalb eines interessierenden Raumbereiches vorhandenes störendes Magnetfeld an verschiedenen Punkten im Raum immer nur so gut kompensiert werden kann, wie genau dort jeweils obige drei Kompensationsforderungen erfüllt sind. Ergänzend hierzu ist noch eine besonders gut ausgeprägte Stabilität für den Betrieb einer solchen Kompensationsanlage zu fordern. Nur durch Fachleute der ersten Garnitur dürfte gewährleistet werden können, daß keine auftretenden technischen Probleme den Erfolg der Magnetfeldkompensation in Frage stellen.
Zwei sich wesentlich unterscheidenden Ausgangssituationen kommt im Rahmen der Magnetfeldkompensation grundsätzliche Bedeutung zu. Auf die ein störendes Magnetfeld erzeugenden Ströme kann erstens vor allem bezüglich deren räumlicher Positionierung praktisch überhaupt kein unmittelbarer Einfluß genommen werden, oder das Magnetfeld hat zweitens in einem Hin- und einem Rückstrom führenden Leitungssystem seinen Ursprung, dessen einzelne Leiter räumlich variabel angeordnet werden können.

1. Magnetfelder, erzeugt durch nicht definierbare elektrische Strompfade

Solche Magnetfelder resultieren in den meisten Fällen aus nicht zu beeinflussenden elektrischen Strömen, wie sie zum Beispiel im Erdboden als sogenannte vagabundierende Ströme bekannt sind. Hier bietet es sich an, im zu kompensierenden Raumbereich das Magnetfeld entsprechend meßtechnisch stärkemäßig, richtungsabhängig und zeitabhängig zu erfassen und zum Beispiel mittels Helmholtz-Spulen vergleichbaren Anordnungen ein kompensierendes Gegenfeld zu erzeugen. Diese Methode wird auch zur Kompensation des praktisch statischen Teils des Erdmagnetfeldes in bekannter Weise angewandt. Die Übertragung dieser Methode auf magnetische Wechselfelder des 50-Hz-Bereichs bereitet insbesondere bei erhöhten Ansprüchen an die Qualität, das heißt das Ausmaß der Kompensation, so zum Beispiel an die Bandbreite des Systems, wegen auftretender Instabilitäten des Regelkreises erhebliche Schwierigkeiten.
Unter Zuhilfenahme einer computergestützten Feldverteilungsberechnung und einer aufwendig entwickelten speziellen schaltungselektronischen Anordnung war es möglich, unter anderem in einem

kompletten Mehrfamilien-Wohnhaus mit drei Wohnebenen das außerhalb des Hauses erzeugte 50-Hz-Magnetfeld fast überall auf 10% des ursprünglichen Wertes unter absolut konstanten Betriebsbedingungen zu kompensieren. In einem speziellen, vorherbestimmten kleineren Teilbereich wurde das Magnetfeld dabei sogar bis auf weniger als 1% kompensiert.

2. *Magnetfelder, erzeugt durch ein geschlossenes, definiertes Leitungssystem*

Bei einem Hin- und Rückstrom führenden Leitungssystem werden wegen der in entgegengesetzter Richtung fließenden Ströme und der dadurch erzeugten jeweils entgegengesetzt orientierten Magnetfelder sowie wegen deren identischen zeitlichen Verlaufes bereits teilweise die für eine Kompensation des Magnetfeldes nötigen Voraussetzungen erfüllt. Typische Beispiele hierfür sind Hochspannungs-Freileitungen oder Stromkabel. Bekanntlich kompensieren sich hier die jeweiligen Magnetfelder zwar entsprechend der geometrischen Anordnung der Leiter mehr oder weniger, bei starken Strömen und ungünstiger geometrischer Anordnung kann diese Kompensation unter Umständen jedoch ungenügend sein.
Anhand eines einphasigen Leitungssystems, das aus je einem Leiter für den Hin- und für den Rückstrom besteht, lassen sich auf einfache Weise zwei wesentliche Kompensationszustände beschreiben. Gemäß *Abb. 12* wird im Querschnitt auf der durch die Leitungen L1 und L2 festgelegten Achse A im Punkt P das Magnetfeld betrachtet. Der Abstand zwischen Punkt P und der Symmetrieachse der beiden Leiter sei rP, so daß Leiter L2 von P entfernt ist rP minus d/2, während L1 den Abstand rP plus d/2 von P hat. Bei einem langen geraden Leiter nimmt das Magnetfeld radial umgekehrt proportional zur Entfernung r ab. Dementsprechend größer ist im Punkt P das vom Leiterstrom in L2 erzeugte Magnetfeld H2 im Vergleich zum Magnetfeld H1. Wegen der entgegengesetzten Stromrichtungen sind die Feldvektoren H1 und H2 entgegengesetzt orientiert und liegen auf einer gemeinsamen Achse, die im rechten Winkel zu der durch L1 und L2 sowie Punkt P festgelegten Achse orientiert ist. Gemäß dem Superpositionsgesetz exisitert im Punkt P ein resultierendes Magnetfeld Hres, das sich aus der Differenz von H2 und H1 ergibt. Das verblei-

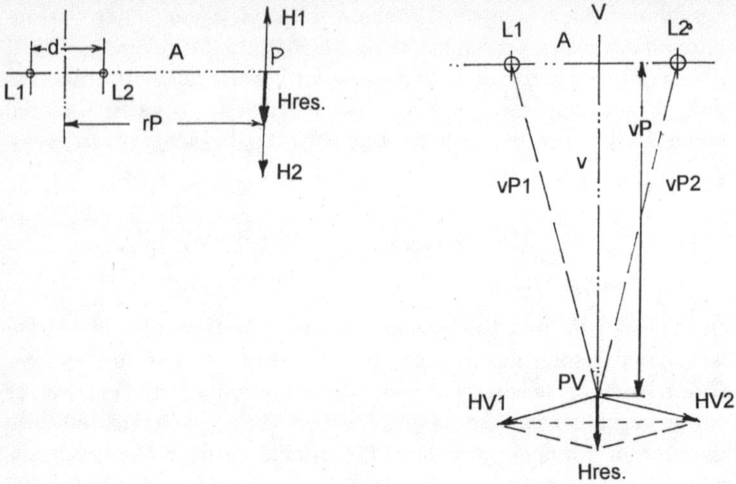

Abb. 12: Magnetfeld eines Einphasen-Leitungssystems auf der durch die Leiter L1 und L 2 festgelegten Achse A

bende Restmagnetfeld hat konsequenterweise in den unterschiedlichen Abständen der beiden stromführenden Leiter L1 und L2 vom Punkt P seinen Ursprung.
Eine genauere Berechnung zeigt (*Abb. 12*), daß die Restmagnetfelder praktisch sogar fast unabhängig von der radialen Richtung zur Leitungs-Trasse ab einer bestimmten Entfernung überall einen näherungsweise gleichstarken Wert des Betrages haben.

3. Spezielle Kompensationsanordnung

Durch die Aufspaltung wenigstens eines der Strompfade des Leitungssystems in zwei unabhängige Strompfade läßt sich eine erhebliche Verbesserung der Magnetfeldkompensation in der Umgebung des Leitungssystems gegenüber der ansonsten vorhandenen Situation erzielen, wie sie oben beschrieben ist. Dies insbesondere dann, wenn die räumliche Anordnung der aus der Spaltung hervorgegangenen Leiter optimal erfolgt.

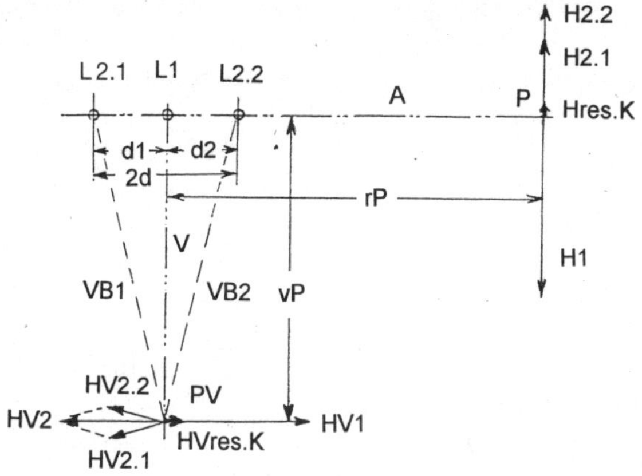

Abb. 13: Erheblich reduziertes Magnetfeld auf den Achsen A und V durch Aufspaltung und symmetrische Anordnung des einen Leiters L2 in L2.1 und L2.2, bei insgesamt gleich großer Strombelegung und beispielsweise jeweils dem halben Strom in jedem der Leiter L2.1 und L2.2. Durch entsprechende Positionierung des Leiters L1 kann auf den beiden Achsen A und V in beliebigem Abstand außerhalb des Leitungsbereichs eine Magnetfeld-Nullkompensation erzielt werden.

In *Abb. 13* ist der Leiter L1 in das Symmetriezentrum der Leitungsanordnung gesetzt. Der Leiter L2 wurde in zwei Einzelleiter L2.1 und L2.2 aufgespalten, die im Abstand d1 = d2 vom Leiter L1 so angeordnet sind, daß alle drei Leiter auf einer gemeinsamen Achse A liegen. Aus Gründen der vereinfachten Darstellung sei der Strom im Leiter L2 zu gleichen Teilen auf die beiden Leiter L2.1 und L2.2 verteilt. Dementsprechend erzeugt der halbe Strom im Leiter L2.2 im interessierenden Punkt P ein stärkeres Magnetfeld H2.2 und der Strom im Leiter L2.1 dort ein hierzu relativ schwächeres Magnetfeld H2.1. In der Summenwirkung nähert sich damit das Magnetfeld H2 = H2.1 + H2.2 jetzt weit besser dem Wert von H1, als dies beim ursprünglichen Zweileitersystem der Fall ist, was letztlich demgegenüber zu einer etwa um den Faktor 10 verbesserten Magnetfeldkompensation führt.

Es kann sogar außerhalb des Leitungssystems an beliebiger Stelle ein

absoluter Nullabgleich des Magnetfeldes in einer vorher festlegbaren Entfernung durchgeführt werden.
Eine computergestützte Berechnung des Magnetfeldes für zwei unmittelbar parallel geführte, nach dieser Methode aufgebaute Dreiphasen-Freileitungssysteme bestätigte die Vorteile der neuartigen Leiteranordnung.

4. Kabel

Bei einem Kabel zur Übertragung elektrischer Energie ist im Normalfall davon auszugehen, daß, auf den Querschnitt bezogen, die Summe aller im Kabel fließenden Ströme gleich Null ist, entsprechend der Situation bei einer Freileitung. Beide Systeme unterscheiden sich jedoch grundsätzlich hinsichtlich der räumlichen Fixierung der einzelnen Leiter der Systeme. Während diese bei einer Freileitung vorher eindeutig festgelegt wird, ist bei einem Kabel von einer beliebigen Verdrehung um die Längsachse auszugehen. Damit entfällt die Möglichkeit einer Nullfeldkompensation in einer vorher bestimmten radialen Richtung. Beim Kabel kommt es folglich im wesentlichen auf eine besonders gute Rundum-Kompensation des Magnetfeldes an, wie sie durch die Aufteilung der einzelnen Strompfade in wenigstens zwei entsprechend positionierte möglich ist.
Um diese zu erzielen, bietet sich bei einem mit einphasigem Strom betriebenen Kabel die eingangs schon beschriebene Möglichkeit an, einen der beiden Strompfade in zwei getrennte Strompfade aufzuteilen.
Die Berechnung eines – durch ein symmetrisch belastetes Drehstromkabel entstehenden – Magnetfeldes im radialen Abstand zum jeweiligen Leiterzentrum für den Quotienten aus einem herkömmlichen 3-Leiter-Magnetfeld zu einem neuen 6-Leiter-Magnetfeld ergab, daß in der Entfernung des hundertfachen Leiterabstandes nur mehr rund der 175. Teil des Wertes eines vergleichbaren 3-Leiter-Systems vorhanden ist.

5. Generelle Anwendung

Die Aufspaltung von Strompfaden bei Systemen zur Übertragung elektrischer Energie zum Zwecke der Reduktion des um das Lei-

tungssystem entstehenden Magnetfeldes ist vielfältig einsetzbar und immer dann, wenn beim Leitungssystem die Summe der hinfließenden Ströme gleich der Summe der rückfließenden Ströme ist.
Bei einem praktischen Experiment wurde diesbezüglich eine solche Anlage in einem Vortragssaal näher untersucht. Bei ausgeschalteter Beleuchtung war im Raum ein Grundpegel der magnetischen Flußdichte von 38 nT zu messen. Nach dem Einschalten stieg die Belastung unter der Beleuchtungsanlage in Kopfhöhe stehender Personen auf 2200 nT an. Nach Modifizierung der Beleuchtungsanlage auf ein 3-Leiter-System ergab sich ab einer Mindestentfernung vom System für die magnetische Induktion auch im eingeschalteten Zustand der Beleuchtung nur mehr der Wert des Grundrauschens von 38 nT.

6. Zusammenfassung

Mit Hilfe des Prinzips der Magnetfeldkompensation besteht die Möglichkeit, bei Anwendung einer speziellen Technik die im umgebenden Bereich bestimmter Vorrichtungen entstehenden Magnetfelder ohne übergroßen Aufwand erheblich zu reduzieren. Dieses Prinzip läßt sich sogar für den Bereich kompletter Häuser erfolgreich anwenden. Mit Hilfe des gespaltenen Leiters ist darüber hinaus die Möglichkeit gegeben, bei einem den Hin- und den Rückstrom enthaltenden Leitungssystem unter Umständen in einer vorherbestimmbaren Richtung und für einen vorherbestimmbaren Abstand eine Nullfeld-Kompensation zu erzielen, was für Hochspannungs-Freileitungen und diverse andere Vorrichtungen von besonderem Interesse sein kann. Bei elektrischen Kabeln, für die richtungsunabhängig ein schwaches Magnetfeld benötigt wird, bietet das Verfahren gleichfalls erhebliche Vorteile.
Der hierbei erforderliche technische wie auch finanzielle Aufwand ist, vor allem wenn er dem Wohl und der Gesundheit des Menschen dient, auf jeden Fall zu vertreten, wenn nicht gar zu fordern.

Quelle der Abbildungen:
Mit freundlicher Erlaubnis aus: H. L. König/E. Folkerts, Elektrischer Strom als Umweltfaktor, Pflaum Verlag, München 1992.

Helmut Bednar

Wirkungen elektromagnetischer Felder auf Pflanzen und Tiere

Während sich die Forschung gerade in den letzten Jahren verstärkt mit den möglichen Wirkungen elektromagnetischer Felder auf die menschliche Gesundheit befaßt, liegen über deren Wirkungen auf Pflanzen und Tiere (Ausnahme: Labortiere) nur wenige, sehr verstreute Untersuchungen vor.
Aus dem Bereich der Landwirtschaft sind die Ergebnisse sehr unterschiedlich – von signifikanten Wachstumsreduktionen bis zu 25 % bis zu leicht erhöhten Erträgen kommen fast alle Werte vor. Auf mögliche Gründe wird im folgenden eingegangen. Der vorliegende Bericht befaßt sich mit einschlägigen Untersuchungen unter dem Einfluß von Frequenzen unter 100 Hz und beschränkt sich bei Tieren und Insekten vor allem auf Bienen. Von Bienen unter Hochspannungsleitungen liegen eindeutige Forschungsergebnisse vor, die in Richtung schwerer physiologischer Belastungen weisen.

1. Der Fenster-Effekt

In den letzten Jahren konnte durch verschiedene Autoren ein sogenannter Fenster-Effekt bei der Einwirkung elektromagnetischer Felder auf biologische Systeme nachgewiesen werden (Nair et al. 1989). Bei bestimmten Feldstärken konnten signifikante Wirkungen erzielt werden, während höhere und niedere elektromagnetische Felder – in Abhängigkeit von der Frequenz und dem jeweils örtlich unterschiedlich wirksamen statischen geomagnetischen Feld – keine signifikanten Wirkungen auf biologische Systeme aufwiesen. Dafür liegen zahlreiche Untersuchungen mit tierischen Zellen vor, die einen signifikanten Einfluß auf den Kalzium-Efflux unter bestimmten Feldeinwirkungen nachweisen.

Die Struktur tierischer und pflanzlicher Zellmembranen – die Membranen werden als der Wirkungsort elektromagnetischer Felder betrachtet – ist immer auf das gleiche Grundmuster zurückzuführen (Rensling/Cornelius 1988).

2. Biologische Wirkung elektromagnetischer Felder auf Pflanzen

Geomagnetische Felder

Den Einfluß natürlich vorkommender geomagnetischer Felder auf den Ertrag von Feldfrüchten hat Travkin (1972) nachgewiesen. In der Gegend von Kursk (Rußland) ist die geomagnetische Feldstärke wegen der dort befindlichen Eisenerzlagerstätten um 200 bis 300 % erhöht. Unter denselben klimatischen Bedingungen und auf vergleichbaren Böden wurden untersucht: Winterweizen, Sommerweizen, Roggen, Mais, Zuckerrüben, Gerste, Sonnenblumen, Hafer, Erbsen, Kartoffeln, Gemüse, Hirse, Buchweizen und Wicken. Die Erträge der Jahre 1964 bis 1968 wurden in die Untersuchung einbezogen.
Dabei zeigte es sich, daß die mittleren Erträge bei Winterweizen, Roggen, Mais und Sonnenblumen im Bereich der erhöhten Feldstärke signifikant niedriger, die Erträge bei Kartoffeln aber signifikant höher ausfielen. Für die übrigen Feldfrüchte ergaben sich keine signifikanten Unterschiede, es lag jedoch eine augenscheinliche Tendenz in Richtung geringerer Erträge im Bereich der höheren geomagnetischen Feldstärke vor.

Elektrostatische Felder

In den Labors des Pharma-Konzerns Ciba-Geigy in Basel wurden seit 1986 Versuche durchgeführt, die in wissenschaftlichen Publikationen nicht dokumentiert sind (Kerner/Kerner 1992). Dabei wurden Weizen- und Maiskörner zu Beginn der Keimung drei Tage lang einem elektrostatischen Feld ausgesetzt, mit dem Ergebnis, daß sich die auf diese Weise gewonnenen Pflanzen in verschiedener Hinsicht von den uns bekannten Erscheinungsformen von Weizen und Mais unterscheiden. Der Weizen war nicht aufgerichtet, sondern kroch am Boden entlang; nur die Spitze des Halms ragte etwa zwanzig Zentimeter in die Höhe. Der Mais sah schon eher wie unsere heutigen Maispflanzen aus, war allerdings kleiner und hatte bis zu acht kleine Kolben, die an mehreren Stellen sternförmig aus dem Stengel herauswuchsen.

»Bei Ciba-Geigy AG haben wir in einer explorativen Studie die Beeinflussung biologischer Systeme durch elektromagnetische Strahlung, wie Licht und elektrostatische Felder, untersucht. Dabei sind wir auf erstaunliche Wechselwirkungen gestoßen. Es zeigte sich, daß die Wechselwirkung mit elektrostatischen Feldern scheinbar ein grundsätzliches Prinzip der Natur darstellt. Wir konnten bei Pflanzen wie: Hirse, Senf, Weizen, Mais, Berberitze, Kresse; bei Tieren an Fischen; bei Mikroorganismen an: Bakterien, Algen, Pilzen; aber auch bei chemischen Reaktionen erstaunliche Effekte erzielen...« (Schürch 1994).

Nur mit Hilfe eines elektrostatischen Feldes (Schürch 1994) gelang es, einen Pilz (Scopulariopsis halophila Nov. Spec.), der ca. 200 Millionen Jahre in einem Salzblock 145 Meter unter der Erdoberfläche eingeschlossen war, zu revitalisieren (Schürch/Ebner 1990).

Statische und pulsierende Magnetfelder

Das Wachstum von Sprossen und Wurzeln der Edelkastanie (Castanea sativa Mill.) in Gewebekultur wurde sowohl durch ein schwaches pulsierendes elektromagnetisches Feld ($250 \pm 5\,\mu T$ Spitzenintensität), Frequenz 2, 12 und 24 Hz und unterschiedliche Zeiten der Stimulierung, als auch durch ein statisches Magnetfeld (1060 mT) angeregt. Nach Ruzic et al. (1993) dauerten die Experimente 28 Tage beim Sprossenwachstum und 21 Tage bei der Bewurzelung. Es zeigte sich, daß ein gepulstes Feld mit einer Dauer von einer Stunde pro Tag am wirkungsvollsten war. Dabei stimulierte besonders das 24-Hz-Feld das Wachstum, und das 2-Hz-Feld beeinflußte die Entwicklung der Seitenknospen. Die Einwirkung des Feldes über zwei Stunden pro Tag zeigte keinen signifikanten Effekt, während ein 24stündiges Einwirken einen leicht negativen Einfluß hatte. Das statische magnetische Feld hatte keine ausgeprägte Wirkung auf das Sprossenwachstum.

Niedere Pflanzen

Die Auswirkungen schwacher elektromagnetischer Felder mit einer Frequenz unter 100 Hz wurden seit fast zwanzig Jahren von einer Forschergruppe der University of Wisconsin-Parkside untersucht (Goodman et al. 1975, 1986). Dabei setzte man Schleimpilze der Art Physarum polycephalum schwachen elektromagnetischen Feldern aus, um

1. zu klären, ob dadurch Bioeffekte induziert werden,
2. die Natur dieser Effekte zu charakterisieren und
3. den Mechanismus der Wechselwirkung zwischen schwachen Feldern und Zellen darzulegen.

Nach ca. 120 Tagen ständiger Exposition (0,2 mT, 0,7 V/m, 75 Hz) wurde ein signifikanter Anstieg des Zellteilungszyklus beobachtet. Der Zellteilungszyklus dauerte um 0,5 bis 2,5 Stunden länger bei den exponierten Individuen im Vergleich mit der Kontrollgruppe. Goodman et al. (1976) wiesen zusätzlich zur Verlangsamung der Mitose eine Verlangsamung der Protoplasmaströmung unter dem Einfluß schwacher elektromagnetischer Felder nach.

Der ATP-Gehalt bei Physarum polycephalum wird nach Marron et al. (1986) durch schwache elektromagnetische Felder um 8 bis 11 % vermindert. Im Gegensatz dazu konnten Brayman et al. (1985) keine Wirkung schwacher elektromagnetischer Felder auf Physarum polycephalum nachweisen.

Diese ursprünglich zur Aufklärung grundsätzlicher physiologischer Prozesse der Einwirkung elektromagnetischer Felder durchgeführten Untersuchungen gewinnen eine weitere Bedeutung im Zusammenhang mit einer möglichen Beeinflussung von Mykorrhizen-Pilzen durch diese Felder.

Wurzelwachstum und elektromagnetische Felder

An der University of Rochester (N. Y.) befaßt sich seit Jahren eine Forschergruppe intensiv mit dem Einfluß elektrischer Felder auf das Wachstum von Pflanzenwurzeln (Miller et al. 1979; Brayman et al. 1987). Es konnte gezeigt werden, daß die Empfindlichkeit von Wurzeln verschiedener Pflanzenarten unterschiedlich ausgeprägt ist. Die Größe der Zellen im Wurzelbereich stellte sich als wesentlicher Faktor für die Empfindlichkeit dar. Wurzeln der Saubohne (Vicia faba L.) reagierten stärker auf elektrische Felder als z. B. Wurzeln der Erbse (Pisum sativum L.).

Laborversuche mit ganzen Pflanzen

Hohe elektrische Wechselfelder (20 bis 50 kV/m) bewirkten in einigen Untersuchungen bei einer Reihe von Pflanzenarten, wie z. B. Weizen, Mais, Ringelblume, Luzerne und Schwingel, keine wesentlichen Wachstumsverluste, wenn man von geringen Korona-Schäden bei den oberen Feldstärken absieht (Johnson et al. 1979; McKee/Reed 1983).

In einem weiteren Forschungsprojekt wurden die Auswirkungen von intensiven elektrischen 60-Hz-Feldern auf Pflanzen in einem speziellen Glashaus bei kontrollierten Umweltbedingungen untersucht (McKee 1985). Die Exposition von Luzerne, Schwingel, Zuckermais, Winterweizen und Sommerweizen im elektrischen Feld (je nach Art unterschiedlich zwischen 10 und 32 kV/m) hatte keine statistisch signifikanten Effekte auf Saatkeimung, Wachstum der Sämlinge, Pflanzenwachstum, Phenologie, Blühverhalten, Samenansatz, Produktion an Biomasse, Pflanzenhöhe, Blattfläche, Überleben der Pflanzen und Knötchenbildung (bei Luzerne).

Rosenthal (1975) untersuchte Sonnenblumen in einem schwachen elektromagnetischen Feld (1 bzw. 10 V/m, 1 Gauß bei 75 Hz) unter kontrollierten Laborbedingungen und in einem Glashaus. Unter den besonders genau kontrollierten Laborbedingungen zeigten sich folgende signifikante Unterschiede:

a) erhöhte Frühsterblichkeitsrate,
b) verringerte Stengellänge und
c) verringerte Wurzellänge.

In einem Forschungsprogramm setzten Marino et al. (1983) keimende Sonnenblumensamen elektrischen Feldern (1 bis 5 kV/m) aus. Bei einer elektrischen Feldstärke von 1 kV/m zeigte sich kein Unterschied in der Keimung. Die elektrische Feldstärke von 5 kV/m erbrachte dagegen einen signifikanten Unterschied im Keimverhalten.

Coate et al. (1970) führten im Rahmen eines Forschungsprogramms der US Navy Untersuchungen mit keimenden Samen von Sonnenblu-

men, Buchweizen und Mais durch. Dabei wurden Felder mit zwei verschiedenen Frequenzen (45 Hz und 75 Hz) eingesetzt. Die elektrische Feldstärke betrug 10 bzw. 20 V/m, die magnetische Feldstärke 1,0 bzw. 2,0 Gauß. Die Kontrollproben waren nur dem Erdmagnetfeld (ca. 0,6 Gauß) und dem Umgebungs-60-Hz-Feld (ca. 0,05 mV/m) ausgesetzt.
Während Mais (nur in einer Expositionsgruppe signifikant unterschiedlich) und Buchweizen in ihrem Längenwachstum keine signifikanten Unterschiede zwischen exponierten und Kontrollgruppen aufwiesen, zeigte sich bei Sonnenblumen bei allen exponierten Gruppen ein signifikant geringeres Längenwachstum der Sämlinge.

Pflanzenwachstum im Bereich von Testleitungen

In den USA befinden sich zwei große Testanlagen, mit denen der Einfluß erhöhter elektrischer Felder auf das Wachstum von Pflanzen näher untersucht wurde. Es sind dies die Höchstspannungsversuchsanlagen der Bonneville Power Administration (BPA) und der American Electric Power System (AEP-ASEA), deren Forschungsprogramme unterschiedlich gut dokumentiert sind.

BPA-Testanlage

Hier wurde das Wachstum etc. von Gerste, Erbsen, Weidegräsern sowie von Bäumen untersucht. Es zeigte sich, daß bei der in Lysimetern gezogenen Gerste zwischen den Kontrollpflanzen und den unter der Testleitung im Einflußbereich erhöhter elektrischer Felder gezogenen Pflanzen für die wesentlichen Parameter keine signifikanten Unterschiede auftraten (Rogers et al. 1982).
Beim vierjährigen Versuch mit Erbsen zeigten sich in einem Jahr signifikante Unterschiede bei mehreren Parametern, wie Schotenanzahl und -gewicht, Samenanzahl und -gewicht sowie der gesamten Biomasse (Rogers et al. 1982).
Bei Weidegräsern konnte nachgewiesen werden, daß auf den exponierten Flächen die signifikant geringsten Halm- und Blattlängen auftraten (Rogers et al. 1982, 1984). Bäume zeigten signifikante Reaktionen erst nach mehreren Jahren Exposition im erhöhten elektrischen Feld (Rogers et al. 1980). Ein verminderter Laubabfall trat bei Eichen erst nach fünf Jahren auf (Rogers et al. 1980).

AEP-ASEA-Testanlage

Hodges und Mitchell (1979) berichten über Anbauversuche mit Hafer, Mais und Sojabohnen im Einflußbereich erhöhter elektrischer Felder (2,2 bis 10,8 kV/m). Die dabei gewonnenen Werte sind im Hinblick auf einen möglichen Einfluß erhöhter elektrischer Felder schwer zu interpretieren.

Im Jahre 1982 führten Hodges und Mitchell Versuche mit Zuckermais und Mais durch. Diese Ergebnisse zeigen einen gewissen Trend, der aber nicht einheitlich ist. Im Bereich der Testleitung war der Ertrag an Zuckermais – bezogen auf die Fläche – signifikant am geringsten. Dieser geringe Ertrag unterschied sich wiederum nicht signifikant von Erträgen auf Flächen, die im Abstand von 120 m von der Hochspannungsleitung entfernt lagen. Die Kolben waren im Bereich höchster elektrischer Feldstärke am leichtesten und dünnsten.

In den Jahren 1978 und 1979 unternahm Greene (1981) eine Reihe von Tests mit verschiedenen Pflanzen, wie z. B. Mais, Roggen, Sojabohnen, Weizen, Wildblumen und Zwiebeln. Dabei wurde kein einheitliches Verhalten in Abhängigkeit von der erhöhten elektrischen Feldstärke festgestellt.

Roy et al. (1983) berichten, daß sie bei Winterweizen keine Beeinflussung durch erhöhte elektrische Felder feststellen konnten.

Pflanzenwachstum im Bereich kommerzieller Leitungen

Laut Marino (1986) liegen im Frequenzbereich elektrischer Leitungen die durchschnittlichen Hintergrundwerte der elektrischen und magnetischen Felder bei ca. 1 V/m und 800 μGauß. In der Nähe von Hochspannungsleitungen kommen wesentlich höhere elektromagnetische Feldstärken vor, deren Einflußbereich in *Tab. 1* angegeben ist.

Untersuchungen der Tennessee Valley Authority (TVA)

Hilson et al. (1983) legten den Endbericht eines Forschungsprojektes vor, das zum Ziel hatte, die Auswirkungen von elektrischen und magnetischen Feldern auf das Wachstum und die Entwicklung einiger ausgewählter landwirtschaftlicher und forstlicher Pflanzen zu untersuchen.

Um dies durchzuführen, wurde eine Mehrjahresstudie im Frühjahr

Tab. 1: Zone des Einflusses von Hochspannungsleitungen (nach: Marino 1986)

Spannung (kV)	Seitenabstand von Leitungsmitte (Meter)
765	762
500	518
345	396
230	244
115	122

1980 mit dem Ziel begonnen, Einflüsse von Feldern im Zusammenhang mit 500-kV-Leitungen der TVA auf das Wachstum und die Entwicklung von agrarischen und forstlichen Pflanzen festzustellen und zu quantifizieren. Landwirtschaftliche Pflanzen (Baumwolle, Klee, Mais, Sojabohnen und Weizen) und Baumarten (Tulpenbaum, Loblolly-Kiefer) wurden für zwei Jahre unter einer in Betrieb stehenden 500-kV-Leitung gezogen. Dazu wurden Versuchsflächen sowohl direkt unter dem äußeren Leiterbündel (elektrische Feldstärke 6,5 bis 8,5 kV/m) als auch 12 m außerhalb des äußeren Leiterbündels (elektrische Feldstärke 2,5 bis 4,0 kV/m) und noch 37 m außerhalb des äußeren Leiterbündels (elektrische Feldstärke 0,45 kV/m) angelegt.

Die Kontrollflächen wurden vom elektrischen Feld mit einem geerdeten Gitter abgeschirmt. Die elektrische Feldstärke lag innerhalb der Kontrollflächen unterhalb 0,3 kV/m. Die Studie erbrachte keinen signifikanten Beweis für einen schädlichen Einfluß erhöhter elektromagnetischer Felder auf den Ertrag von Baumwolle, Klee, Sojabohnen und Weizen oder auf das Wachstum von Tulpenbaum und Kiefer (Hilson et al. 1983).

In der überwiegenden Mehrzahl erbrachten die exponierten Parzellen (Baumwolle, Sojabohnen, Weizen) nicht signifikant geringere Erträge. Bei Weizen lag in den beiden Jahren der Minderertrag zwischen 5% und 15%, je nach Entfernung von der Hochspannungsleitung. Das Gesamt-Frischgewicht (Kolben und Stroh) des dem elektromagnetischen Feld ausgesetzten Mais war signifikant geringer (um 10%) als das der abgeschirmten Pflanzen während der beiden

Jahre des Versuches. Das Trockengewicht des Maisstrohs und der gesamten Pflanzen – ebenfalls dem elektromagnetischen Feld ausgesetzt – war signifikant geringer als das der abgeschirmten Pflanzen während eines Versuchsjahres. Bei Silomais war das Frischgewicht um 25 % signifikant geringer.
Hilson et al. (1983) betonen, daß die Werte über den Mais nicht ausreichen, um endgültige Schlußfolgerungen zu ziehen. Sie betonen aber auch, daß diese Ergebnisse genügend Beweise dafür bieten, daß das elektrische Feld das Wachstum von Mais beeinflußt hat und deshalb weitere Untersuchungen gerechtfertigt sind.

Andere Untersuchungen im Bereich kommerzieller Leitungen

Parsch et al. (1987) konnten in den USA nachweisen, daß unterhalb einer 500-kV-Hochspannungsleitung der Ertrag an Baumwolle signifikant um 15 % geringer war.
Zur Überprüfung der Hypothese »Waldschäden durch Hochspannungsfreileitungen« verwendete Schöpfer (1987) eine flächendekkende Luftbild-Inventur des Südschwarzwaldes. Die aus dem Jahre 1985 stammenden Infrarot-Aufnahmen bildeten ein 11 km langes Teilstück einer 220-kV-Leitung ab. Insgesamt wurden 2200 Stichproben unter dem Stereoskop bonitiert. Mit Hilfe der multiplen Regressionsanalyse konnte kein statistisch signifikanter Zusammenhang zwischen Entfernung zur Leitung und Schadstufe nachgewiesen werden.

3. Insekten

In einer umfangreichen Studie weisen Ma und Chu (1993) nach, daß sich bestimmte Kombinationen zwischen dem geomagnetischen Feld und technischen elektromagnetischen Feldern sowie anderen Faktoren negativ auf die Entwicklung der Fruchtfliege auswirkten.

Bienen

»Honeybees are probably the only animal within the agricultural environment in which definite effects from transmission line electric fields have been found. Honeybees are important pollinators for a variety of plants, and honey and beeswax provide a source of income for many people« (Lee/Reiner 1983).

In einem mehrjährigen Freilandversuch an der Landesanstalt für Bienenkunde der Universität Hohenheim wurde geprüft, ob das Verhalten von Bienenvölkern im elektromagnetischen Feld von Hochspannungsleitungen beeinflußt wird (Horn 1980, 1982, 1983; vgl. dazu auch den Beitrag von U. Warnke in diesem Band, S. 68 ff.).

Die Untersuchung wurde an insgesamt 20 Bienenvölkern der Rasse Apis mellifica carnica durchgeführt. Dabei wurden zehn Völker unter einem 380/22-kV-Freileitungssystem aufgestellt. An dieser Stelle lag die elektrische Feldstärke bei 3,5 kV/m und die magnetische Induktion bei 1,0 µT. Der Standort der Kontrollvölker war 200 m von der Hochspannungsleitung entfernt.

Beobachtungen zum Tanzverhalten

Flugbienen vom exponierten Volk und vom Kontroll-Volk wurden auf einen künstlichen Futterplatz nach der Methode von Frisch dressiert. Dieser Versuch sollte dazu dienen, die Frage zu klären, ob Bienen im elektromagnetischen Feld in ihrer Kommunikation gestört sind, denn bekanntlich teilen Bienen ihren Stockgenossen Richtung und Entfernung von Nahrungsquellen durch bestimmte Tänze mit.

Die Tänze der Bienen am Standort der Hochspannungsleitung waren in verschiedener Hinsicht gestört, und dieses Verhalten war hochsignifikant vom Verhalten der Kontrollbienen abweichend. Wie Horn (1980) berichtet, waren die Tänze der Flugbienen im Kontrollkasten alle normal, und zwar in bezug auf die Art des Tanzes, die Richtung des Schwänzellaufes und dessen Frequenz. Die richtige Wiedergabe des Futterplatzes durch einen entsprechenden Tanz hatte zur Folge, daß schon nach drei Minuten der erste Neuling am Futtertisch eintraf. Nach weiteren zwei Minuten flog er in den Kasten des Kontrollvolkes ein.

Völlig anders verhielt sich das exponierte Volk. Hier vollführten die Bienen unterschiedliche Tänze, teilweise einen unkoordinierten Zittertanz, teilweise einen Schwänzeltanz, wobei die Schwänzelphasen nacheinander in mehreren Richtungen durchlaufen wurden und die Frequenz des Tanzes im Vergleich zum Kontrollvolk erhöht war. Nur zwei Bienen zeigten ein normales Tanzverhalten. Von diesem Stock

kam der erste am Futtertisch gekennzeichnete Neuling erst nach 16 Minuten am Flugloch an. Beim exponierten Volk konnte eine unterschiedliche Verfolgung der Tänze durch die anderen Bienen im Stock eindeutig nachgewiesen werden.
Um etwaige Einflüsse – unabhängig vom elektromagnetischen Feld – auszuschließen, wurden die Stöcke des Kontrollvolkes auf den Standort des exponierten Volkes gestellt und die exponierten Stöcke auf den Standplatz des Kontrollvolkes.
Die Bienen des ehemaligen Kontrollvolkes zeigten nach Horn (1980) an ihrem neuen Standort – unter der Hochspannungsleitung – ein stark gestörtes Tanzverhalten, während das frühere Versuchsvolk nun außerhalb des erhöhten elektromagnetischen Feldes ein ziemlich normales Tanzverhalten aufwies.

Beobachtung der Flugaktivität

Dabei wurden sowohl einfliegende Nektarsammler als auch höselnde Bienen erfaßt. Eine Zählung höselnder Bienen wurde deshalb vorgenommen, weil Pollen für die Ernährung der Jungbienen (Eiweißversorgung) unentbehrlich ist und die Aktivität des Pollensammelns eines Volkes in hohem Maße von der Anzahl der gerade im Stock vorhandenen Jungbienen abhängig ist.
Durch diese Untersuchung stellte Horn eindeutig fest, daß das elektromagnetische Feld einen Einfluß auf die Flugaktivität der Sammlerbienen ausübt. Die Beobachtungsprotokolle lassen erkennen, daß die Flugaktivität der Völker im erhöhten elektromagnetischen Feld wesentlich geringer ist als die der Kontrollvölker. Neben der abweichenden Flugintensität der Sammlerbienen aus beiden Stöcken wurde während dieser Beobachtungen auch ein völlig unterschiedliches Verhalten der heimkehrenden Flugbienen am Anflugbrettchen der Stöcke sichtbar. Die Flugbienen des jeweiligen Kontrollvolkes gingen ohne Aufenthalt in das Innere des Stockes, während sich viele Flugbienen des Volkes im erhöhten elektromagnetischen Feld minutenlang am Anflugbrettchen aufhielten.

Weitere Beobachtungen

Bei den Völkern im erhöhten elektromagnetischen Feld traten laut Horn gehäuft Anomalien in bezug auf die Zellanordnung im Wabenbau auf. Die Zellreihen wurden nicht parallel zu den Mittelwand-An-

fangsstreifen angelegt, sondern zeigten einen bestimmten Winkel nach oben.
Die exponierten Völker haben laut Horn während der Versuchszeit einen stärkeren Schwarmtrieb entwickelt als die von der Hochspannungsleitung entfernt aufgestellten Kontrollvölker.
Ein merkwürdiges Verhalten der Bienen im erhöhten elektromagnetischen Feld war laut Horn die Tendenz, sämtliche Fugen und Ritzen durch Kittharzablagerungen abzudichten. Das mit einem Messer abgeschabte Kittharz betrug bei den exponierten Völkern insgesamt ca. 87 g, bei den Kontrollvölkern ca. 27 g, für jeweils 10 Völker. Eine ähnliche Beobachtung liegt auch von Greenberg et al. (1981) vor.
Horn hat festgestellt, daß sich Bienen in einem erhöhten elektromagnetischen Feld mit einer maximalen elektrischen Feldstärke von 3,5 kV/m bei 50 Hz weitaus aggressiver verhalten als die entsprechenden Bienen der Kontrollgruppe außerhalb dieses Feldes. Auch nach dem Austausch der Stöcke konnte dieses unterschiedliche Verhalten der Völker beobachtet werden.
Horn konnte nachweisen, daß der Totenfall (tote Bienen in den jeweiligen Stöcken) der exponierten Bienen nahezu doppelt so hoch war wie bei den Kontrollvölkern. Für die Versuchsvölker im erhöhten elektromagnetischen Feld betrug der Totenfall im Durchschnitt 440 Bienen pro Volk, für die Kontrollvölker lag ein Totenfall von etwa 280 Bienen pro Volk vor.
Altmann und Warnke – von denen mehrere Forschungsarbeiten zum Thema »Bienen und elektromagnetische Felder« vorliegen – haben nachgewiesen, daß bereits Feldstärken von ca. 400 V/m bei einer Reizdauer von 15 Minuten in einzelnen Fällen eine Unruhe in der Bienentraube bewirken. Dabei verlassen mehrere warme Bienen das Innere der Traube und gelangen in die Kaltbezirke. Auf diese Weise wird das streng kybernetische Temperaturgefüge der Überwinterungstraube gestört. Die Folgen sind ein erhöhter Energieverbrauch und erfahrungsgemäß eine höhere Krankheitsanfälligkeit (Altmann/Warnke 1987).

Weitere Untersuchungen bei Bienen

Im Jahre 1981 führte Schaub eine Forschungsarbeit mit dem Ziel durch, die Wirkungen von 50-Hz-Wechselfeldern auf das Verhalten von Bienensozietäten zu untersuchen. Dazu wurden Freiland- und

Laborversuche unternommen. Der Freilandversuch bestand aus der Aufstellung von drei Serien Königinnen in Einwaben-Begattungskästen auf einer Belegstelle mit erhöhten elektromagnetischen Feldern (380-kV-Leitung).
Schaub (1981): »Es ist bemerkenswert, daß die sechs Königinnen im Bereich höchster elektrischer Feldstärke früh verlorengingen.« Im Laborversuch wurden durch drei Helmholtz-Spulen verschieden starke magnetische 50-Hz-Wechselfelder produziert, die auch in Feldrichtung und Phasenlage verändert werden konnten.
Die Einwirkung dieser maximal 85 μT starken Magnetfelder hat laut Schaub (1981) das Verhalten der Bienen wie folgt beeinflußt: Bienen zeigen im eingeschalteten Magnetfeld die Sofortreaktion des »Schüttelns«, eines schnellen Seitwärtsbewegens des Abdomens. Diese Reaktion ist nur kurz, nicht regelmäßig und nicht bei allen Bienen feststellbar. Die Futteraufnahme ist im eingeschalteten Feld geringer. Die Bienen zeigen im magnetischen Feld eine verstärkte »Nachtaktivität«.
Smith (1989) zitiert die einschlägige Forschungsarbeit von Wellenstein (1973) zusammenfassend mit dem Ergebnis »bees subjected to ELF electromagnetic fields stopped making honey, sealed up their hives in mid-season and therefore committed social suicide«.
Auf Grund seiner mehrjährigen Untersuchungen erklärte Horn (1982): »Im Gegensatz zu den bisherigen Ansichten scheint sich jedoch eine allgemein gesteigerte Motorik der Bienenvölker im elektrischen Feld nicht positiv hinsichtlich der Sammelaktivität auszuwirken, da unsere Versuchsvölker im Trachtjahr 1980 nur 56% vom Honigertrag der Kontrollvölker einbrachten.«

Termiten

Hier sind vor allem die detailreichen Untersuchungen von Becker, Bundesanstalt für Materialprüfung, Berlin, zu erwähnen. So gelang ihm der Nachweis des Zusammenhanges der Fraßaktivität der Termiten mit der geomagnetischen Aktivität. Einen derartigen Zusammenhang konnte er auch für die Fraßaktivität von Hausbockkäfer-Larven erbringen.
Waagerechte Termitengalerien können nach dem Erdmagnetfeld ausgerichtet sein. Der Bau senkrechter Galerien wird durch die Ab-

schirmung elektrischer oder magnetischer Felder in Metallbehältern gehemmt. »Die Wechselwirkung von magnetischen und elektrischen Feldern im Körper der Insekten und die Signal- und Steuerfunktion magnetischer, elektrischer und elektromagnetischer Impulse bedürfen der intensiven Untersuchung ...« (Becker 1976)

4. Zusammenfassung

In der vorliegenden Publikation wurden Untersuchungen bei Pflanzen beschrieben, bei denen unterschiedliche Ergebnisse in bezug auf einen Einfluß elektrischer, magnetischer oder elektromagnetischer Felder vorgelegen haben.
Rückblickend betrachtet, muß neben dem örtlich unterschiedlichen – und damit unterschiedlich wirksamen – geomagnetischen Feld ein für jede Pflanzenart und Entwicklungsstufe variabler Fenster-Effekt in Betracht gezogen werden.
Bei den Untersuchungen unter Einfluß elektromagnetischer Felder (im Bereich kommerzieller Leitungen) wurden signifikante Ertragsverminderungen bei einzelnen Pflanzenarten nachgewiesen.
Bienen zeigen unter dem Einfluß erhöhter elektromagnetischer Felder mehrere gestörte Verhaltensmuster.

V. Was sich tun läßt – Was zu tun ist

Enno Folkerts

Die Antwort auf Elektro- und Magnetosmog in Innenräumen

Elektrische und magnetische Felder gehen selbstverständlich auch von der häuslichen Elektroinstallation aus. Allgemein kann hier – zumindest im Einzelhaus – mit weniger mächtigen Feldern als etwa im Bereich von Hochspannungs-Freileitungen der öffentlichen Energieversorgung gerechnet werden. Dennoch können sich für den Menschen auch in Innenräumen erhebliche Belastungen ergeben, da die Abstände zu den Feldquellen – den elektrischen Leitungen, Betriebsmitteln und angeschlossenen Elektrogeräten – in der Regel sehr viel kleiner sind als im Freien und auch die Einwirkdauer zumeist sehr viel länger ist.

Dem heutigen Menschen, der in unserer Gesellschaft lebt, arbeitet und auch privat auf einen gewissen technischen Standard nicht verzichten möchte, wird es kaum möglich sein, die künstlich erzeugten elektrischen und magnetischen Felder aus seinem Umfeld fernzuhalten. Auf der Straße sowie in den Betrieben, Büros, Werkstätten und auf den Baustellen sind wir weit von dem entfernt, was man als »elektrosmogfrei oder -arm« bezeichnen könnte. Und auch der moderne Haushalt hat in dieser Hinsicht seine Tücken. Sollten die Hausfrau oder der Hausmann den Versuch starten, sich und die Familie – zumindest im häuslichen Bereich – diesen Einflüssen völlig zu entziehen, müßten Elektroherd, elektrische Küchenmaschinen, Kühlschrank und Gefriergerät, Mikrowellengerät, elektrischer Haartrockner, Elektrorasierer, Videoaufnahme-, TV- und Rundfunkgerät, Radiowecker und elektrisches Licht abgeschafft werden. Zur Vermittlung eines groben Eindrucks der Feldstärken sind in *Tab. 1* häufig genannte Meßdaten an Geräten aus dem häuslichen Bereich aufgelistet.

Tab. 1: Im Abstand von 30 cm von Hausgeräten treten etwa diese H- und E-Feldstärken auf

Gerätetyp	H-Feldstärke in µT	E-Feldstärke in V/m
Elektroherd	20	2... 4
Staubsauger	0,7	15...30
Fernsehgerät	4	15...30
Wäschetrockner	2	2... 4
Glühlampe (230 V)	0,5	2... 5

Möglichkeiten und Grenzen der elektrischen Hausinstallation

Die weitverbreitete und hin und wieder auch veröffentlichte Meinung, man brauche elektrische Leitungen, Geräte und andere elektrische Betriebsmittel nur mit einer Schirmung auszustatten, um die Elektrosmog-Probleme im häuslichen Bereich zu lösen, geht leider an den physikalischen Gegebenheiten vorbei: Schirmungen können zwar die Ausbreitung des mit der elektrischen Spannung verbundenen E-Feldes erheblich einschränken, aber sie haben praktisch keinen Einfluß auf die Ausbildung des an den Strom gekoppelten magnetischen Feldes (H-Feld) im Umfeld einer Leitung, und zwar auch dann nicht, wenn die Schirmung aus ferromagnetischem Werkstoff – insbesondere also aus weichmagnetischem Eisen – besteht. Schirmungen sind damit gerade dort wirkungslos, wo sie besonders notwendig wären – wo es nämlich im Haushalt um die Bedienung von Großgeräten und den Einsatz von Handgeräten geht. Abgesehen davon geht von Abschirmungen stets auch die Gefahr einer Spannungsverschleppung aus. In Baderäumen zum Beispiel ist die Verlegung geschirmter Leitungen und Kabel aus diesem Grunde unzulässig.

Der hohe Grad an Sicherheit vor gefährlichen Körperströmen (gegen den »elektrischen Schlag« also), den wir heute verzeichnen können, ist – und dies trotz ständig steigenden Umgangs mit der elektrischen Energie – nicht zuletzt dadurch erreicht worden, daß elektrische Betriebsmittel und Einrichtungen – soweit technisch irgend möglich – schutzisoliert sind, d. h., mit einer doppelten Isolierumhüllung ausgeführt werden. Diese Schutzisolierung, die auch durch sogenannte (doppelt) umhüllte Anschlußleitungen konsequent weitergeführt wird, würde durch eine Abschirmung teilweise wieder aufgehoben. Die Schutzisolierung ist allerdings für E- und H-Felder völlig durchlässig.

Will man dennoch – oder besser gesagt: zusätzlich – auch einen sinnvollen Schutz vor dem Einfluß dieser Felder erzielen, so muß geprüft werden, wo Kompromisse akzeptabel sind und wo nicht. Eine biologisch orientierte Elektroinstallation ist beispielsweise in einer modernen, nach dem Stand der Technik mehr oder minder vollelektrisch eingerichteten Küche nicht denkbar. Denkbar ist dagegen die Einrichtung feldarmer Zonen in häuslichen Bereichen, in die sich der Mensch von Zeit zu Zeit zurückziehen kann. Solche Zonen können z. B. vorgesehen werden

- im Schlafzimmer (und dort insbesondere im Liegebereich),
- im Schlafbereich der Kinderzimmer – jeweils als Nachtruhezonen –
- sowie gegebenenfalls im Sofabereich des Wohnzimmers – als Tages-Ruhezone.

Wie sind die Ruhezonen elektrotechnisch realisierbar?

Grundsätzlich sind innerhalb der Ruhezonen folgende Maßnahmen denkbar:

- Vergrößerung des Abstandes zwischen Teilen der Elektroinstallation und den häufigsten Aufenthaltsorten des Menschen,
- Schutz durch Abschirmungen (trotz der gerade erwähnten Unzulänglichkeit) und
- Schutz durch (eine möglichst automatisch erfolgende) Abschaltung.

Die Vergrößerung des Abstandes Mensch–Elektroinstallation erfordert, daß bereits während der Bauplanung, spätestens mit Beginn der Installationsarbeiten, die Raumordnung (zumindest der Räume mit Ruhezonen) festgelegt wird. Zu diesem Zeitpunkt muß also bekannt sein, an welchen Orten Betten aufgestellt und Polstermöbel angeordnet sein werden. Die Raumnutzung und damit die Elektroinstallation ist dann nach diesen Bereichen auszurichten.

Innerhalb der betroffenen Räume sind »Elektro-Installationswände« und »elektro-installationsfreie Wände« festzulegen. An den installationsfreien Wänden dürfen keinerlei elektrische Leitungen verlegt werden. Auch auf die Legung von Wasser-, Heizungs- oder anderen Rohren, die »vagabundierende Ströme« führen können, sollte in und an installationsfreien Wänden möglichst verzichtet werden. Solche unerwünschten Ausgleichsströme können über den Hauptpotentialausgleich der Anlage – insbesondere in sogenannten TN-Systemen (»Nullungsnetze«) durch Verbindung der Rohre mit dem PEN-Leiter (Nulleiter) des Stromnetzes – zustande kommen. Innerhalb »normalgroßer« Schlafräume sollte nur eine Wand als »Installationswand« ausgewählt werden, während die übrigen drei Wände – im Kopfbereich sowie rechts und links der Betten – von Installationen freizuhalten sind. Installationswand wäre dann die in Verlängerung des Fußendes der Betten befindliche Wand. Die übrigen Ruhezonen wären in entsprechender Weise zu planen.

Die Nutzer einer solchen Anlage müssen unbedingt einen Grundrißplan des Hauses ausgehändigt bekommen, in dem die Wandarten zweifelsfrei markiert sind, damit auch später, bei eventuell erforderlich werdenden Nachinstallationen, folgerichtig gehandelt werden kann. *Abb. 1* zeigt, wie ein solcher Plan aussehen könnte, wobei die Markierung der Installationswände lediglich besagen soll, daß an solchen Wänden am ehesten Elektroinstallationen vorgesehen werden könnten.

Die Planung einer solchen Anlage beginnt man zweckmäßigerweise mit der Küche – da hier in der Regel alle vier Wände als Installationswände dienen können – und wird von hier aus in die übrigen Wohnräume fortgeführt. Installationsfreie Wände müssen dabei grundsätzlich beidseitig installationsfrei bleiben.

Vorteilhaft ist bei dieser Art von Elektroinstallation, daß sie mit üblichen Materialien realisiert werden kann und deshalb zu annähernd normalen Kosten zu erstellen ist. Deutliche Einschränkungen sind jedoch nicht zu übersehen.

Nachteilig ist zum Beispiel, daß die üblichen Schutzkontaktsteckdosen am Kopfende neben den Betten und meist auch ein Lichtschalter im Nahbereich der Tür entfallen müßten. Nachteilig ist des weiteren, daß der Nutzer sich selbst und sein Handeln sehr aufmerksam kontrollieren muß, wenn er sich vor unerwünschten Feldeinwirkungen sicher fühlen will. Die über eine bewegliche Verlängerungsleitung gespeiste Leseleuchte, der in gleicher Weise versorgte Radiowecker

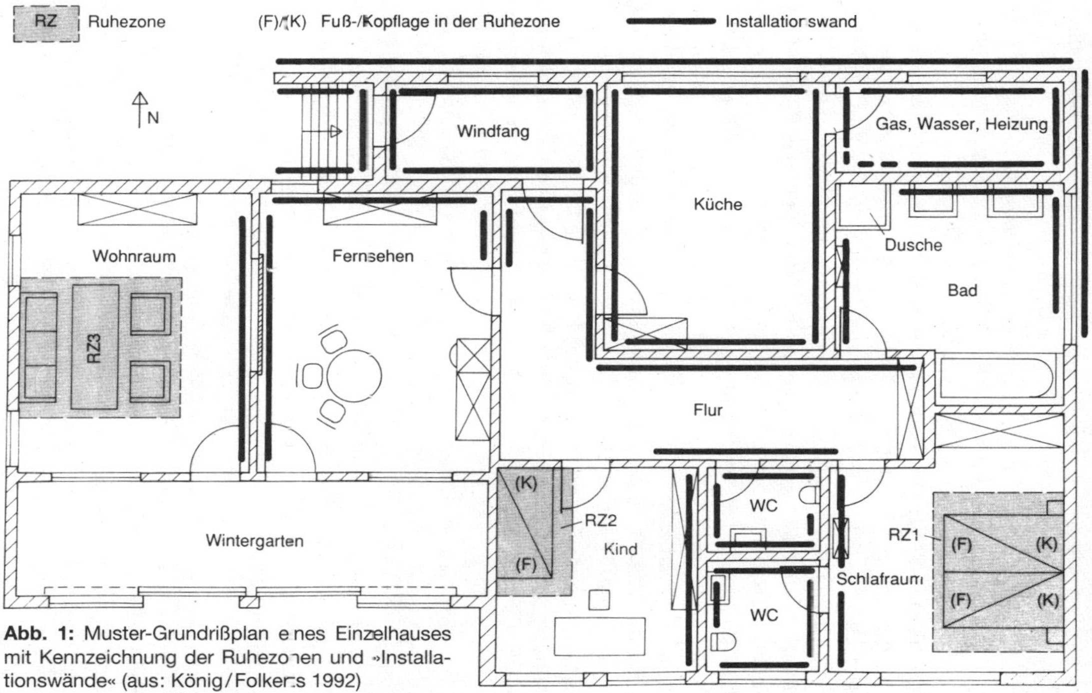

Abb. 1: Muster-Grundrißplan eines Einzelhauses mit Kennzeichnung der Ruhezonen und »Installationswände« (aus: König/Folkerts 1992)

oder ein Heizkissen würden E- und H-Felder in die vermeintlichen Ruhezonen transportieren.
Der Schutz durch Abschirmungen ist daher in mancher Hinsicht günstiger. Doch zunächst zur Ausführung: Speziell für den Anwendungsbereich der MSR-Technik (Messen, Steuern, Regeln) werden von der Industrie eine Reihe von Bauelementen, z. B. geschirmte Kabel und Leitungen, graphitbeschichtete (und dadurch in eine Abschirmung einbeziehbare) Schalter- und Abzweigdosen gefertigt und im Fachhandel (insbesondere über den Großhandel) angeboten. Diese Bauelemente eignen sich auch für spezielle Einsatzbereiche im Rahmen einer biologisch orientierten Elektroinstallation.
Die Wirksamkeit der Abschirmung ist – wie schon berichtet – auf das E-Feld beschränkt. Sie bietet sich darum für solche Leitungsführungen an, die zwar ständig unter Spannung stehen, aber nur zeitweise mit Strom belastet sind, zum Beispiel in Stromkreisen mit (häufig unbelasteten) Steckdosen, aber auch für reine Lichtstromkreise, die im ausgeschalteten Zustand – also bei Dunkelheit – zwar noch unter Spannung stehen, aber keinen (H-Feld-erzeugenden) Strom führen. Grundsätzlich sollten die Stromkreise als Stichleitungen ausgeführt sein und nicht zu anderen Anschlußpunkten oder in andere Wohnbereiche durchgezogen werden. Die zweckmäßige Ausführung der Schlafrauminstallation weicht auch hier zum Teil erheblich von der bekannten Standardausführung ab.
Bei der Abschirmung muß die ausführende Elektrofirma beachten, daß diese nur wirksam wird, wenn sie mit der Erde verbunden ist. Üblicherweise geschieht das über den – in der Regel – geerdeten Schutzleiter (PE) der Anlage. Diese Verbindung sollte im Verlauf eines Leitungszuges nur einmal – an zentraler Stelle, zweckmäßigerweise am Leitungsanfang (an der Wohnungsverteilung) – vorgenommen werden. Durch mehr als eine Erdverbindung können Mantelströme (»Brummschleifen«), die ihrerseits wieder H-Felder zur Folge haben, über die Abschirmung zustande kommen. Jede Verteilerdose (Abzweigdose) im Zuge einer solchen Elektroinstallation muß mit einer zusätzlichen Klemme zur Weiterverbindung der Schirmleiter ausgestattet sein.
Nachteilig ist, daß geschirmte Leitungen dieses Typs zur Zeit nur »in Anlehnung« an bestehende VDE-Bestimmungen hergestellt werden. Es bestehen dazu derzeit keine speziellen Herstellernormen. Des wei-

teren ist nicht zu übersehen, daß auch hier die Gefahr besteht, daß der Nutzer mit Hilfe von Verlängerungsleitungen E- und H-Felder in die jeweiligen Ruhezonen einschleppt und dies nicht erkennt.
Der Schutz durch (eine möglicherweise automatisch erfolgende) Abschaltung kombiniert ein hohes Maß an Sicherheit mit gleichzeitig erheblichem Nutzungskomfort für die Bewohner. Im Idealfall werden die Stromkreise aller Leitungen innerhalb der Ruhebereiche geschaltet, so daß hier während der Ruhepausen keine Verbrauchsmittel in Betrieb sind. Komfortabel ist der Einsatz von automatisch schaltenden Netzfreischaltern bzw. Freischaltautomaten. Diese unterbrechen den Stromkreis selbsttätig, sobald ein gewisser Mindest-Verbraucherstrom, z. B. 10 mA, unterschritten wird und schalten selbsttätig wieder zu, wenn ein meist (etwas) höherer Strom, z. B. 15 mA, über den Stromkreis – zum Beispiel durch Einschalten einer Leuchte – abgefordert wird. Während der Freischaltphase liegt an der Leitung eine Fühlerspannung, möglichst klein und möglichst als Gleichspannung (z. B. DC 2,5 V) zur Überwachung.
Diese von einer Reihe von Herstellern angebotenen und meist einpolig schaltenden Freischalter bieten (und das ist besonders wichtig zur Beachtung durch die Elektrofachkraft) *keine* »Trennung« im Sinne der elektrischen Sicherheit vor gefährlichen Körperströmen nach DIN VDE 0100 Teil 460 (Errichten von Starkstromanlagen mit Nennspannungen bis 1000 V; Schutzmaßnahmen; Trennen und Schalten). Der Stromkreis muß darum auch im freigeschalteten Zustand als »unter Spannung stehend« angesehen und behandelt werden. So ist es denkbar, daß durch ein direktes Berühren aktiver Teile das automatische Wiedereinschalten eingeleitet wird. Zugleich wird – durchaus irritierend für eine in *dieser* Technik möglicherweise unerfahrene Elektrofachkraft – mit Hilfe üblicher Glimmlampen-Spannungsprüfer im freigeschalteten Zustand Spannungsfreiheit angezeigt. Der Errichter sollte deshalb derartig gesteuerte Stromkreise in der Wohnungsverteilung durch entsprechende Aufkleber deutlich sichtbar kennzeichnen.
Natürlich kann auch diese Technik nur auf bestimmte Stromkreise angewendet werden. Kühlschrank und/oder Gefriergerät würden zum Beispiel ein regelmäßiges Frei- und Wiedereinschalten bewirken und erzeugen dadurch in mehrfacher Hinsicht Unruhe. Und das automatisierte Freischalten des Stromkreises für einen Kochherd ergibt

keinen Sinn, da das Gerät nur im Einschaltzustand – also während der Erzeugung eines magnetischen Feldes – bedient werden kann. Des weiteren können an einer solchen Elektroinstallation nicht alle Geräte wie gewohnt betrieben werden. Das trifft vor allem für Geräte zu, die im Augenblick des Einschaltens einen nur kleinen oder einen intermittierenden Strom aufnehmen, so daß der Einschaltstrom (Einschaltpegel) des Netzfreischalters nicht erreicht wird. Zu solchen Betriebsmitteln zählen unter anderem:

- Leuchtstofflampen in Glimmstarter-Schaltung oder an elektronischen Vorschaltgeräten (EVG),
- dimmergesteuerte Glüh- oder Leuchtstofflampen,
- Staubsauger (und andere – meist bewegliche – motorische Geräte) mit elektronischer Drehzahlsteuerung (Phasenanschnittsteuerung),
- Verbrauchsmittel, die über Transformatoren oder andere induktive Vorschalteinrichtungen betrieben werden (Haustürklingel, Radio- und/oder Kassettenrecorder, Kleinrechner usw.) sowie
- Kleinverbraucher, deren Stromaufnahme im allgemeinen kleiner ist als der Einschalt- bzw. Haltestrom des Netzfreischalters.

Auf den Einsatz einiger dieser Betriebsmittel braucht dennoch nicht verzichtet werden, und zwar bei

- Betrieb dieser Geräte an nicht freischaltenden Stromkreisen oder bei
- Parallelbetrieb der Geräte mit sogenannten Grundlasten, also zusätzlichen Verbrauchswiderständen, die den Einschalt- und Haltestrom gewährleisten.

Eine Grundlast kann im einfachsten Fall eine (nicht dimmergesteuerte) Leuchte mit einer Glühlampe 25 W/230 V bilden, die stets eingeschaltet wird, bevor (z. B.) der drehzahlgesteuerte Staubsauger an die Steckdose geht. Des weiteren werden von vielen Herstellern speziell auf deren Freischalter abgestimmte Grundlastwiderstände angeboten, die z. B. im Stromkreisverteiler der Wohnung – neben Leitungsschutzschaltern und Fehlerstromschutzeinrichtungen – fest installiert werden können. Im Idealfall sind diese Grundlastwiderstände mit ausgeprägtem PTC-Verhalten ausgestattet, das nach erfolgtem Schalten zur Reduzierung des Stromes infolge Eigenerwärmung auf den geringeren Haltestrompegel führt.

Unbedingt zu empfehlen ist bei dieser Art der Elektroinstallation, daß jeder Ruhebereich über einen gesonderten Freischalter gesteuert wird, damit speziell auch nur dort freigeschaltet wird, wo der Ruhebereich beansprucht wird. Im Falle des schon mehrmals betrachteten Einzelhaus-Grundrißplanes sind drei Netzfreischalter erforderlich *(Abb. 2)*.

Für die Benutzer einer freischaltenden Anlage bietet sich die Möglichkeit einer optischen Kontrolle, zum Beispiel mit Hilfe steckbarer sogenannter »Kinderleuchten«, deren Stromaufnahme bei einer Leistung um 0,3 W an 230 V so gering ist, daß der Einschaltpegel des Netzfreischalters nicht erreicht wird. Diese können in eine – z. B. in Liegeposition vom Bett aus gut zu beobachtende – Steckdose eingesteckt werden. Bleibt eine solche Leuchte dunkel, so ist der freigeschaltete Zustand eingetreten.

Flankierende Maßnahmen

Bei der Errichtung einer Elektroinstallation mit automatischer Abschaltung, aber auch bei Anwendung der Leitungsabschirmung ist die Anlage auf ständig eingeschaltete Verbraucher hin zu kontrollieren, die unbedingt auf andere Stromkreise gelegt werden müssen. In einem im Obergeschoß eines Einzelhauses untergebrachten Schlafzimmer ist oftmals der Antennenverstärker ein leicht übersehbarer Kleinverbraucher, der den Haltestrom des Netzfreischalters liefert.

Wichtig – und zwar unabhängig von der Art der Ausführung der biologisch orientierten Elektroinstallation – ist weiter, daß auf den Rückseiten (Außenseiten) der die Ruhezonen umschließenden Wände niemals elektrische Leitungen oder elektrische Betriebsmittel installiert werden, denn deren magnetisches Feld durchdringt – im Gegensatz zum E-Feld – problemlos die Wände. Das gilt selbstverständlich auch für Außenwände, an denen in zunehmender Zahl Leitungen für Alarmanlagen, Bewegungsmelder, Außenleuchten u. a. verlegt werden. Dem Nutzer (Wohnungseigentümer, Bauherrn usw.) muß darum auch hier unbedingt ein Grundrißplan seiner Wohnung ausgehändigt werden, in dem diejenigen Wandbereiche zu markieren sind, die auch künftig frei von Installationen gehalten werden müssen.

Wenig sinnvoll – im Zusammenhang mit einer biologisch orientierten Elektroinstallation – und deshalb nicht zu empfehlen, ist der Einsatz

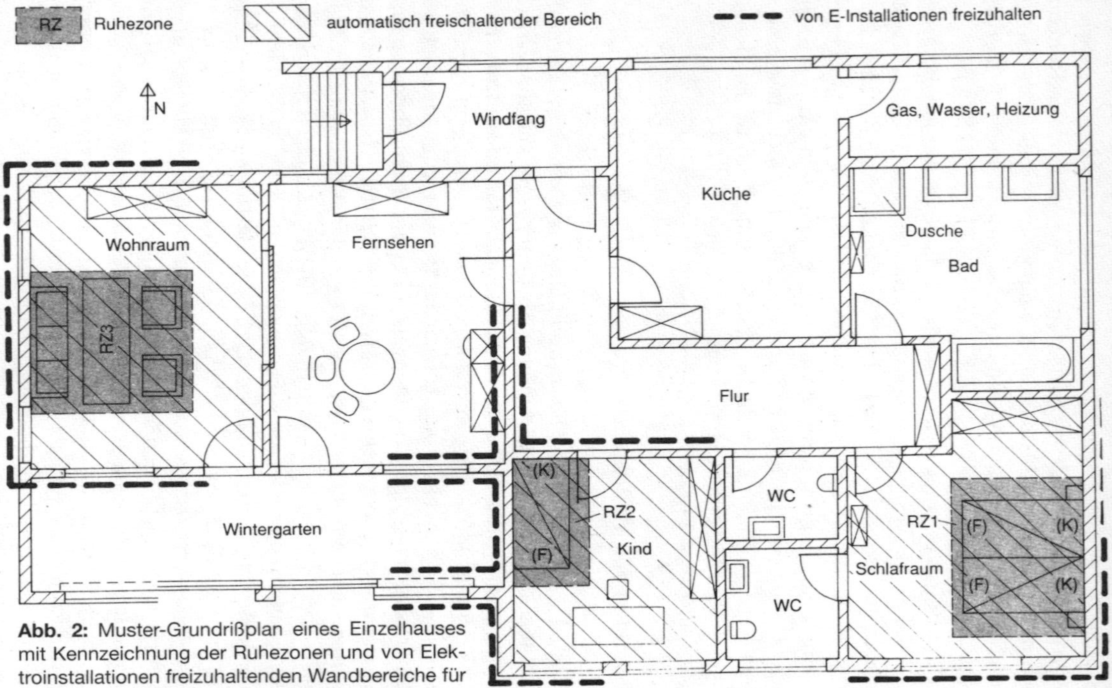

Abb. 2: Muster-Grundrißplan eines Einzelhauses mit Kennzeichnung der Ruhezonen und von Elektroinstallationen freizuhaltenden Wandbereiche für den Einsatz von Netzfreischaltern (aus: König/Folkerts 1992)

von Radioweckern, elektrischen Weckuhren und ähnlichen Einrichtungen, die mit dem Netz verbunden sind. Von diesen Geräten gehen – meist infolge eines knapp bemessenen Transformators – in der Regel intensive magnetische Streufelder aus, die sich – anwendungsbedingt – vor allem in Kopfnähe des Menschen ausbreiten. Problemlos sind in der Regel batteriebetriebene Uhren – insbesondere solche mit Anzeigendisplay (LCD).

Auch der Einsatz elektrischer Heizkissen und Heizdecken sollte in diesem Zusammenhang kritisch gesehen werden. Wegen des naturgemäß geringen Abstands zu den aktiven Teilen ist mit erheblichen elektrischen und magnetischen Feldstärken im Körperbereich zu rechnen.

Ein weiteres – ohne Messung nicht erkennbares – Problem kann der nach den VDE-Bestimmungen heute für Neuanlagen zwingend geforderte Fundamenterder im Zusammenhang mit dem Hauptpotentialausgleich des Hauses mit sich bringen. Manchmal werden im Nahbereich der Rohrsysteme, oberirdischer Erdungsleitungen oder des Gebäude-Fundamenterders H-Felder festgestellt, die ihre Ursache in vagabundierenden Strömen haben. Diese Ströme sind vor allem zu beobachten, wenn die elektrische Anlage als TN-System ausgeführt ist. In einer solchen Anlage dient bekanntlich der gegenüber der Erde spannungsneutrale, aber Betriebsstrom führende N-Leiter zugleich auch als Schutzleiter (PEN-Leiter). Der PEN-Leiter wird an der Hauptpotentialausgleichsschiene – in der Nähe des elektrischen Gebäude-Hausanschlusses – über eine leitende Brücke mit dem Fundamenterder verbunden. Aufgrund dieser Verbindung werden Betriebsströme, die eigentlich über den PEN-Leiter direkt zum Netz zurückfließen sollen, über den Potentialausgleich der Anlage und über den Fundamenterder über das Erdreich zurückgeführt.

Abhilfe bietet die Umstellung des TN-Systems auf ein TT-System. Unbedingte Voraussetzung ist dabei jedoch, daß nunmehr Fehlerstrom-Schutzeinrichtungen zum Einsatz kommen, um das automatische Abschalten im Fehlerfall zu gewährleisten. Sofern diese Bedingung erfüllt und der Schutzleiter der Anlage gut leitend mit der Erde verbunden ist (z. B. über den Fundamenterder), kann die Brücke zwischen dem N-Leiter (bisher PEN-Leiter) und der Haupt-Potentialausgleichsschiene entfallen.

Schlußfolgerungen

Bei einer baubiologischen Ansprüchen genügenden Elektroinstallation handelt es sich nach dem hier Ausgeführten um eine Variante der elektrischen Hausinstallation – und zwar ausschließlich im privaten Umfeld –, die so aufgebaut ist, daß die Abstrahlung der mit der Energieversorgung verbundenen elektrischen und magnetischen Felder im Bereich bestimmter Aufenthaltszonen begrenzt bzw. vermieden wird.

Eine baubiologisch orientierte Elektroinstallation »kann« zweckmäßiger Bestandteil eines in diesem Sinne erweiterten baubiologisch orientierten Wohnungsbaues sein. Sie »kann« aber auch Bestandteil der Einrichtung eines ansonsten herkömmlich ausgestatteten Wohngebäudes sein. Dies wird auch aus folgendem Tatbestand deutlich: Vom Standpunkt der Elektrophysik aus sind alle im Wohnungs-Hochbau verwendeten Materialien als mehr oder weniger »biologisch günstig« einzustufen. Denn ob als Holz-, Stein- oder Betonwand ausgeführt, ob in klassischer Weise in Form von »Stein auf Stein« oder in Montageform erstellt, grundsätzlich schirmen die den Wohnraum umschließenden Flächen von außen auftreffende elektrische Felder weitestgehend ab. Die Ursache ist die hohe elektrische Leitfähigkeit aller dieser Materialien im Vergleich mit der sie umgebenden Luft. Gegenüber magnetischen Feldern hingegen sind sie allesamt wirkungslos – also auch Holzflächen, Stroh- oder Reetdächer. Magnetische Felder dringen durch alle diese Werkstoffe problemlos hindurch.

Welche Grenzwerte sollten in den Ruhezonen angestrebt werden?

Da in den derzeit geltenden Normen (insbesondere in DIN VDE 0848) Grenzwerte festgelegt sind, die für den privaten Bereich meines Erachtens völlig unakzeptabel sind, sollten im Sinne einer Vorsorge in vereinbarten Ruhebereichen – insbesondere im Kopfbereich der Ruhesuchenden – Grenzwerte in Betracht gezogen werden, die weniger als ein Hundertstel der Werte nach DIN VDE 0848 betragen. In erster Annäherung kämen meines Erachtens folgende Feldstärkewerte in Betracht:

$$E \leq 50\ \mathrm{V/m} \text{ und } H \leq 1\ \mu\mathrm{T}$$

Wenn irgend möglich realisierbar, sollten aber noch niedrigere Werte angestrebt werden.

Für die mit der Installation beauftragte Elektrofachkraft ist allerdings die Messung ein Problem. Geräte nach wissenschaftlichem Anspruch kosten um 10000 Mark oder noch mehr. Sie sind zudem für die Handwerkspraxis meist unhandlich und deshalb kaum akzeptabel. Preiswertere »Handgeräte«, die für E- und H-Feldmessungen empfohlen werden, gibt es jedoch bereits ab etwa 500 Mark. Diese Geräte sind, wie ich feststellen konnte, häufig sehr empfindlich und mit zum Teil erheblichen Meßfehlern behaftet. Sofern bei H-Feldmessungen Abweichungen von z. B. bis zu +50 % gegenüber teureren Konstruktionen auftreten, halte ich das für noch akzeptabel. Für E-Feldmessungen sind dagegen kaum Aussagen zur Genauigkeit zu treffen, da die Ergebnisse hier bereits von der Konstruktion der Meßsonde und durch den Körper des Messenden erheblich beeinflußt werden. Die so ermittelten Werte können in der Praxis dann nur als »digitale Aussage« – im Sinne »Feld vorhanden oder nicht vorhanden« – gewertet werden. Dennoch halte ich den Einsatz einer solchen Anzeigeeinrichtung für die Installationspraxis für unbedingt notwendig. Die Geräte haben in etwa den Anwendungswert eines Spannungsprüfers. Sie sind für die Elektrofachkraft trotz erheblicher Toleranz unverzichtbar.

Quelle der Abbildungen:
Mit freundlicher Erlaubnis aus: H. L. König/E. Folkerts, Elektrischer Strom als Umweltfaktor, Pflaum Verlag, München 1992.

Manfred Wölke

Rechtsschutz gegen elektromagnetische Beeinträchtigungen

1. Einleitung

Die Errichtung von Fernseh- und Rundfunksendern, von Hochspannungs- und Bahnstromleitungen sowie ähnlichen Einrichtungen wurde von der Bevölkerung in der Vergangenheit beinahe unwidersprochen hingenommen, weil die daraus resultierenden Gefährdungen nur einem begrenzten Kreis von Betroffenen bekannt waren.
Inzwischen sind die Belastungen durch den sog. Elektrosmog und auch durch den sog. Magnetosmog so unabweisbar geworden, daß die Betreiber der diese Belastungen emittierenden Anlagen damit rechnen müssen, daß die potentiell Betroffenen – häufig von Bürgerinitiativen unterstützt – die Gerichte anrufen.
Derzeit richten sich die Bedenken und Ängste der Bevölkerung vor allem gegen die Sendeeinrichtungen des Mobilfunks, die wie Pilze aus dem Boden schießen. Deshalb waren und sind vor vielen deutschen Verwaltungsgerichten Klagen anhängig, die inhaltlich sehr unterschiedlich entschieden wurden.
Die Rechtsschutzmöglichkeiten der von elektromagnetischen Belastungen (potentiell) Betroffenen, das heißt die Rechtsgrundlagen, die Rechtswege sowie die Chancen, sich dagegen erfolgreich zur Wehr zu setzen, werde ich im folgenden skizzieren, wobei der bisherige Stand der Rechtsprechung angemessen berücksichtigt wird.

2. Rechtsgrundlagen

Das Recht auf Leben und körperliche Unversehrtheit gehört zu den Fundamentalnormen eines jeden Rechtsstaates, und dieses Recht gilt selbstverständlich auch für den Schutz vor elektromagnetischen Belastungen. Die grundlegenden Rechtsnormen sind daher zunächst in der Verfassung selbst zu suchen – und auch zu finden; für den konkreten Fall bedeutsamer ist jedoch das Verwaltungsrecht und unter Umständen auch das Zivil- sowie das Strafrecht.

Verfassungsrecht

Art. 1 des Grundgesetzes erklärt die *Menschenwürde* zum höchsten Verfassungswert, den alle staatlichen Gewalten zu achten und zu schützen verpflichtet sind. Die Menschenwürde, die als vorstaatliches (Natur-)Recht allen Menschen unabdingbar zukommt, konkretisiert sich im Verfassungsverständnis des Grundgesetzes in besonderer Weise durch die Gewährleistung eines umfangreichen Kataloges von Grundrechten (Art. 2–19 GG), unter denen *»das Recht auf Leben und körperliche Unversehrtheit«* (Art. 2 Abs. 2 Satz 1 GG) naturgemäß besondere Bedeutung einnimmt.
Dabei ist der Begriff der »körperlichen Unversehrtheit« komplexer als der nach naturwissenschaftlich-medizinischen Kriterien definierbare Begriff »Leben«. Die körperliche Unversehrtheit umfaßt nicht nur das Freisein von Krankheiten und Gebrechen, sondern einen Zustand völligen körperlichen, geistigen und sozialen Wohlbefindens, jedenfalls nach der Satzung der Weltgesundheitsorganisation (WHO) vom 22. 7. 1946.
Nach überwiegender Auffassung beschränkt sich aber auch die aus Art. 2 Abs. 2 GG folgende staatliche Schutzpflicht nicht nur auf die körperliche Unversehrtheit in biologisch-physiologischer Hinsicht, sondern umfaßt auch den geistig-seelischen Bereich, also das psychische Wohlbefinden, und in einem weiteren Sinn sogar das soziale Wohlbefinden.
Die körperliche Unversehrtheit ist einerseits zwar unmittelbar geltendes Recht, an das alle staatlichen Gewalten gebunden sind (Art. 1 Abs. 3 GG), andererseits aber kann auch in dieses Recht aufgrund eines Gesetzes eingegriffen werden; es gilt also nicht absolut, sondern nur in Abwägung mit anderen Rechtsgütern.

Der Staat versucht das Spannungsverhältnis zwischen dem Recht des Menschen auf körperliche Unversehrtheit und den einer Industriegesellschaft immanenten Risiken durch *Gesetze* (z.B. das Atomgesetz, das Bundesimmissionsschutzgesetz oder das Chemikaliengesetz), Rechtsverordnungen und allgemeine Verwaltungsvorschriften in den Griff zu bekommen.

Zur Beurteilung der Gesundheitsgefährdung durch elektromagnetische Strahlung besteht in der Bundesrepublik derzeit keine rechtlich verbindliche Norm. Das Fernmeldeanlagengesetz und die Telekommunikations-Zulassungsverordnung behandeln diesen Aspekt ebensowenig wie das Gesetz über die elektromagnetische Verträglichkeit von Geräten.

Die bekannte Vorschrift DIN VDE 0848 kann zwar für Gerichte eine wichtige Erkenntnisquelle darstellen, ist als solche aber nicht verbindlich. Die Verwaltungsgerichte stützen sich deshalb bei der Entscheidung, ob die Genehmigung einer stationären Sendeanlage für den Mobilfunk rechtmäßig ist, auf die allgemeinen baurechtlichen und immissionsschutzrechtlichen Bestimmungen. Hervorzuheben ist hier § 22 Bundesimmissionsschutzgesetz (BImSchG), der Sendeanlagen für den Mobilfunk als nicht genehmigungsbedürftige Anlagen bestimmt.

Gleichwohl sind Sendeanlagen nach dieser Vorschrift so zu errichten und zu betreiben, daß schädliche Umwelteinwirkungen verhindert werden, die nach dem Stand der Technik vermeidbar sind. Daß diese Vorschrift auf die regelmäßige Zulassung solcher Anlagen zugeschnitten ist und davon ausgeht, daß ihre Risiken für den Menschen sowohl bekannt als auch technisch beherrschbar sind, ist offensichtlich. Wenn sie nämlich fordert, daß schädliche Umwelteinwirkungen vermieden werden müssen, so setzt sie die Beurteilbarkeit dieses Phänomens durch die Genehmigungsbehörden voraus. Der Vorschrift hätte sonst eine Regelung des Inhalts vorangestellt werden müssen, daß solche Anlagen dann nicht errichtet und betrieben werden dürfen, wenn nicht nachweislich feststeht, daß sie keine schädlichen Umwelteinwirkungen hervorrufen.

Die Schutzvorschriften des Immissionsschutzgesetzes beruhen somit auf dem Prinzip des kalkulierten Risikos. Daß einen solchen Grundsatz konkretisierende Normen keine adäquate Regelung für bisher nicht oder nicht hinreichend bekannte und damit nicht kalkulierbare Risiken beinhalten können, versteht sich von selbst (so auch der Beschluß des VG Gelsenkirchen vom 18.2.1993; Az.: SL 3261/93).

Zivilrecht

§906 i.V. mit §1004 BGB regelt den *privatrechtlichen* Immissionsschutz. Unter diese Vorschriften fallen nur unwägbare Stoffe, sog. Imponderabilien, zu denen auch Strahlen und nach einer Entscheidung des Reichsgerichts auch elektrische Ströme zählen. Eine Beeinträchtigung im Sinne dieser Vorschriften darf nicht nur unwesentlich sein. Die Einhaltung bzw. Nichteinhaltung öffentlich-rechtlicher Immissionsschutzvorschriften hat für die Beurteilung der Wesentlichkeit einer Beeinträchtigung große Bedeutung.

§906 BGB gibt einen Abwehr- oder sog. Schutzvorkehrungsanspruch. Ein Abwehrrecht besteht aber nach §906 Abs. 2 dann nicht, wenn die Beeinträchtigung zwar wesentlich, aber ortsüblich und Maßnahmen zur Vermeidung für den Benutzer wirtschaftlich unzumutbar sind. In diesem Falle geht der Abwehranspruch in ein Entschädigungsrecht über. Anspruchsberechtigt aus dieser Vorschrift sind sowohl die Eigentümer als auch die Besitzer eines betroffenen Grundstücks.

Nach §907 i.V. mit §1004 BGB kann der Eigentümer eines Grundstücks verlangen, daß auf dem Nachbargrundstück nicht Anlagen hergestellt oder gehalten werden, von denen mit Sicherheit vorauszusehen ist, daß ihr Bestand oder ihre Benutzung eine unzulässige Wirkung auf sein Grundstück zur Folge haben wird. Als benachbarte Grundstücke gelten dabei alle Grundstücke im möglichen Einwirkungsbereich.

Die im Gesetz genannte *»sichere Voraussicht«* ist der höchste Grad der Wahrscheinlichkeit. Die bloße Möglichkeit einer Beeinträchtigung ist also nicht ausreichend. Wenn die Anlage landesgesetzlichen Vorschriften genügt, muß erweiternd ein tatsächlicher »Eingriff« der Einwirkung vorliegen – ein Eingriff, der vom Betroffenen nachgewiesen werden muß.

Strafrecht

Das Verhalten der Betreiber von Anlagen, die elektromagnetische Felder erzeugen, ist nach den Vorschriften des 17. Abschnitts (»Körperverletzung«) und des 26. Abschnitts (»Sachbeschädigung«) des Strafgesetzbuches (StGB) zu beurteilen.
Während im Bereich der Sachbeschädigung nur das vorsätzliche Handeln strafbar ist, kann eine Körperverletzung auch fahrlässig begangen werden.
§ 311 d StGB, der das »Freisetzen ionisierender Strahlen« behandelt, ist auf Anlagen mit elektromagnetischen Emissionen nicht anwendbar.

3. Rechtswege

Verwaltungsrechtsweg

Im Verwaltungsverfahren verklagt der/die betroffene Bürger/in nicht den Betreiber der Anlage, sondern den Staat, der für die Behörde, die Genehmigungen erteilt oder durch Nichthandeln einen Rechtszustand zu verantworten hat, zuständig ist.
Ein Verfahren beginnt damit, daß sich der/die betroffene Bürger/in an die zuständige Behörde (i.d.R. das Landratsamt) wendet und Widerspruch gegen einen ihn belastenden Bescheid (Baugenehmigung, Genehmigung zum Betrieb einer Sendeanlage etc.) einlegt. Falls eine solche Genehmigung nicht vorhanden ist oder der Widerspruch einlegende Bürger die Immissionen der Anlage für umweltschädlich im Sinne von § 22 BImSchG hält, kann er die Behörde zur Stillegung der Anlage auffordern.
Falls sich die Behörde nicht im Sinne des/der betroffenen Bürgers/in entscheidet und auch das anschließende Widerspruchsverfahren erfolglos verläuft, besteht das Recht zur Erhebung der Klage an den Verwaltungsgerichten.
In diesem Verfahren wird in einer öffentlichen Gerichtsverhandlung der gesamte Sachverhalt durch die Anhörung der Beteiligten, durch die Einvernahme von Zeugen sowie durch Gutachten von Sachverständigen aufbereitet und mit einem (erstinstanzlichen) Urteil abge-

schlossen. Gegen dieses Urteil ist die Berufung zu den Oberverwaltungsgerichten möglich. Auch hier wird erneut durch mündliche Verhandlung entschieden.
Falls auch dieses Urteil nicht angenommen wird, kann Revision beim Bundesverwaltungsgericht erhoben werden, wenn sie durch das Oberverwaltungsgericht zugelassen wurde.
Die Revision darf nur dann zugelassen werden, wenn – neben anderen Gründen, die hier nicht von Bedeutung sind – der Rechtssache grundsätzliche Bedeutung zukommt. Falls das Oberverwaltungsgericht die Revision nicht zuläßt, kann Beschwerde gegen diese Nichtzulassung zum Bundesverwaltungsgericht erhoben werden.
Gegen die Entscheidung des Bundesverwaltungsgerichtes kann – unter bestimmten Voraussetzungen – Verfassungsbeschwerde zum Bundesverfassungsgericht erhoben werden (Art. 93 Abs. 1 Nr. 4 a GG).
Es ist nicht auszuschließen, daß ein solches Hauptsacheverfahren fünf Jahre oder länger dauert. Den betroffenen Parteien ist aber nicht zuzumuten, so lange auf eine Entscheidung zu warten. Falls das Landratsamt nämlich den Sofortvollzug angeordnet hat, sind die betroffenen Bürger/innen während der gesamten Verfahrensdauer des Hauptverfahrens den möglicherweise gravierenden Gesundheitsbeeinträchtigungen ausgesetzt, während im anderen Falle, wenn das Landratsamt den Betrieb der Anlage bis zur endgültigen Entscheidung verbietet, dem Betreiber erhebliche finanzielle Nachteile entstehen können.
Aus diesem Grund läßt die Verwaltungsgerichtsordnung ein sog. Eilverfahren zu. In diesem Verfahren prüfen die Verwaltungsgerichte »summarisch«, i.d.R. durch Beschluß ohne mündliche Verhandlung, auf welcher Seite die größeren Nachteile entstehen.
Das Gericht muß hier folglich abwägen, welche Nachteile der Betreiberfirma entstehen, wenn die Anlage vorläufig stillgelegt wird, sich nach Ablauf des Hauptverfahrens aber herausstellt, daß der Betrieb von Anfang an zulässig gewesen wäre, und welche Nachteile den betroffenen Bürger/innen entstehen, wenn die Anlage weiter betrieben wird, sich nach Ablauf des Hauptverfahrens aber herausstellt, daß die Anlage die Gesundheit der anliegenden Bevölkerung beeinträchtigt.
Alle Entscheidungen, die in der Vergangenheit auch in der Öffentlichkeit großes Aufsehen erregt haben, weil sie den Betrieb von Anla-

gen untersagten, sind nach Kenntnis des Verfassers in diesen sog. Eilverfahren ergangen. Dabei hoben mehrere Verwaltungsgerichte Genehmigungsbescheide nicht deshalb auf, weil sie die Argumente der betroffenen Bürger/innen zu den Gefahren des Elektrosmogs übernahmen, sondern nur deshalb, weil sich Formfehler in den jeweiligen Genehmigungsbescheiden fanden oder die Behörden nach falschen Ermessenskriterien geurteilt hatten.

Letztlich handelt es sich bei solchen Entscheidungen auch nicht im Ansatz um Erfolge von Elektrosmog-Gegnern. Darüber hinaus wurden positive Entscheidungen der Verwaltungsgerichte von den Oberverwaltungsgerichten wieder aufgehoben.

Eine Entscheidung des VG Wiesbaden vom 6.3.1992 wurde durch den Hessischen Verwaltungsgerichtshof am 11.3.1993 mit folgender Begründung bestätigt:

> »Für die Zulässigkeit von Widerspruch und Klage können sich die Antragsteller auch auf eine mögliche Verletzung ihres Grundrechts aus Art. 2 Abs. 2 S. 1 GG auf körperliche Unversehrtheit berufen. Angesichts nicht gesicherter Erkenntnisse über die Wirkungen elektrischer, magnetischer und elektromagnetischer Felder auf das biologische System lassen sich gesundheitliche Beeinträchtigungen auch bei einer Entfernung des Wohn- und Betriebsanwesens der Antragsteller von 90 Metern nicht ausschließen.
>
> Darüber hinaus sind die Antragsteller Eigentümer und Pächter weiterer Grundstücke in einem Abstand zwischen 30 Meter und 150 Meter zum streitbefangenen Sendemast, die sie landwirtschaftlich bearbeiten. Die Antragstellerin trägt darüber hinaus ein mit metallischen Teilen versehenes Hüftimplantat, worin ein zusätzliches Risiko liegt. Ausweislich des angefochtenen verwaltungsgerichtlichen Beschlusses haben die Antragsgegner selbst in der mündlichen Verhandlung im ersten Rechtszug vorgetragen, daß Gesundheitsgefahren für die Antragsteller nicht völlig ausgeschlossen sind« (Entscheidung des VGH Hessen vom 11.3.1993; Az.: 3 TH 768/92).

Der Bayerische Verwaltungsgerichtshof entschied in einem vergleichbaren Fall völlig anders; aus dem Beschluß vom 29.4.1993:

> »Nach Durchsicht der vorgelegten Unterlagen ist der Verwaltungsgerichtshof davon überzeugt, daß eine Auseinandersetzung mit den wissenschaftlichen Ausführungen zur Frage von Gesundheitsbe-

einträchtigungen von Funksendestellen für den Mobilfunk nur schwer und im Rahmen des Verfahrens des vorläufigen Rechtsschutzes schon gar nicht möglich ist. Allerdings läßt sich wohl feststellen, daß nach den wissenschaftlichen Ausführungen von einer Einwirkung der mit dem Betrieb des strittigen Vorhabens verbundenen elektromagnetischen Felder auf den menschlichen Körper ausgegangen werden kann. Eine Bewertung der biologischen Effekte im Hinblick auf die behauptete Gefährdung der Gesundheit läßt sich aber wohl derzeit nicht vornehmen. Das Verwaltungsgericht hat deshalb in weiser Zurückhaltung offengelassen, inwieweit der unterschiedlichen Auffassung der Wissenschaft zu folgen ist. Bei der Bewertung der Interessenlage ist deshalb von der abstrakten Möglichkeit einer nicht auszuschließenden Gesundheitsgefahr auszugehen.

Eine solche abstrakte Möglichkeit der Gesundheitsgefährdung reicht jedoch nicht aus, um die Inbetriebnahme der strittigen Anlage zu stoppen. Hierzu müßte vielmehr ein Mindestmaß konkreter Gefahren für die Gesundheit positiv belegt werden« (Beschluß des Bayerischen Verwaltungsgerichtshofs vom 29.4.1993; Az.: 1 Cs 93.1246).

Für betroffene Bürger/innen ist es emotional und rational schwer nachzuvollziehen, daß in einem fast identischen Fall ganz unterschiedliche Entscheidungen von Oberverwaltungsgerichten ergehen. »Es kann doch in Bayern nicht Recht sein, was in Hessen Unrecht ist«, lautet die oft gestellte, fassungslos vorgebrachte Frage.

Die Gerichte sind nun aber in ihrer Entscheidung frei und nicht an divergierende Entscheidungen anderer Gerichte gebunden. Ein Oberverwaltungsgericht kann sich sogar in Widerspruch zu einer Entscheidung des Bundesverfassungsgerichts setzen, wird dann aber die Revision zulassen.

Gegen eine negative Entscheidung des Bayerischen Verwaltungsgerichtshofes wurde im Eilverfahren für eine betroffene Bürgerin Verfassungsbeschwerde eingelegt, die mit der Begründung nicht zur Entscheidung angenommen wurde, daß die Klägerin zuerst den Rechtsweg in der Hauptsache erschöpfen müsse (Bundesverfassungsgericht, Az.: 1 BVR 871/93).

In der Zeit der Abfassung dieser Abhandlung hat das Verwaltungsgericht Wiesbaden den angeordneten Sofortvollzug zum Bau eines Sendemastes in Ransel erneut aufgehoben und einen Baustopp verhängt. In dieser Entscheidung geht das Gericht nicht mehr nur von potentiellen gesundheitlichen Gefahren aus, sondern kommt zu dem Schluß, daß Gesundheitsgefährdungen zu erwarten seien. Nach Überzeugung des Gerichts drohen erhebliche Gesundheitsgefahren, die in den Entscheidungen des Regierungspräsidenten bisher nicht ansatzweise berücksichtigt worden seien (Az.: 3/V G 694/93).

Zivilrechtsverfahren

Den Gang zu den Zivilgerichten haben nach Kenntnis des Verfassers betroffene Bürger/innen bisher nicht gewählt. Dies ist auch nicht ratsam, da im Zivilrechtsverfahren der Kläger nicht mit möglichen Beeinträchtigungen argumentieren kann, sondern den gesamten kausalen Zusammenhang aufzeigen und unter Beweis stellen muß.
Diese Beweise zu führen dürfte nach dem derzeitigen Stand der wissenschaftlichen Veröffentlichungen nicht möglich sein. Zudem ist im Zivilverfahren der Streitwert nicht abzusehen, so daß für Kläger ein unabsehbares Prozeßrisiko entstehen würde.

Strafrechtsverfahren

Am 9.8.1993 haben 41 betroffene Bürger des Ortes Argelsried bei München durch den Autor Strafanzeige gegen Herrn Bötsch, den Bundesminister für Post- und Telekommunikation, und Herrn Ricke, den Vorstandsvorsitzenden der Telekom, wegen Verdachts der Körperverletzung und gefährlichen Körperverletzung (§§ 223, 223 a StGB) zur Staatsanwaltschaft beim Landgericht Bonn erhoben. Die Anzeigenerstatter lassen vortragen, daß die Beklagten in Argelsried in unmittelbarer Nachbarschaft der Anzeigenerstatter eine Sendeanlage zum Betrieb des D- und C-Netzes errichtet haben und betreiben.
Die Anzeigenerstatter berufen sich dabei auf Veröffentlichungen der Wissenschaftler Dr. Varga, Dr. von Klitzing und Prof. Käs (vgl. auch zwei Beiträge in diesem Band, S. 108 ff.; S. 143 ff.).
Aus der rechtlichen Würdigung:

»Das Verhalten der Beschuldigten erfüllt möglicherweise die Tatbestände der §§ 223, 223 a StGB. Die Anzeigenerstatter werden,

falls die Sendeanlage in Betrieb ist oder in Betrieb genommen wird, in ihrer Gesundheit beschädigt. Wie oben dargelegt, wird das biologische System des Menschen unter Einwirkung eines elektromagnetischen Feldes gestört.
Unstreitig ist, daß der Mensch nur so lange lebt, wie sein hochkomplexes Regulationssystem funktioniert. Störungen machen sich durch Krankheit bemerkbar, die nach Herrn Dr. von Klitzing in dem Augenblick beginnt, in dem die regulatorische Einrichtung des Körpers nicht ausreicht, um die Störungen zu beseitigen.
Die Gesundheitsbeschädigung im Sinne des § 223 StGB erfordert nicht zwingend die Zufügung eines Schmerzes. Sie kann ohne körperliche Mißhandlung entstehen, so durch rechtswidrige Verunreinigung von Wasser oder Luft durch Giftstoffe. Auf Grund der gesamten Umstände muß davon ausgegangen werden, daß alle Fakten den Beschuldigten bekannt sind und sie die Gesundheitsschäden der Anzeigeerstatter vorsätzlich herbeiführen. Selbst wenn man direkten Vorsatz nicht unterstellen kann, kommt bedingter Vorsatz in Betracht. Nach der Rechtsprechung liegt bedingter Vorsatz dann vor, wenn der Täter die Tatbestandsverwirklichung weder anstrebt noch für sicher hält, das Eintreten des Erfolges aber billigend in Kauf nimmt.«

Zwischenzeitlich treten bei Anwohnern in Gilching konkrete Gesundheitsbeeinträchtigungen auf.
Das Verfahren der Staatsanwaltschaft Bonn ist bislang (April 1994) noch nicht abgeschlossen.
Der Vorteil eines Strafverfahrens liegt darin, daß die Staatsanwaltschaft bei Offizialdelikten von Amts wegen ermitteln muß; dem Antragsteller entstehen insoweit also keine Kosten. Wenn es aufgrund des Strafantrags zu einer Anklage bzw. zu einem Urteil kommt, wird der Beklagte einerseits zu einer Reaktion (z. B. einer Unterlassung) gezwungen, andererseits kann dies eine positive Präjudizierung für das u.U. nach wie vor notwendige Verwaltungsgerichtsverfahren bedeuten.

4. Perspektiven

Solange sich die gesetzgebenden Organe nicht bereit finden, die offenen, aber immer drängender werdenden Fragen der gesundheitlichen Gefährdung des Menschen durch elektromagnetische Immissionen gesetzlich zu regeln, bleibt nur der Gang zu den Gerichten.

Die bisherigen Entscheidungen der Verwaltungs- und Oberverwaltungsgerichte der verschiedenen Bundesländer gelangen zu gänzlich konträren Bewertungen der gesundheitlichen Folgen elektromagnetischer Belastungen; eine Entscheidung des Bundesverwaltungsgerichts als letzter Instanz des Verwaltungsrechtsweges steht noch aus.

Es wäre daher wünschenswert, nach dem Abschluß eines verwaltungsgerichtlichen Hauptsacheverfahrens durch Verfassungsbeschwerde eine Entscheidung des Bundesverfassungsgerichts zum Stellenwert der »körperlichen Unversehrtheit« angesichts allgegenwärtiger elektromagnetischer Belastungen herbeizuführen.

Erst dadurch würde für die Betreiber von Anlagen – und auch für die Gerichte – verbindlich festgelegt werden, unter welchen Bedingungen Anlagen mit elektromagnetischen Emissionen betrieben werden dürfen und welche Rechte für die Betroffenen bestehen.

Ziel des Verfahrens muß es sein, bei der Einführung noch nicht restlos erforschter Wirkungen neuer Technologien auf den Menschen den Schutz der Betroffenen über die wirtschaftlichen Interessen der Betreiber zu stellen.

Dabei ist nicht zu verkennen, daß sich die Gerichte hier in einen neuen Bereich wagen müssen, da es direkt vergleichbare Tatbestände nicht gibt. Bei der teilweise ähnlichen gesellschaftlichen Auseinandersetzung um die Genehmigung von Atomkraftwerken wurde der Grundrechtsschutz bereits insoweit vorverlagert, als angesichts der Art und Schwere der möglichen Folgen eines Unfalles eine entfernte Wahrscheinlichkeit des Eintrittes genügt, um konkrete Schutzpflichten des Gesetzgebers auszulösen (BVerfGE 49, 142). Genehmigungen für Atomkraftwerke sind deshalb nur dann zulässig, wenn es nach dem Stand von Wissenschaft und Technik praktisch ausgeschlossen erscheint, daß schwerwiegende Schadensereignisse eintreten (BVerfGE 49, 143). Das darüber hinausgehende sogenannte Restrisiko muß – als sozial-adäquat – hingenommen werden.

In diesen Fällen ist aber das Risiko anscheinend berechenbar, während bei der Frage der Auswirkungen von elektromagnetischen Feldern auf den Organismus von Menschen (wie auch von Tieren und Pflanzen) nur Vermutungen und Spekulationen hinsichtlich der konkreten Wirkungszusammenhänge bestehen.
Das VG Gelsenkirchen hat dazu in seinem Urteil vom 18.2.1993 die entscheidenden Überlegungen vorgetragen:

»Können hiernach aber krankmachende Effekte im gegenwärtigen Zustand weitgehender Unkenntnis als ganz entfernte, bloß theoretische Risiken vernachlässigt werden, dann muß weiterhin zur Kenntnis genommen werden, daß hiervon die gesamte Bevölkerung der BRD betroffen sein wird. Die Beigeladene hat bereits jetzt ein dichtes Netz von Antennenträgern für das D-1-Netz geknüpft, über das gegenwärtig schon rund 70% der potentiellen Benutzer erreicht wird. Ende dieses Jahres wird 85% der Fläche und alsbald die Gesamtfläche der BRD versorgt sein.

Das hat zur Folge, daß jeder einzelne Bewohner dem bisher nicht kalkulierbaren Risiko der Gefährdung seiner körperlichen Integrität ausgesetzt sein kann. Diese potentielle Gefährdung kann er nicht beeinflussen; er kann ihr auch nicht ausweichen (vgl. zu diesem Gesichtspunkt Bundesverfassungsgericht vom 20.12.1979, 1 BVR 385/77).

Vor den athermischen Einwirkungen elektromagnetischer Felder kann sich der Mensch nur durch einen Aufenthalt in einem Faradayschen Käfig, etwa einem Auto, nicht aber z. B. in seiner Wohnung schützen.

Diese Ungewißheit hat ihre Ursache nicht in der Begrenztheit des menschlichen Erkenntnisvermögens und kann deshalb nicht als sozial-adäquate Last – sog. Restrisiko – beurteilt werden, die von allen Bürgern zu tragen ist. Nicht die Unfähigkeit zu erkennen, sondern die fehlende Bereitschaft – sei es auf Grund empirisch-praktischer Erfahrungen, sei es auf Grund theoretischer Abschätzung –, Erkenntnisse zu gewinnen, ist die Ursache für die gegenwärtige Unmöglichkeit, verläßliche Aussagen über den Grad der Gefährdung der körperlichen Integrität des Menschen durch die Effekte elektromagnetischer Felder zu machen.

Damit kann nicht die Rede davon sein, daß nach dem Maßstab praktischer Vernunft Schadensereignisse auszuschließen sind. Ein mangels verantwortungsvollen, vorsorgenden Bemühens unbekanntes Gefährdungspotential einer neuen Technik kann den potentiell betroffenen Menschen nicht als allgemeines Lebensrisiko zugemutet werden.

... Die Entscheidung darüber, ob den Gesetzgeber eine verfassungsrechtliche Verpflichtung zum Schutz trifft und ob er dieser hinreichend nachgekommen ist oder nicht, steht nur dem Bundesverfassungsgericht zu« (Beschluß des VG Gelsenkirchen vom 18.2.1993; Az.: S L 3261/93).

Diese mutige Entscheidung in einem Eilverfahren, die mit gründlichen juristischen Querverweisen und Argumenten ausgestaltet ist, gilt es in einem Musterprozeß als Hauptsacheverfahren bis zum Bundesverfassungsgericht zu vertreten – mit der Hoffnung, daß dort eine Regelung getroffen wird, die den Rechtsfrieden wiederherstellt: sei es dadurch, daß das Bundesverfassungsgericht den Gesetzgeber zum Handeln zwingt, sei es dadurch, daß dem unkontrollierten Wuchern einer neuen, gefährlichen Technologie Einhalt geboten wird.

Fritz-Albert Popp

Zur Sensitivität biologischer Systeme

Was die Theorie noch zu leisten hat

1. Einleitung

Heute akzeptiert auch die »konventionelle« Wissenschaft das Phänomen der *»Elektrorezeption«* (Bullock / Heiligenberg 1986), auf das die erstaunlich hohe Sensitivität von Lebewesen zurückzuführen ist. Man versteht darunter beispielsweise die Fähigkeit von Fischen, extrem schwache elektrische Feldstärken wahrzunehmen, die nicht stärker sind als das elektrische Feld einer Taschenlampenbatterie in einem Abstand von hundert oder mehr Kilometern. Ob diese hohe Empfindlichkeit – die niemand mehr bezweifelt – auch (oder auch nur) für schwache Magnetfelder zutrifft, ist ebenso ungewiß wie die Frage, inwieweit diese schwachen Impulse oder »Signale« bewußt oder unbewußt wahrgenommen werden, ob diese hohe Sensitivität auf bestimmte Lebewesen beschränkt ist oder ob letztlich alle biologischen Systeme darüber verfügen. Ungeklärt ist ferner, unter welchen Bedingungen elektromagnetische Sensitivität auftritt, das heißt, welche Feldstärken elektrischer, magnetischer oder elektromagnetischer Felder unter welchen Umständen diese extrem hohe biologische Sensitivität auslösen.

Die hohe elektromagnetische Empfindlichkeit von Lebewesen ist vermutlich die Ursache einer Reihe bekannter Erscheinungen, wie zum Beispiel der »Wetterfühligkeit« (Baumer 1987), der »Elektronavigation« der Zugvögel (Warnke 1989), der Elektrokommunikation von Fischen (Bullock 1975) oder Termiten (Becker 1989) oder ähnlicher Phänomene, etwa der Fähigkeit von Schlangen und einigen Haustieren, auf nahende Erdbeben wesentlich früher zu reagieren als die besten zu diesem Zweck gebauten Seismographen (Tributsch 1981).

Man kann davon ausgehen, daß elementare biologische Vorgänge, zum Beispiel Schmerzempfindung, Wahrnehmungsfähigkeit und sogar das »Bewußtsein« eng mit dieser elektromagnetischen Sensitivität zusammenhängen, schon deshalb, weil wir Menschen als biologische Systeme in einem uns ständig umgebenden »Ozean« elektromagnetischer Wellen leben und selbst von elektromagnetischen Wechselwirkungen aufgebaut und gesteuert werden (Popp et al. 1989; Smith/Best 1989).

Völlig unklar ist allerdings bis heute der Mechanismus der *außergewöhnlichen Elektrosensitivität* von Lebewesen. Das überrascht nicht, da gerade wegen der hohen Sensitivität und der darauf beruhenden geringen Reproduzierbarkeit der biologischen Reaktion die mit wissenschaftlichen Geräten durchgeführte Analyse ungewöhnlich schwierig ist und der objektive Nachweis wegen der nur mit relativ geringer Sensitivität messenden gewöhnlichen Detektorinstrumente mißlingen muß. Dieses Problem der »Objektivierbarkeit« elektromagnetischer Sensitivität darf in der aktuellen Diskussion über den »Elektrosmog« nicht unbeachtet bleiben.

Ein zweites wesentliches Problem betrifft die Frage, ob dieser »Mechanismus« ein physikalischer, ein biochemischer oder ein biologischer Vorgang ist, denn davon hängt ab, welche Kenntnisse über Lebewesen wirklich notwendig sind, um deren hohe Elektrosensitivität wenigstens grundsätzlich verstehen zu können.

Dabei zeigt es sich, daß dieses prinzipielle Verständnis letztlich ein Problem der Biophysik ist. Auf dem Gebiet der theoretischen Physik gibt es bereits eine Reihe ernst zu nehmender Modelle, die diese Erscheinungen verständlich machen. Die Vorstellungen und Konsequenzen, die diesen Modellen zugrunde liegen, werden deshalb knapp erläutert.

2. Das Problem der Nachweisbarkeit

Schon A. S. Presman, einer der Pioniere auf dem Gebiet des Bioelektromagnetismus, hat erkannt, daß biologische Systeme auch noch auf solche elektromagnetischen Impulse zu reagieren vermögen, deren Intensität weit unterhalb der thermischen Rauschgrenze liegt (Presman 1970). Seine Schlußfolgerung war, daß Lebewesen diese schwachen Impulse als »Information« empfinden und nicht rein energetisch (also zur Erwärmung des Gewebes) aufnehmen. Physikalisch bedeu-

tet diese Feststellung, daß das »Signal-Rausch-Verhältnis« für die biologische Rezeption schwacher elektromagnetischer Impulse für technische Detektorsysteme, die im thermischen Gleichgewicht (bei physiologischen Temperaturen) arbeiten, wesentlich kleiner als 1 ist. Deshalb können gewöhnliche Detektorsysteme relevante Signale signifikant nicht mehr anzeigen, obwohl Lebewesen darauf unter Umständen noch empfindlich reagieren. Die Schlußfolgerung, daß die Verstärkung der Intensität eines bestimmten elektromagnetischen Signals über die thermische Rauschgrenze hinaus schließlich sowohl beim technischen Detektor wie beim biologischen System zu meßbaren und vergleichbaren Reaktionen führen müsse, trifft nur für die thermischen Effekte (Erwärmung des Gewebes) zu, nicht aber für eben diese »informatischen« Reaktionen, die Presman hervorhebt.
Der Wissenschaftler befindet sich demnach in der kuriosen Situation, daß er eben jene Effekte, die er erforschen und analysieren soll, mit den gewöhnlichen Detektorsystemen *nicht wahrnehmen* kann. (Außer diesen »technischen« Gründen gibt es noch »biologische« Hinderungsgründe, die auf den eigentlichen, im Lebewesen genutzten Mechanismus der Elektrosensitivität zurückzuführen sind (Smith/Best 1989; Presman 1970). Abgesehen davon, daß es unter diesen Umständen notwendig wird, darüber nachzudenken, welche Bereiche des elektromagnetischen »Ozeans«, in dem sich Lebewesen befinden, durch technisch herstellbare Detektorsysteme grundsätzlich nicht nachweisbar sind, sollten verstärkt Tieftemperatur- oder/und Nichtgleichgewichts-Detektoren gebaut und eingesetzt werden, damit wenigstens jene Bereiche elektromagnetischer Wechselwirkungen, auf die biologische Systeme noch anzusprechen vermögen, wissenschaftlich überhaupt erfaßt werden können. Meines Wissens hat sich bisher niemand dieser Aufgabe angenommen.
Diese Aufgabe ist auch nicht leicht zu lösen, wenn man bedenkt, daß die Bereiche biologisch relevanter elektromagnetischer Wechselwirkungen über mindestens zehn, vermutlich sogar zwanzig Größenordnungen reichen. Das gilt sowohl für die Feldstärke wie auch für die Frequenzen: So sind Effekte des elektrischen Feldes mindestens zwischen 10^{-6} V/m (Elektrorezeption) und 10^{6} V/m (Aktionspotentiale) sowie Wirkungen des Magnetfeldes mindestens zwischen 10^{-16} Tesla (Komponenten des magnetischen Enzephalogramms) und 10^{3} Tesla (lokale Feldstärken paramagnetischer Biomoleküle) zu beobachten.

Die Frequenzen biologisch relevanter Wechselfelder überstreichen den Bereich mindestens von optischen Komponenten um 10^{15} Hz bis in den Bereich natürlicher Schwankungen von Gleichfeldern, so beispielsweise in die Frequenzregion des Tagesrhythmus um 10^{-5} Hz. Diese *gigantischen Spannweiten* der biologisch relevanten Wirksamkeiten sind technisch ohne Beispiel. Sie werden durch zusätzliche, biologisch relevante Modifikationen des elektromagnetischen Feldes, etwa durch die Wahl der Feldrichtung oder der Feldstärkegradienten, und schließlich noch durch die zeitlich veränderliche Applikation (statisch, dynamisch, hierbei gepulst mit verschiedenen Pulsformen usw.) erweitert. Man muß sich klar machen, daß es selbst unter Einsatz aller denkbaren wissenschaftlichen Kapazitäten völlig unmöglich ist, einen auch nur kleinen Ausschnitt der kombinatorisch erfaßbaren Applikationsformen elektromagnetischer Einflüsse auf biologische Systeme experimentell mit hinreichender Systematik und Aussagekraft zu untersuchen. Man darf sich daher auch nicht wundern, daß wir heute letztlich über keine gesicherten experimentellen Fakten verfügen und in naher Zukunft sicher auch nicht verfügen werden.
Die Schlußfolgerung, daß man mangels gesicherter Daten das Problem des Elektrosmogs dann eben verharmlosen dürfe, ist ebenso »unwissenschaftlich« wie unbegründete Angstmacherei. Ich möchte deshalb die Gelegenheit nutzen, um darauf aufmerksam zu machen, daß in der sogenannten »Außenseitermedizin« (Popp 1987; vgl. auch die Beiträge von Braun-von Gladiß sowie Scheingraber in diesem Band) oder der Lebensmittelversorgung der Bevölkerung (Popp 1993) ähnliche Probleme auftreten und daß in fast allen Fällen sowohl die Verharmloser als auch die Angstmacher erhebliche wirtschaftliche Gründe haben, um von der tatsächlichen Lage, daß nämlich hinreichende Kenntnisse nicht existieren, abzulenken.

3. Das Problem der Wissenschaftlichkeit

Über das Problem des unermeßlich weiten Wirkungsspektrums elektromagnetischer Felder auf Lebewesen (und innerhalb der biologischen Systeme) hinaus besteht das Dilemma zwischen der Falsifizierbarkeit »technischer« Experimente und der Nichtfalsifizierbarkeit biologischer Wirkungen. Tatsächlich zeigt »tote Materie«, an der sich

Tab. 1: Tote und lebende Materie

Tote Materie	Lebende Materie
einfach strukturiert	»komplex« strukturiert
statisch	dynamisch
ohne Gedächtnis	mit Gedächtnisfunktion
im thermischen Gleichgewicht	»weit weg« vom thermischen Gleichgewicht
reproduzierbar	nicht reproduzierbar
falsifizierbar	nicht falsifizierbar
objektivierbar	nicht objektivierbar
nicht selbstorganisierend	selbstorganisierend
geringe Informationsdichte	hohe Informationsdichte
wenig sensitiv	hoch sensitiv

die Naturwissenschaft orientiert, in nahezu allen wesentlichen Merkmalen gegensätzliches Verhalten zu »lebender Materie«.

In *Tab. 1* sind *typische* Merkmale gegenübergestellt, nicht etwa Ausnahmeerscheinungen. Das Problem des »Elektrosmogs«, das inzwischen akute Bedeutung für die Allgemeinheit erlangt hat, kann nicht allein an Ausnahmefällen diskutiert werden. So ist »tote Materie« im allgemeinen nun einmal relativ einfach strukturiert, wenigstens soweit sie von der Naturwissenschaft in ihrem atomaren oder molekularen Aufbau als verstanden betrachtet werden kann. Gerade umgekehrt verhält sich »lebende Materie«. Allein die gesamte »relevante« Information einer Zelle auch nur für einen Augenblick zu registrieren würde mindestens die Lebenszeit eines Wissenschaftlers in Anspruch nehmen. Darüber hinaus zeichnet sich »Leben« vorwiegend durch die »Dynamik« seines Verhaltens aus, während tote Materie im allgemeinen statische Eigenschaften aufweist. Das bedeutet, daß starke, also leicht meßbare Änderungen der Umgebungseinflüsse notwendig sind, um das Verhalten toter Materie zu verändern, während die Struktur lebender Materie häufig durch unmeßbar kleine Störungen in unvorhersehbarer Weise verändert werden kann; man denke beispielsweise an »psychische« Effekte.

Die Tatsache, daß gelegentlich reproduzierbare Veränderungen lebender Materie in wissenschaftlichen Experimenten, in denen die Parameter nachvollziehbar verändert werden, nachweisbar sind, bedeutet noch lange nicht, daß im allgemeinen die Veränderung biologischer Materie auf nachvollziehbaren Einwirkungen äußerer Einflüsse beruhen muß. Gerade die hohe Flexibilität lebender Materie ist bei genauer Betrachtung ein Grund auch für die hohe Empfindlichkeit: Geringste Störimpulse vermögen starke Strukturänderungen hervorzurufen. Etwas lapidar, aber treffend ausgedrückt bedeutet dies: Je »unwissenschaftlicher« sich biologische Materie verhält, um so höher muß die biologische Relevanz der Effekte eingestuft werden. In gewisser Weise begeben wir uns damit auf ein Feld, in dem die Bedeutung der Effekte mit ihrer wissenschaftlichen Begründbarkeit im herkömmlichen Sinne nachläßt.

Es ist heute auch akzeptiert, daß sich biologische Materie im allgemeinen nicht im thermischen Gleichgewicht befindet; das bedeutet, daß die »Temperatur«, die wir lebenden Organismen zuordnen, in Wirklichkeit einen Mittelwert des Wärmeaustauschs mit der Umgebung darstellt. Die Abweichung vom thermischen Gleichgewicht hat grundsätzliche Bedeutung auch für die Entstehung des Lebens (Prigogine/Nicolis/Babloyantz 1972). Erst dadurch kann die besondere dynamische Strukturierung lebender Organismen überhaupt stattfinden. Die Aufgabenstellung, die in der Thermodynamik toter Materie durch die Projektion auf den Idealzustand des abgeschlossenen Systems stark vereinfacht wurde, wird durch den Übergang zu offenen Systemen wissenschaftlich so komplex, daß es vermessen erscheint, überhaupt nach kausalen Mechanismen suchen zu wollen.

Aber selbst dann, wenn man thermodynamisch einen brauchbaren Lösungsweg gefunden haben sollte, verbietet es das zeitliche Verhalten des biologischen Systems scheinbar, stationäre Lösungen anzubieten (Ho 1993). Verbunden damit sind grundsätzliche Unbestimmtheiten, die beispielsweise in der *»Chaostheorie«* (Bai-Lin 1984) behandelt werden. Zwar bedeutet das nicht, daß sich »Chaos« oder andere Erscheinungen, die sich auch aus zusätzlichen Unbestimmtheiten heraus ergeben, der wissenschaftlichen Analytik entziehen müssen. Es bedeutet aber, daß die Vorhersagbarkeit von Ereignissen – und darauf kommt es auch bei der wissenschaftlichen Aufarbeitung des Elektrosmogs oder der Elektrosensitivität an – oft nur unter wesentlichen Einschränkungen möglich ist. Verbunden mit der hohen Komplexität der Lebewesen ist, wie angemerkt, die schwierige Falsifizierbarkeit durch »Gedächtniseffekte«, die eine Präparation des Systems unter hinreichend gleichen Bedingungen praktisch unmöglich machen.

Andererseits aber scheint die »Selbstorganisation« lebender Materie – so zum Beispiel die Wiederherstellungsfähigkeit durch das Immunsystem oder durch das Reparatursystem des Organismus – wesentlichen Veränderungen ihrer Struktur entgegenzuwirken, so daß die Hypothese, daß schwache und kurzzeitige äußere Störeinflüsse relevante Veränderungen der betroffenen Lebewesen hervorrufen, eher als unwahrscheinlich zu betrachten ist. Wenngleich Reparaturvorgänge bei Schäden, die durch elektromagnetische Einflüsse auf den Organismus hervorgerufen werden, nicht bekannt sind, wird man doch davon ausgehen können, daß – ebenso wie nach der Bestrahlung mit ionisierenden Quanten – auch nach der Einwirkung nicht-ionisierender elektromagnetischer Felder biologische Reorganisationsmechanismen am Werk sind, soweit »Schäden« überhaupt auftreten können.

Diese Annahme, zu der man sich aufgrund biologischer Anpassungs- und Optimierungsprozesse berechtigt fühlt, verändert die Problemstellung des »Elektrosmogs« wesentlich: Es kommt nicht allein darauf an, herauszufinden, welche Veränderungen durch elektromagnetische Einflüsse im Organismus hervorgerufen werden können, sondern praktisch relevant ist vielmehr die Frage, welche Fähigkeiten der Organismus hat, diese *Veränderungen zu kompensieren*. So ist es zum Beispiel denkbar, daß die sogenannte »Elektrosensitivität« mancher Kranken nicht etwa eine gegenüber gesunden Mitmenschen erhöhte Wahrnehmungsfähigkeit elektromagnetischer Signale anzeigt, sondern eher die Unfähigkeit, die von solchen Einflüssen hervorgerufenen Veränderungen auszugleichen – was diesen Menschen schmerzhaft »bewußt« wird.

Alles in allem erscheint es wichtig, darauf hinzuweisen, daß der eigentliche Unterschied zwischen toter und lebender Materie auf der extrem hohen Informationsdichte beruht, die Lebewesen nun einmal auszeichnet. Zum Beispiel kann die technisch betriebene holographische Kristallspeicherung im Maximalfall Informationsdichten erreichen, die immer noch milliardenfach geringer sind als die Informationsdichte des Biomoleküls DNA in der Zelle. Die DNA eines einzigen Menschen, auf einen Faden aufgereiht, würde immerhin den Durchmesser unseres Planetensystems überspannen. Es gibt keine

technischen Erfahrungen mit Superantennen dieses gigantischen Ausmaßes. Infolgedessen schlagen quantitative Extrapolationen, die man aus technischen Erfahrungen auf die Eigenschaften lebender Systeme überträgt, leicht in eine qualitativ veränderte Phänomenologie um, die nicht oder nur schwer aus dem Schatz der bisherigen wissenschaftlichen Erkenntnisse zu begreifen ist.
Vor allem in dieser extrem hohen Informationsdichte lebender Systeme ist die eigentliche Ursache für die unverstandene, aber extrem hohe Elektrosensitivität biologischer Systeme zu suchen, die sich naturgemäß der »wissenschaftlichen« Analyse weitgehend zu entziehen scheint. Dies nicht zu erkennen bedeutet bereits, das Problem nicht mit der nötigen Sorgfalt zu behandeln. Viel wichtiger, als möglicherweise falsche Konsequenzen aus Spekulationen pro und contra »Elektrosmog« zu ziehen, erscheint es heute, mit der nötigen Gewissenhaftigkeit die *richtigen Schlüsse* aus unserer vorgegebenen und in ihrem Ausmaß erkennbaren Unwissenheit abzuleiten. Das gilt im übrigen nicht nur für den Elektrosmog, sondern für alle Bereiche unseres Lebens, in denen die hohe Sensitivität von Lebewesen angesprochen wird.

4. Das konventionelle Modell des Bio-Elektromagnetismus

Nichts liegt näher, als die Wechselwirkung biologischer Materie mit elektromagnetischen Feldern auf die elementaren Maxwell-Gleichungen der Elektrodynamik zurückzuführen, die von der Glühbirne bis zur Innenausstattung eines Elektrizitätswerks jeden elektromagnetischen Vorgang vollständig zu erklären gestatten. Es ist wirklich nicht erkennbar, welche zusätzliche Wechselwirkung mit lebender Materie die Gültigkeit dieser makroskopischen Gleichungen in Frage stellen oder einschränken sollte. Die Maxwell-Gleichungen beschreiben quantitativ (1) elektrische Ladungen als Quelle elektrischer Felder, (2) die Induktion magnetischer (elektrischer) Felder durch zeitliche Veränderungen elektrischer (bzw. magnetischer) Felder und (3) in den Materialgleichungen die Leitfähigkeit als Proportionalitätskonstante zwischen Strom und Spannung (die Dielektrizitätskonstante bzw. die magnetische Permeabilität als Maße für die elektrische bzw. magnetische Polarisierbarkeit des betreffenden Mediums).

Es gibt in der Physik makroskopischer Materie (außer der Supraleitung) keinen elektromagnetischen Vorgang, der sich nicht mit Hilfe der Maxwell-Gleichungen quantitativ verstehen ließe. Konsequenterweise erwartet man deshalb von der Anwendung der Maxwell-Gleichungen auf »lebende« Materie die vollständige Beschreibung der Phänomene, die beim Einfluß äußerer elektrischer, magnetischer oder elektromagnetischer Felder auf biologische Systeme zu beobachten sind. Die Aufgabe vereinfacht sich noch dadurch, daß das Gewebe für magnetische Felder praktisch durchlässig ist und so lediglich lokale Ladungsverschiebungen und Ströme im Gewebe zu berechnen sind, sobald ein äußeres elektrisches, magnetisches oder elektromagnetisches Feld angelegt wird.

Schon zu Beginn dieses Jahrhunderts konnten Debey und Wagner (Debey 1929) die Maxwell-Gleichungen zu diesem Zweck auf entscheidende »Relaxationsgleichungen« reduzieren, die auch heute noch im Mittelpunkt des Bio-Elektromagnetismus stehen (Polk/Postow 1986). Sie beschreiben die mit der Frequenz der eindringenden Felder veränderliche Leitfähigkeit und Dielektrizitätskonstante des Gewebes aus den Eigenschaften jener Ladungsträger, die von diesen Feldern, je nach den Eigenschaften der Materie, mehr oder weniger stark erfaßt werden, mitschwingen und, je nach der Struktur der umgebenden Materie, auch mehr oder weniger stark gedämpft werden.

Diesen einfachen Gleichungen verdanken wir eine Reihe wichtiger Erkenntnisse, so

- das Anwachsen der Leitfähigkeit und die Abnahme der Polarisierbarkeit mit der Zunahme der Frequenz der angelegten Felder,
- das Verständnis für die relativ starke Zunahme der Leitfähigkeit und Abnahme der Polarisierbarkeit um 10–100 Hz (α-Dispersion), um 10–100 MHz (β-Dispersion) und um 10–100 GHz (γ-Dispersion).

In diesen Dispersionsregionen kommt es zu resonanzartigen Mitschwingprozessen von Ladungsträgern, wobei in der α-Dispersionsregion Ionen wie in einem Elektrolyten durch Diffusionsprozesse im aufgezwungenen Rhythmus mitschwingen. Mit wachsender Frequenz übernehmen aber immer mehr die aufnahmefähigen Ladungsträger der Zellmembranen – die kurzgeschlossen werden – die Rolle der Resonatoren. Ihre Resonanzfrequenzen liegen in der β-Dispersionsregion. Der γ-Dispersionsregion ordnet man im wesentlichen die dipolare Relaxation des Gewebewassers in seiner Wechselwirkung mit den Biomolekülen zu.

Man gewinnt so ein relativ brauchbares Modell von der Wirkung elektromagnetischer Felder auf den Organismus:

- Für statische Felder und Felder niedriger Frequenzen gibt es keine thermische Absorption. Während magnetische Felder praktisch ohne Abschwächung ins Gewebe eindringen, werden elektrische Felder nahezu vollständig von der Haut abgeschirmt.
- Mit zunehmender Frequenz spielen Ströme, die durch eindringende Magnetfelder induziert werden, eine wachsende Rolle; sie erwärmen das Gewebe.
- Gleichzeitig werden elektromagnetische Felder infolge des Skin-Effekts mehr und mehr davon abgehalten, in die Tiefe vorzudringen. Bei etwa 10 MHz beträgt die Eindringtiefe elektromagnetischer Felder in den Körper nur noch wenige Zentimeter, bei 10 GHz nur noch etwa 1 mm.
- Ein weiterer Effekt, der das Eindringen elektromagnetischer Wellen in den Organismus erschwert, betrifft die Reflexion an Grenzflächen, an denen starke Änderungen der Leitfähigkeit, der Dielektrizitätskonstante und/oder der Permeabilität auftreten.
- Bei Frequenzen von einigen MHz aufwärts können elektrische und magnetische Feldkomponenten, die höher als 10 T liegen, nicht mehr voneinander getrennt werden, da das Induktionsgesetz elektrische und magnetische Komponenten innerhalb physiologisch relevanter Zeitintervalle ineinander überführt. Die Wärmeproduktion steigt in diesem Bereich mit dem Quadrat der Frequenz, der Feldamplitude und des elektrischen Widerstands des Mediums.

Mit Hilfe der Maxwell-Gleichungen läßt sich zweifellos ein wesentlicher Anteil der elektromagnetischen Wechselwirkungen in biologischen Systemen und innerhalb des Gewebes in guter Übereinstimmung mit den experimentellen Erfahrungen beschreiben, so zum Beispiel

- Elemente des Membranpotentials,
- die Nervenreizleitung und verwandte Phänomene,
- das Eindringen elektromagnetischer Felder verschiedener Frequenzen,
- thermische Effekte, die auf Leitungsverlusten oder dielektrischen

Verlusten beruhen, sowie den Skin-Effekt und die Abschirmung durch Randbedingungen,

- vermutlich einige auf Antennentheorien aufbauende Prinzipien der Elektrorezeption, Elektronavigation und Bio-Information,
- einige spekulative Wechselwirkungen in lebender Materie, die sich auf Plasmawellen, Hohlraum-Resonatoren, Wellenleiter, Resonanzen, Lorentzkräften im Blutstrom, die Übertragung von Drehimpulsen mit Hilfe des Poynting-Vektors und ähnliche makroskopische Effekte der Maxwell-Gleichungen stützen.

Eine Beschreibung solcher grundlegenden Modelle einschließlich der Literaturübersichten wurde kürzlich abgeschlossen (Ho/Popp/Warnke 1994). Nicht verstehen läßt sich auf dieser konventionellen Basis aber die extrem hohe Elektrosensitivität lebender Systeme. Deshalb ist es notwendig, nach tiefergehenden Modellen Ausschau zu halten.

5. Elemente eines neuen Verständnisses

Um die hohe Elektrosensitivität biologischer Systeme verstehen zu können, muß man nach Mechanismen suchen, die nach Zufuhr nur geringer elektromagnetischer Energie eine relativ starke raum-zeitliche Strukturänderung biologischer Bereiche erklären können. Thermodynamisch ist einem solchen Prozeß eine starke Entropie-Änderung bei relativ geringer Energiezufuhr zuzuordnen, wie er beispielsweise bei tiefen Temperaturen auftritt. Es fehlt deshalb auch nicht an Vorschlägen, Supraleitung und Tieftemperaturphysik für biologische Systeme in Anspruch zu nehmen; so schlug Herbert Fröhlich, der den Mechanismus der Supraleitung aufdeckte, Bose-Kondensations-ähnliche Mechanismen in biologischen Systemen vor (Fröhlich 1986). Darunter versteht man die Kumulation von Bosonen in bestimmten Phasenraumzellen, wie sie bei der Supraleitung oder auch beim technischen Laser eintritt. Fröhlich postulierte für Lebewesen die Kondensation von optischen Phononen im Mikrowellenbereich, die sich durch Fluktuationen der Membranpotentiale bei bestimmten Frequenzen resonanzhaft aufschaukeln können. Die Konsequenz wären langreichweitige, phasenstabile Oszillationen im Gewebe, die vom Stoffwechsel mit der nötigen Energie versorgt werden.

Es handelt sich dabei um »kohärente« Wechselwirkungen, die nach dem Stand der wissenschaftlichen Erkenntnis auch gleichzeitig die höchste Sensitivität gegenüber äußeren Störungen aufweisen können. Insofern wäre das Problem der Elektrosensitivität biologischer Systeme grundsätzlich auf die Existenz langreichweitiger kohärenter Wechselwirkungen in biologischen Systemen zurückgeführt.
Ein wesentlicher Aspekt in Fröhlichs Konzept ist die starke Abweichung des biologischen Systems vom thermischen Gleichgewicht, die durch ein »chemisches Potential« beschrieben wird. Nach Fröhlichs Deutung handelt es sich bei diesem chemischen Potential um die Energieversorgung durch die Nahrungszufuhr. Im Prinzip weicht deshalb ein weiteres Modell, das der Nobelpreisträger Ilya Prigogine vorschlägt (Nicolis/Prigogine 1977), nicht von der Theorie Fröhlichs ab. Prigogine zeigte, daß sich »weit weg vom thermischen Gleichgewicht« raum-zeitliche Muster, die er »dissipative Strukturen« nennt, stabilisieren können. »Chaos« kann durch autokatalytische (nichtlineare) Kopplungen im System spontan in »Ordnung« umschlagen, sobald sich das System durch Energiezufuhr genügend weit weg vom thermischen Gleichgewicht befindet. Diese »dissipativen« (besser: »kohärenten«) Strukturen können an der Phasengrenze zwischen »Chaos« und »Ordnung« extrem hohe Sensitivität aufweisen: Geringste Störungen führen zu starken Veränderungen in den Anteilen strukturloser und geordneter Bereiche, ähnlich der Ausmusterung von Kristallen am Schmelzpunkt, die bekanntlich empfindlich von geringen Fluktuationen des Systems oder der Umgebungsbedingungen abhängt.
Damit liefern Fröhlich und Prigogine eine topologisch äquivalente Theorie der Elektrosensitivität, die nicht auf den Maxwell-Gleichungen, sondern auf einer Hypothese über die Eigenschaften biologischer Systeme fußt: Lebewesen sind (wenigstens in Teilbereichen ihrer elektromagnetischen Wechselwirkung) offene Systeme, die durch Energiezufuhr kohärente, langreichweitige Wechselwirkungen aufbauen, deren Empfindlichkeit an der Phasengrenze zwischen »Chaos« und »Ordnung« extrem groß werden kann.
Noch weiter als Fröhlichs und Prigogines Konzepte geht ein weniger physikalisch begründetes, dafür aber um so systematischer fundiertes mathematisches Modell, nämlich die Analyse nichtlinearer Gleichungssysteme, die eine eindrucksvolle Phänomenologie der Lösun-

gen liefert. Oft haben diese Lösungen Eigenschaften, wie man sie in der Natur findet: So kann man damit zum Beispiel das Wachstum und die »fraktale« Ausmusterung von Pflanzen eindrucksvoll beschreiben. Diese neue Forschungsrichtung der Wissenschaft, die kurz »Chaos« oder »deterministisches Chaos« genannt wird (Bai-Lin 1984), liefert auch Denkmodelle zum Verständnis der extrem hohen Sensitivität biologischer Systeme (Popp/Deny 1991).

Die Ursache der extrem starken Empfindlichkeit liegt bei diesen Gleichungssystemen in der starken Abhängigkeit der stationären Lösungen (»Attraktoren«) von den Anfangsbedingungen: Obwohl es aus technischen Gründen oft nicht möglich ist, die Anfangsbedingungen genügend genau anzugeben, können kleinste, aus rein technischen Gründen nicht mehr auflösbare Abweichungen von einem bestimmten Anfangswert zu dramatischen Veränderungen im Endwert führen, auf den sich die Lösung des iterativen Gleichungssystems hin entwickelt. Konsequenterweise führen geringste Abweichungen von jeweils gedachten Anfangswerten, die beispielsweise durch unmeßbar kleine elektromagnetische Störungen verursacht sein können, zu möglicherweise dramatischen Veränderungen in der zeitlichen Entwicklung des betrachteten Systems.

Wenngleich die Chaostheorie physikalisch wenig fundiert erscheint und im Gegensatz zu Fröhlichs und Prigogines Konzept nicht explizit auf die eigentlichen Wechselwirkungen im biologischen System Bezug nimmt, liefert sie dennoch ein neues Denkmodell zum Verständnis der hohen Sensitivität biologischer Systeme. Sie richtet das Augenmerk überdies stärker auf die zeitliche Entwicklung des Geschehens, als dies in den Modellen von Fröhlich und Prigogine zum Ausdruck kommt. Im Chaosmodell spielt die Abweichung vom thermischen Gleichgewicht explizit keine Rolle: Wesentlich sind die Nichtlinearitäten in den verwendeten Gleichungssystemen, die allerdings auch die Abweichung vom thermischen Gleichgewicht spezifizieren.

Das Gemeinsame bleibt demnach der Bezug auf Nichtlinearitäten, die auch Abweichungen vom thermischen Gleichgewicht charakterisieren können, aber nicht müssen. Insofern kann auch ein physikalisch fundiertes Modell weiterhelfen, das die Abweichung vom thermischen Gleichgewicht nicht voraussetzt, aber dennoch kohärente Wechselwirkungen in biologischen Systemen ermöglicht: das Solito-

nen-Konzept Davydovs (1994). Bei Solitonen handelt es sich um kohärente Zustände, die extrem schwach mit thermischen Phononen wechselwirken, so daß sie trotz einer thermischen Umgebung relativ stabil bleiben können.
Gemeinsam zu Fröhlichs und Prigogines Theorie sowie zum Chaos-Modell bleiben die Nichtlinearitäten in den Ausgangsgleichungen. Während Fröhlich vorwiegend Oszillationen der Membranpotentiale in den Mittelpunkt der Überlegungen stellt, Prigogine allgemein die starke Abweichung vom thermischen Gleichgewicht betont, die Chaostheorie andererseits keinen physikalischen Mechanismus voraussetzt, stützt Davydov seine Theorie auf Lösungen der nichtlinearen Schrödinger-Gleichungen, die in der Nähe des thermischen Gleichgewichts durch Selbstfokussierung stabil bleiben. Es handelt sich dabei vorwiegend um selbstfokussierende Schwingungszustände in Makromolekülen, die im Prinzip auch den Mechanismus einer »Hochtemperatur-Supraleitung« erklären könnten.
Zwar gibt es bisher wenig experimentelle Evidenz für all diese Modelle. Bei sorgfältiger Analyse dieser Ansätze erscheint es aber sehr gut vorstellbar, daß der gemeinsame »Kern«, nämlich der Aufbau »kohärenter« Strukturen in biologischen Systemen, als die eigentliche Ursache der hohen Elektrosensitivität anzusehen ist. Dieser Frage geht der Verfasser seit etwa 20 Jahren nach. Mindestens für den optischen Bereich des elektromagnetischen Spektrums kann heute behauptet werden, daß biologische Systeme tatsächlich kohärente Zustände (im strengen Sinne des Begriffs) bilden (Popp/Gu/Li 1992). Auch zeigt sich, daß sich lebende Gewebe in diesem Bereich tatsächlich »weit weg vom thermischen Gleichgewicht« stabilisieren. Die Spektralverteilung, die die Gleichbesetzung aller Moden indiziert, entspricht im übrigen eben jener Phasengrenze, in der das System von einem »chaotischen« Regime in ein »geordnetes« umschlägt, wie beispielsweise an der Laserschwelle eines Vielmodenlasers. Damit verbunden ist das höchste denkbare Signal/Rausch-Verhältnis (Popp/Gu/Li 1992). Darüber hinaus zeigte sich an einigen Beispielen (Galle et al. 1991; Schamhart/van Wijk 1987; Popp/Gu/Ho 1994), daß bei der »Biokommunikation« zwischen Zellen, Einzellern und Organismen das Prinzip der »destruktiven Interferenz« zu einer rauschfreien, idealen Verständigung führt.
Es dürfte deshalb nur noch eine Frage der Zeit sein, das Problem der

Elektrosensitivität grundsätzlich zu lösen und die richtigen Schlüsse daraus abzuleiten. Nur im Wechselspiel zwischen Theorie und Experiment lassen sich die wissenschaftlichen Fragen klären, und nur im ehrlichen Dialog zwischen den betroffenen Bürgern und verantwortungsbewußten Fachleuten lassen sich die richtigen Konsequenzen zum Schutz vor übermäßiger Exposition und zur Vermeidung überängstlicher Reaktionen ziehen.

Abkürzungen

A	Ampere
Å	Ångström
AMP	Adenosinmonophosphat
ATP	Adenosintriphosphat
DNS	Desoxyribonucleinsäure
HIOMT	Hydroxyindol-O-Methyltransferase
Hz	Hertz
NO	Stickstoffmonoxid
PE	Schutzleiter (protection earth)
PED	Pathologisches Energiedefizit
PTC	Positiver Temperatur-Coeffizient
SNAT	N-Acetyltransferase
T	Tesla
V	Volt
VDE	Verband deutscher Elektrotechniker

Glossar

Absorption Leistungsaufnahme (und Umwandlung in Wärme), z. B. durch organisches Material

Adenosintriphosphat universelle biologische Energiewährung

Ampere Maßeinheit für die elektrische Stromstärke

Amplitude der größte Ausschlag einer Schwingung

Anabole Hormone Hormone, die am Aufbau von Körpersubstanz beteiligt sind

Ångström (Å) Maßeinheit für die Wellenlänge des Lichts

Assimilation Aufbau organischer Substanzen

Athermische Effekte eine Reihe verschiedenartiger Wirkungsmechanismen, die aber auf keinerlei Erwärmung beruhen

Bewegungsmelder Ein elektrischer Fühler, der auf Wärmeänderungen reagiert und einen Schalter ansteuern kann, z. B. zum Einschalten einer Glühlampe. Eine Wärmeänderung kann entstehen, wenn ein Mensch (oder Tier) das »Sichtfeld« des Melders betritt. Bewegungsmelder werden u.a. zur automatischen Schaltung von Hof- und Gartenleuchten eingesetzt.

Circadianer Rhythmus biologischer Rhythmus im 24-Stunden-Zyklus

Desoxyribonucleinsäure Träger der genetischen Information, Hauptbestandteil der Chromosomen

DIN VDE Früher nur »VDE-Bestimmungen«, heute »DIN-VDE-Bestimmungen«. DIN und VDE tragen gemeinsam die Deutsche Elektrotechnische Kommission (DKE), die auf internationaler Ebene die nationalen Interessen im Bereich der Harmonisierung elektrotechnischer Normen vertritt.

Elektrisches Feld (E-Feld) Gemessen wird die elektrische Feldstärke in »Volt pro Meter« (V/m). Die Intensität ist also wesentlich von der elektrischen Spannung abhängig, die z.B. ein elektrischer Leiter eines Stromkreises gegenüber seiner Umgebung (z.B. der Erde) führt. Das E-Feld ist auch dann vorhanden, wenn über den Leiter gerade kein elektrischer Strom fließt, der Leiter aber mit dem Netz (der Energiequelle) verbunden bleibt.

Endogener Oszillator interner Schwingungsgeber

Engramm Unter einem Engramm ist eine »Gedächtnisspur« zu verstehen, »die durch Reize... in jede organische Substanz als bleibende Veränderung ›eingeschrieben‹ werden kann und auf spätere ähnliche Reize eine gleiche Wirkung wie auf den Originalreiz veranlaßt« (aus: Meyers Großes Taschenlexikon, Ausgabe 1990). Ähnlich der Festplatte eines Computers sind im Gehirn von Lebewesen sehr viele Engramme gespeichert, deren Aktivierung jeweils ähnliche Vorgänge im stofflichen wie nicht-stofflichen Bereich nach sich zieht: im Empfinden von Gefühlen, in den Verhaltensweisen, in der Art des Denkens, in den sozialen Beziehungen; aber auch in der Funktion von Stoffwechsel und Zellen, im Säure-Basen-Haushalt, den Hormonsekretionen und den immunologischen Prozessen. Bestimmte Körperbereiche, die einzelnen Zonen des Gehirns landkartenartig zugeordnet sind (»Somattopien«), reagieren in besonderer Weise mit, wenn das jeweilige Engramm im Gehirn aktiviert wird. Die »Aktivierung« erfolgt durch äußere oder innere Eindrücke, welche über Assoziationen mit dem Originalreiz des Engramms verbunden sind. Die Entstehung von Krebs beruht vielfach auf derartigen Engrammen. In diesen Fällen ist eine Heilung von Krebs nur möglich, wenn die pathologischen Programm-Determinanten gelöscht werden.
Wie man im Computer eine Datei öffnet und dann alle dort abgelegten Funktionen und Informationen aktiviert sind, wirkt sich das aktivierte cerebrale Engramm im Körper, im Stoffwechsel, in der Psyche und im Verhalten aus. Der süchtige Raucher ist ein typisches Beispiel: Automatisch entsteht durch äußere und innere Reize (soziale Situation und Stoffwechselprozesse) der Zwang zur Wiederholung der im Engramm vorgegebenen Muster; der Griff zur Zigarette ist ebenso gesichert wie die spezifische Art und Weise, sie zu rauchen, aber auch die dabei entstehenden Gefühle und Veränderungen in der Funktion der Zellen werden gemäß dem Programm wiederholt.

Fehlerstromschutzeinrichtung Auch Fehlerstromschutzschalter oder FI-Schutzschalter genannt. Es handelt sich um eine Einrichtung, die im Falle eines zur Erde abgeleiteten Stromes ausreichender Stärke (z. B. infolge eines Isolationsfehlers) den Stromkreis innerhalb von 0,2 Sekunden von der Netzverteilung abtrennt.

Frequenz Schwingungszahl von Wellen in der Sekunde (in Hz)

Fundamenterder Ein Erder, der in Form von Band- oder Rundstahl – in der Regel als geschlossener Ring ausgeführt – in das Gebäudefundament, unterhalb der Gebäudeaußenwände eingebracht wird. Er ist vor Beginn der Fundamentschüttung zu verlegen und wird bei Bauvorhaben etwa seit Mitte der 70er Jahre eingeplant. Der Fundamenterder wird in den Hauptpotentialausgleich des Gebäudes einbezogen.

Glykolyse anaerober Abbau (Vergärung) von Kohlenhydraten (Glukose)

Hall-Effekt tritt bei Halbleiterbauelementen auf, bei denen der Stromfluß durch das Halbleitermaterial mittels eines äußeren Magnetfeldes gesteuert wird.

Hauptpotentialausgleich Ein Potentialausgleich im Bereich der Hauptanschlüsse eines Gebäudes. In den Hauptpotentialausgleich wird auch – sofern vorhanden – der Fundamenterder des Gebäudes einbezogen.

Hertz Maßeinheit für die Frequenz

H-Feld Magnetisches Feld. Gemessen wird die magnetische Feldstärke in »A/m«. Unter der Einschränkung, daß nur der »Luftraum« um einen elektrischen Leiter herum betrachtet wird, kann auch das Maß »Tesla« (T) bzw. µT verwendet werden. Es gilt dann: 1 A/m ≈ 1,25 µT. Ein H-Feld geht von einem Leiter aus, der von elektrischem Strom durchflossen wird.

Hippokampus Bestandteil des Limbischen Systems

Hot spots Durch Überlagerung mehrerer reflektierter Strahlungsanteile entstehende »heiße« Stellen im Gewebe, die also überdurchschnittlich erwärmt werden.

Hydroxyindol-O-Methyltransferase Enzym, mit dessen Hilfe aus N-Acetylserotonin Melatonin wird

Hypothalamus Teil des Zwischenhirns, enthält höchste Zentren des vegetativen Nervensystems; Ursprung der Neurohypophyse

Kapazitive Körperankoppelung Spannungsmessung am liegenden Probanden gegen die Erde (nach E. W. Fischer)

Körperstromdichte Befindet sich ein menschlicher Körper in einem elektrischen Wechselfeld, so fließt im Körper ein der Feldstärke proportionaler Verschiebungsstrom, dessen Stromdichte S = I / A über die Flächengröße (A) und den Verschiebungsstrom (I) innerhalb dieser Fläche ermittelt werden kann.

Kohärenz Schwingungen gleicher Frequenz und gleicher Phase

Latenzzeit Zeit zwischen Reiz und Reaktion

Makrophagen-Insuffizienz zu geringe Anzahl von Makrophagen (Phagozyten, »Freßzellen«) im Blut

Melatonin Hormon der Epiphyse (Zirbeldrüse); übergeordnetes Hormon, steuert andere Hormone, beeinflußt die Schlaftätigkeit und hat suppressive Wirkung.

Modulation Beeinflussung einer Trägerfrequenz zur Übertragung von Nachrichten. So besteht eine Rundfunkwelle aus dem Träger im MHz-Bereich und der Information im kHz-Bereich. Neben sinusförmigen Wellen können auch andere Modulationen bis hin zu Sprungfunktionen auftreten. Dabei können die Amplitude (Mittelwelle), die Frequenz (UKW) oder die Phase (Richtfunk) moduliert werden.

N-Acetyltransferase Enzym, mit dessen Hilfe aus Serotonin N-Acetylserotonin wird

Pacemaker Schrittmacher

Pathologisches Energiedefizit (PED) Zur Aufrechterhaltung der Zelltätigkeit benötigt die Zelle Adenosintriphosphat (ATP). Wird durch beliebige Ursachen eine Störung des Zellmilieus verursacht, so ist die Folge ein Mangel an ATP, was sich als sog. pathologisches Energiedefizit äußert.

PEN-Leiter Ein Leiter (nur) im TN-System, der als Schutzleiter (PE) und Neutralleiter (N-Leiter, Mittelleiter) zugleich verwendet werden darf. Wurde früher als »Nulleiter« bezeichnet.

Phase zeitliche Entfernung eines Schwingungszustandes von einem vorgegebenen Nullwert

Potentialausgleich Bei einem Potentialausgleich verbindet man alle vom Menschen berührbaren elektrisch gut leitenden Teile miteinander. Dadurch bleibt ein Mensch in der Regel auch dann noch vor einem elektrischen Schlag geschützt, wenn eines dieser Teile als Folge eines Fehlers elektrische Spannung annimmt. Am bekanntesten ist der Potentialausgleich, der für Badezimmer vorgeschrieben ist und dort die metallische Badewanne, das Wasserrohr, das metallische Abwasserrohr und ggf. weitere Rohrsysteme miteinander verbindet.

PTC-Verhalten Eine Eigenschaft aller reinen Metalle, deren elektrischer Widerstand mit steigender Temperatur des Metalls größer wird (*p*ositiver *T*emperatur-*C*oeffizient).

Rezeptoren Biologische Struktur, die als »Reizempfänger« eine spezifische Reizsituation aufnimmt und darüber Informationen an das Zentralnervensystem weitergibt.

Schirmung Es handelt sich um eine elektrisch leitende Schicht, ein Geflecht, eine Folie oder eine koaxiale Anordnung mehrerer dünner Leiter, die einzelne oder mehrere Leiter eines Kabels/einer elektrischen Leitung umschließt. Sinn der Schirmung ist, das E-Feld zu binden (»abzuschirmen«).

Schutzisolierung Eine – von mehreren möglichen – Maßnahmen, die vor allem an elektrischen Hausgeräten zum Schutz des Menschen vor gefährlichen Körperströmen eingesetzt wird. Sie gilt als besonders zuverlässig und basiert darauf, daß alle betriebsmäßig Spannung führenden Teile doppelt isoliert sind. Schutzisolierte Geräte werden vom Hersteller mit einem Symbol gekennzeichnet (Quadrat in einem Quadrat).

Schwingung Der Begriff »Schwingung« wird hier in einer über die technische Definition der elektromagnetischen Welle hinausgehenden Bedeutung verwendet. Mit naturwissenschaftlich definierbaren Begriffen kann man nicht alle Phänomene des Lebens beschreiben. Im Vergleich zu dem unfaßbar großen Raum, den die vielfältigen Erscheinungen der Wirklichkeit einnehmen, erscheint die Dimension des mit naturwissenschaftlichen Gesetzen Begreifbaren oft wie ein Sandkorn. Gefühle, Verhaltensweisen, Zuneigung oder Abneigung gegenüber anderen Menschen, die bedeutsamen Auswirkungen eines Blickes im richtigen Moment, der Gedanke an ein freudiges Ereignis und vieles andere mehr – dies alles sind Erscheinungsweisen biologischer Systeme, die mit den Begriffen der Physik nicht präzise erklärt werden können, und doch wird die Existenz dieser Phänomene von niemandem geleugnet. Im biologischen System stellen diese Phänomene entscheidende Determinanten der Lebensvorgänge dar.
Der Übergang zwischen dem Bereich elektrophysiologisch erklärbarer Phänomene zu dem genannten Bereich des wissenschaftlich nicht mehr Faßbaren ist fließend. Genau in dieser Übergangszone muß man aber die spezifische Empfindlichkeit eines Lebewesens auf Umweltreize eingeordnet sehen. Einerseits lösen elektromagnetische Schwingungen des Lichtes über Farben

frequenzspezifisch unterschiedliche Reaktionen in den Gefühlen und in den biochemischen Prozessen der Menschen aus. Andererseits verändert die Gefühlslage die Irritabilität des biologischen Systems gegenüber elektromagnetischen Signalen (zum Beispiel Farben), ebenso wie sie die Immunität und die Sensibilität des Lebewesens gegenüber spezifischen Frequenzen (rot oder blau zum Beispiel) modifiziert. Elektromagnetisch definierbare Körpervorgänge und physikalisch nicht mehr erklärbare Äußerungen des Lebens hängen also im lebenden System untrennbar zusammen, auch wenn sie nicht scharf voneinander abgegrenzt werden können. Weder die Technik noch die Sprache verfügen über einen für beide Seiten gleichermaßen gültigen Begriff zur Beschreibung des fließenden Übergangs von der Welt der Physik in die Welt der Psychologie und der Physiologie.

Daher wird dieses Fluidum bewußt mit dem unscharfen Begriff der »Schwingung« bezeichnet. Einerseits impliziert dieser Begriff die physikalische Bedeutung der »elektromagnetischen Welle«, andererseits bezieht er sich auch auf die »Lebensenergie«, die in vielen Kulturen und Philosophien mit unterschiedlichen Begriffen belegt worden ist, ohne daß sie damit physikalisch exakt faßbar geworden wäre: »Chi, Prana, Orgon, Bioplasma-Energie, Äther...« Er bezeichnet also zum einen die im physikalischen Sinne beschreibbaren elektromagnetischen Emissionen von Materie, wie er sich zum anderen auf die darüber hinausgehenden »Ausstrahlungen« der materiellen und immateriellen Anteile eines Lebewesens bezieht. Der elektromagnetische Impuls ist – technisch gesprochen – eine mit Periodizität, Amplitude, Phase, Impulsform und Vektor zu beschreibende Art der Ausbreitung eines Reizes. Darüber hinaus hat der Begriff »Schwingung« im sprachlichen Bereich auch erweiterte Bedeutungen. Man sagt zum Beispiel von einem Raum, er habe eine gute »Schwingung« oder er »strahle« Gutes aus.

Will man »Schwingung« im weiteren, übertragenen Sinne definieren, also im Hinblick auf andere als physikalische Prozesse, so könnte man vielleicht von »Wirkungen« oder »Einwirkungen« einer materiell faßbaren Substanz oder eines nichtstofflichen Mediums sprechen. Hier wird das, was Wirkungen/Einwirkungen hervorruft, als »Schwingung« bezeichnet.

Synergie Zusammenwirken mehrerer Einflüsse in additiver oder potenzierender Weise

Tesla Maßeinheit für die magnetische Flußdichte

Thermische Effekte Effekte, die auf Erwärmung von Gewebeteilen/Organen beruhen

TN-System Eine besondere Form des Versorgungsnetzes (insbesondere im Bereich der öffentlichen Stromversorgung), bei der der Schutzleiter (PE) der elektrischen Anlage mit einem bestimmten Netzleiter (an zentraler Stelle der

Anlage) verbunden wird. Das jeweils örtlich zuständige Energieversorgungsunternehmen erteilt Auskunft, ob diese Maßnahme zulässig ist. Etwa 70% der Niederspannungsnetze der öffentlichen Stromversorgung in Deutschland dürften TN-Netze sein. Die Art dieser Schutzmaßnahmen wurde früher als »Nullung« bezeichnet.

TT-System Eine besondere Form des Versorgungsnetzes (insbesondere im Bereich der öffentlichen Stromversorgung), bei der der Schutzleiter der angeschlossenen elektrischen Anlage – ohne daß eine Verbindung zu einem Netzleiter bestehen darf – vor Ort mit einem wirksamen Erder verbunden ist. Der Schutz im Falle eines Isolationsfehlers wird im TT-Netz in der Regel unter Einsatz von Fehlerstromschutzeinrichtungen realisiert.

Vagabundierende Ströme Ein Ausdruck, der auf elektrische Ströme angewendet wird, die nicht über eine »kanalisierende« Leitung fließen. Sie können sich in Gebäuden über den Hauptpotentialausgleich ausbreiten, von dort auf die Rohrsysteme übertreten und zur Erde abfließen. Diese Ströme bilden bei korrekter Ausführung des Hauptpotentialausgleichs keine Gefährdung des Menschen. Sie führen jedoch zur Ausbildung von H-Feldern.

Volt Maßeinheit für die elektrische Spannung

Weichmagnetisches Eisen Eisen, das sich besonders leicht magnetisieren und entmagnetisieren läßt

Wellenlänge Distanz, die eine Welle während einer Schwingungsdauer zurücklegt

Wirbelstrom Wechselströme, die durch Induktion in einem Leiter entstehen, wenn dieser sich in einem magnetischen Wechselfeld befindet oder durch ein statisches Magnetfeld bewegt wird.

Zell-Proliferation Zellvermehrung

Literatur

W. R. Adey: The sequence and energetics of cell membrane transductive coupling to intercellular enzyme systems, in: *Bioelectrochemistry and Bioenergetics*, Nr. 15/1986, S. 447–456

A. Ahlbom et al.: Biological effects of powerline fields. New York State power lines project, Final Report, 1. July 1987

A. Ahlbom et al.: Institut for Miljömedizin, Karrolinska institutet *IMM-rapport* 6/92, Stockholm 1992

Ders./M. Feychting: Magnetic fields and cancer in people residing near Swedish high voltage power lines, in: *IMM – rapport*, Nr. 6/1992

G. Altmann/U. Warnke: Thermographie der Honigbienen-Wintertraube unter Einfluß von Hochspannungswechselfeldern, in: *Zeitschrift für angewandte Entomologie*, Nr. 104/1987, S. 69–73

J. Arendt: Melatonin and the human circadian system, in: A. Miles/D. R. S. Philbrick/C. Thomson (Eds.): Melatonin – Clinical perspectives, Oxford 1988, S. 43–61

H. Baumer: Sferics. Die Entdeckung der Wetterstrahlung, Reinbek 1987

H. Bai-Lin: Chaos, Singapore/London 1984

S. Baranski/P. Cerski: Biological effects of microwawes, Stroudsburg (Ra.) 1976

S. M. Bawin/W. R. Adey: Sensitivity of calcium binding in cerebral tissue to weak environmental oscillating low frequency electric fields, in: *Proc. Nat. Acad. Sci. USA*, Nr. 73/1976, S. 1999 ff.

S. M. Bawin/L. K. Kaczmarek/W. R. Adey: Effects of modulated VHF fields on the central nervous system, in: *Ann. NY Acad. Sci.*, Nr. 247/1975, S. 74–91

Bayerisches Staatsministerium für Wirtschaft und Verkehr; Bayerisches Staatsministerium für Landesentwicklung und Umweltfragen (Hrsg.), A. Jaumann/A. Dick: Antworten zur Energiepolitik, München 1978

G. Becker: Termiten verständigen sich elektrisch, in: *Umschau in Wissenschaft und Technik*, Nr. 11/1976, S. 555–556

Ders.: Untersuchungen über die Korrelation der Termiten-Fraßaktivität zu den durch die Sonnenaktivität bedingten und anderen Änderungen des geomagnetischen Felds, in: *Zeitschrift für angewandte Entomologie*, Nr. 4/1980, S. 401–419

Ders.: Communication between termites by means of biofields and the influence of magnetic and electric fields on termites, in: F. A. Popp et al. (Eds.): Electromagnetic Bio-Information, München 1989, S. 116–127

Ders./W. Gerisch: Sonnenaktivitätsbedingte Geomagnetfeld-Einflüsse als Umweltfaktor von biologischer Bedeutung, in: *Naturwissenschaftliche Rundschau*, Nr. 8/1980, S. 325–328

R. O. Becker: Der Funke des Lebens. Elektrizität und Lebensenergie. Der Einfluß elektromagnetischer Ströme und elektromagnetischer Felder auf unseren Körper – Die Chancen der Energiemedizin und die Gefahren der elektromagnetischen Umweltverschmutzung, Bern 1991

Ders.: Heilkraft und Gefahren der Elektrizität. Die Chancen der Energiemedizin und die Gefahren des Elektrosmog, Bern 1993

H. Bednar: Ökologische Aspekte niederfrequenter elektromagnetischer Felder im Bereich der Land- und Forstwirtschaft, in: Tagungsband »Nichtionisierende Strahlung«, Fachverband für Strahlenschutz, Nr. 103–104/1988

Ders.: Wirkungen elektromagnetischer Felder auf Pflanzen und Tiere, in: Tagungsband »Elektromagnetische Felder. Einflüsse auf Mensch und Umwelt«, Österr. Institut für Baubiologie, Wien 1990, S. 225–246

Ders.: Ökologische Auswirkungen von Hochspannungsleitungen, in: *Natur und Land*, Nr. 6/1990, S. 177–182

W. Bise: Lower power radio-frequency and microwawe effects on human encephalogram and behavior, in: *Physiol. Chem. & Physics*, Nr. 10/1978, S. 387

M. Bischof: Strom aus dem großen Nichts?, in: *Esotera*, Nr. 11/1993, S. 93 ff.

J. R. Bittner: Broadcasting and telecommunication. An introduction, Eaglewood Cliffs 1991

C. F. Blackman: Experimental results and hypotheses regarding the interaction of EM-fields and brain tissue, in: 23. Gen. Ass. of the Intern. Union of Radio Science, Prag 1990

D. E. Blask: The pineal: An oncostatic gland?, in: B. W. Wilson/R. G. Stevens/L. E. Anderson (Eds.): Extremely low frequency electromagnetic fields, Columbus 1984, S. 253–284

R. Bönsch: Noch wird zuviel vergeudet, in: *Die Zeit*, 10.4.1987

G. C. Brainard/B. A. Richardson/T. A. King et al.: The suppression of pineal melatonin content and N-acetyltransferase activity by different light irradiances in the Syrian hamster, in: *Endocrinology*, Nr. 113/1983, S. 293–296

K.-H. Braun-von Gladiß: Ganzheitliche Medizin in der ärztlichen Praxis. Naturheilkunde, Umweltmedizin, Energiemedizin, Kritisches Denken, Südergellersen 1991

Ders.: Biologische Effekte funktechnischer Anlagen, Amelinghausen 1992 (Selbstverlag)

A. A. Brayman et al.: Absence of a 45 or 60 Hz electric field induced respiratory effect in Physarum polycephalum, in: *Radiation Research*, Nr. 104/1985, S. 242–261

Dies.: Effects of 60 Hz fields on cellular elongation and radial expansion growth in cucurbit roots, in: *Bioelectromagnetics*, Nr. 8/1987, S. 57–72

P. Brodeur: Currents of death. Power lines, computer terminals, and the attempt to cover up their threat to your health, New York u. a. 1989

H. Brügemann (Hrsg.): Bioresonanz- und Multiresonanz-Therapie (BRT). Neue zukunftsweisende Therapieformen mit ultrafeinen Körperenergien und Umweltsignalen. Dokumentation zu Theorie u. Praxis, Heidelberg 1990

H. Brüggemeyer/H.-J. Köpsel: Störbeeinflussung von Herzschrittmachern durch elektromagnetische Felder, hrsg. vom Niedersächsischen Sozialministerium, Hannover 1993

T. H. Bullock: General introduction. An essay on the discovery of sensory receptors and the assignment of their functions together with an introduction to electroreceptors, in: A. Fessard (Ed.): Handbook of sensory physiology. Electroreceptors and other specialized receptors in lower vertebrates (Vol. 3), Basel 1975, S. 1–12

Ders./W. Heiligenberg (Eds.): Electroreception, New York 1986

Bundesamt für Post- und Telekommunikation (BAPT): Messungen der elektromagnetischen Feldstärken an 1075 ausgewählten Orten im Bundesgebiet auf der Grundlage des Normenentwurfs DIN VDE 0848 Teil 2 (10/91), Mainz 1993

S. Buntenkötter et al.: Investigation on rats with DMBA to exclude tumor-promoting effects of electromagnetic fields (50 Hz, 30 mT-Gleichfeld), in: W. Kleber (Ed.): 7th Intern. Symposium on High Voltage Engineering. Electrostatics and Biological Effects, Dresden 1991, S. 89–92

S. Butler: Erewhon. Edited by P. Mudford, Harmondsworth 1981

W. Capelle (Übersetzung und Einleitung): Die Vorsokratiker. Die Fragmente und Quellenberichte, Stuttgart 1968

W. B. Coate et al.: Biological effects test program, Pilot studies, Project sanquine, Hazleton Laboratories, 1970

M. Cohen/M. Lippman/B. Chabner: Role of pineal gland in etiology and treatment of breast cancer, in: *Lancet*, Nr. 2/1988, S. 814–816

V. I. Danilov/V. V. Parshintesev/V. V. Turkin: Influence of a single pulse of a magnetic field on the electrical activity of mollusc neurones, in: *Biofizika*, Nr. 29/1984, S. 109–112

M. Daunderer: Handbuch der Umwelttoxikologie. Klinische Umwelttoxikologie für die Praxis, Landsberg 1990

E. David: Elektromagnetische Felder – Einflüsse auf Mensch und Umwelt – Folgen für das gesunde Bauen und Wohnen, in: Tagungsband des Jubiläumskongresses des österreichischen Instituts für Baubiologie, Gmunden 1990, S. 99

A. S. Davydov: Energy and electron transport in biological systems, in: M. W. Ho/F. A. Popp/U. Warnke (Eds.): Bioelectrodynamics and biocommunication, Singapore/London 1994
P. Debey: Polar molecules, New York 1929
Derlitzki/v. Waechter/Stäubesand: Die Elektrowärme im Bauernhaushalt. Ein Mittel zur wirtschaftlichen Gestaltung der Stromversorgung landwirtschaftlicher Abnehmer, in: *Schriften des Reichskuratoriums für Technik in der Landwirtschaft*, Heft 75, Berlin 1937
Deutsche Verbundgesellschaft (Hrsg.): Der Verbundbetrieb in der deutschen Stromversorgung, Heidelberg 1953
N. Eckhardt/M. Meinerzhagen/U. Jochimsen: Die Stromdiktatur. Von Hitler ermächtigt – bis heute ungebrochen, Hamburg/Zürich 1985
J. Eichmeier: Medizinische Elektronik, Berlin u. a. 1983
J. Eisenreid: Funkanwendungen in Deutschland: Entwicklung – Anwendung – elektromagnetische Werte, in: Brennpunkt »Elektro-Smog«, Fiba Kongreß, Köln 1992
I. N. Ferrier/J. Arendt/E. C. Johnstone/T. C. Craw: Reduced nocturnal melatonin secretion in chronic schizophrenia: Relationship to body weight, in: *Clin. Endocrinology*, Nr. 17/1982, S. 181–186
E. W. Fischer: Elektrobiologie, Neubeuern 1993
K. Fitzgerald: Electromagnetic fields: the jury's still out, in: IEEE Spectrum, August 1990, S. 22–35
B. Folderus et al.: Occupational exposure to electromagnetic fields in relation to leukemia and brain tumors. A case-control study, in: Dpt. of Neuromedicine, The Nat. Inst. of Occupational Health, Solna (Schweden) 1992
H. Fröhlich: Long-range coherence and energy storage in biological systems, in: *Int. J. Quantum Chem.*, Nr. 2/1986, S. 641–649
M. Galle/R. Neurohr/G. Altmann/F. A. Popp/W. Nagl: Biophoton emission form Daphnia magna: A possible factor in the selfregulation of swarming, in: *Experientia*, Nr. 47/1991, S. 457–460
R. Georg: Strahlenemission bei Mobilfunk und Richtfunk, in: Brennpunkt »Elektro-Smog«, Fiba Kongreß, Köln 1992
E. M. Goodman et al.: Effects of extremely low frequency electromagnetic fields on growth and differentiation of Physarum polycephalum, Technical Report, Phase I, Sept. 15, 1971 – June 30, 1974, Office of Naval Research, Arlington, April 1, 1975
Dies.: Effects of extremely low frequency electromagnetic fields on Physarum polycephalum, *Radiation Research*, Nr. 66/1976, S. 531–540
Dies.: Effects of electropollution on slime moulds, in: Biological effects of electropollution: Brain tumors and experimental models, Information Ventures, 1986, S. 47–54
B. V. V. Greenberg et al.: Response of honey bees, Apis mellifera L., to high voltage transmission lines, in: *Environmental Entomology*, Nr. 5/1981, S. 600–610

R. W. Greene: A study of biological processes near an ultra-high voltage transmission test line, American Electric Power Service Corp., North Liberty 1981
Grießhammer/Lungershausen: Beeinflussung biologischer Systeme durch elektromagnetische Wellen, München 1987 (Diplomarbeit)
W. Grundler/F. Keilmann: Experimental RF and microwave resonant nonthermal effects, in: Grandolfo et al. (Eds.): Biological effects..., 1983
Hauptberatungsstelle für Elektrizitätsanwendung e. V.: Statistische Faltblätter, Frankfurt, versch. Jahrgänge
H. J. Haury et al.: Elektrosmog, GSF-Bericht 20 (Band 1), München 1993
D. W. Hilson et al.: Effects of electric field on plants growing under high voltage transmission lines, Tennessee Valley Authority, Final Report 1983
M. W. Ho: The rainbow and the worm, Singapore/London 1993
Ders./F. A. Popp/U. Warnke (Eds.): Bioelectrodynamics and biocommunication, Singapore/London 1994
T. K. Hodges/C. A. Mitchell: Growth and yield of field crops in the proximity of an ultra-high voltage electric transmission test line, AEP/ASEA UHV Project, 1979
H. Horn: Bienen im elektrischen Feld, Hohenheim 1980 (Diplom-Arbeit)
Ders.: Einfluß elektrischer Felder auf Bienen, in: *Imkerfreund*, Nr. 1/1982, S. 15–19
Ders.: Einfluß elektrischer Felder auf Bienen, in: *Imkerfreund*, Nr. 2/1982, S. 54–59
Ders.: Winterruhe unter Hochspannungsfeldern, in: *Imkerfreund*, Nr. 10/1983, S. 425–427
W. Irnich: Einführung in die Bioelektronik, Stuttgart 1975
IRPA Guidelines: Guidelines on limits of exposure to radiofrequency electromagnetic fields in the frequency range from 100 kHz to 300 GHz, 1988
C. C. Johnson/A. W. Guy: Nonionizing electromagnetic wave effects in biological materials and systems, in: Proceedings IEEE, Nr. 60/1972, S. 692–720
J. G. Johnson et al.: Prediction of damage severity on plants due to 60 Hz high-intensity electric fields, in: R. D. Phillips et al. (Eds.): Biological effects of extremely low frequency electromagnetic fields, Conf. 781016, US Dpt. of Energy, Washington, D. C., 1979
R. Kahnt: Entwicklung der Hochspannungstechnik – 100 Jahre Drehstromübertragung, in: *Elektrizitätswirtschaft*, Nr. 11/1991
F. Kaiser: Theory of nonlinear excitations, in: H. Fröhlich (Ed.): Biological coherence and response to external stimuli, Heidelberg 1988, S. 129
G. Karweina: Der Stromstaat, Hamburg 1984
Katalyse e. V.: Elektrosmog, Heidelberg 1994
D. Kerner/I. Kerner: Der Ruf der Rose. Was Pflanzen fühlen und wie sie mit uns kommunizieren, Köln 1992
D. Kieback: Die Wirkung elektromagnetischer Felder auf den Menschen, In-

formation 2/1989, hrsg. vom Institut zur Erforschung elektrischer Unfälle der Berufsgenossenschaft der Feinmechanik und Elektrotechnik, Köln 1989

L. v. Klitzing: Wirkung elektrischer, magnetischer und elektromagnetischer Felder auf den Menschen, unter besonderer Berücksichtigung athermischer Effekte. Gutachten im Auftrag der Untersuchungsstelle für Umwelttoxikologie des Landes Schleswig-Holstein, Nr. 6/1992, Kiel

Ders.: Electromagnetic fields pulsed with 217 Hz alter EEG of man at very low energy levels, in: Satellite symposium on neuroscience and technology, 14th Ann. Int. Conf. of the IEEE in Medicine and Biology Society, Lyon 1992, S. 221

B. Köhler: Einführung in die Quantenmedizin. Handbuch der Bioresonanz- und Multiresonanz-Therapie, Schallstadt 1991 (Eigenverlag der Bioresonanz-Ärztegesellschaft)

P. W. Köhne: Radionik – Heilmethode mit Zukunft, in: *Raum & Zeit*, Nr. 64–66/1993 (Teil 1–3)

H. L. König: Unsichtbare Umwelt, München 1985 (5. Aufl.)

Ders./E. Folkerts: Elektrischer Strom als Umweltfaktor. Elektrobiologie, 50-Hz-Felder, Gesundheitsaspekte, Elektroinstallation, München 1992

L. König (Hrsg.): Das pathogenetische Energiedefizit, Heidelberg 1992

T. Koenigs/R. Schaeffer (Hrsg.): Energiekonsens? Der Streit um die zukünftige Energiepolitik, München 1993

E. Körbler: Die Neue Homöopathie, in: *Raum & Zeit*, Nr. 3/1993 (Special)

P. Kokoschinegg: Wirkungsmechanismen des Einflusses elektrischer, magnetischer und elektromagnetischer Felder auf den Menschen, in: Tagungsband des Jubiläumskongresses des Österreichischen Instituts für Baubiologie, Gmunden 1990, S. 125

W. Krahn-Zembol: Rechtsschutz für Gesundheitsgefährdungen durch elektromagnetische Strahlenfelder, in: *Zeitschrift für Umweltrecht*, Nr. 3/1993, S. 114ff.

R. Kratochwil: Elektrowärmeverwertung als ein Mittel zur Erhöhung des Stromverbrauchs, München/Berlin 1925

N. Krause: Elektrische, magnetische, elektromagnetische Felder, in: *Der Elektromeister*, Hefte 9, 17, 19 (1988)

E. Krüger/U. Schuh: Wieviel Strom brauchen wir im Haushalt?, Bremen 1986

E. Kuhnert: Sind Hochspannungsleitungen notwendig? Welche elektromagnetischen Felder entstehen? Welchen Einfluß haben mögliche Grenzwertabsenkungen?, in: Niederfrequenz, Fiba Kongreß, Köln 1993

J. M. Lee Jr./G. L. Reiner: Transmission line electric fields and the possible effects on livestock and honeybees, Transactions of the ASAE, 1983, S. 279–286

N. Leitgeb: Strahlen, Wellen, Felder, München 1991

A. M. Leone/R. E. Silman/B. T. Hill/R. D. H. Whelan/S. A. Shellards:

Growth inhibitory effects of melatonin and its metabolites against ovarian tumor cell lines in vitro, in: D. Gupta/A. Attanasio/R. J. Reiter (Eds.): The pineal gland and cancer, London 1988
W. Leonhardt/R. Klopfleisch/G. Jochum: Kommunales Energie-Handbuch, Karlsruhe 1989
A. J. Lewy: Biochemistry and regulation of mammalian melatonin production, in: R. Relkin (Ed.): The pineal gland, Amsterdam 1983, S. 77–128
W. Ludwig: Magnetfeld-Therapie – wissenschaftlich anerkannt, in: *Erfahrungsheilkunde*, Nr. 9/1992, S. 570–575
K. Lüdemann: Mobilfunk – Ein technischer Überblick auch für Laien, in: *Wechselwirkung*, Nr. 64/1993, S. 8–12
T.-H. Ma/K.-C. Chu: Effect of the extremely low frequency electromagnetic field (EMF) on developing embryos of the fruit fly (Drosophila melanogaster L.), in: *Mutation Research*, Nr. 303/1993, S. 35–39
W. Machleidt/L. Gutjahr/A. Mügge: Grundgefühle, Phänomenologie, Psychosomatik, EEG-Spektralanalyse, Berlin 1989
W. Mack/S. Preston-Martin/J. M. Peter: Astrocytoma risk related to job exposure to electric and magnetic fields, in: *Bioelectromagnetics* 10, Nr. 1/1991, S. 57–66
W. Maes: Streß durch Strom und Strahlung, in: Schriftenreihe ›Gesundes Wohnen‹ (Institut für Baubiologie und Ökologie), Neubeuern 1992
G. J. M. Maestroni/A. Conti/W. Pierpaoli: Role of the pineal gland in immunity: Circadian synthesis and release of melatonin modulates the antibody response and antagonizer immunosuppressive effect of corticosterone, in: *J. Neuroimmunol.*, Nr. 13/1986, S. 19–30
B. M. Malunat: Arbeit – unser täglich Brot. Anmerkungen zum Sozialstaat, in: *Scheidewege*, Jg. 23 (1993/94), S. 109–128
A. A. Marino: Health risks from electric power facilities, in: Syllabus, International utility symposium on health effects of electric and magnetic fields, Ontario Hydro, Toronto 1986
Ders.: Modern bioelectricity, New York 1988
M. T. Marron et al.: Effects of sinosoidal 60 Hz electric and magnetic fields on ATP and oxygen levels in the slime mould, Physarum polycephalum, in: *Bioelectromagnetics*, Nr. 7/1986, S. 307–314
P. C. Mayer-Tasch: Aus dem Wörterbuch der Politischen Ökologie, München 1985
Ders. (Hrsg., in Verbindung mit A. Adam/H.-M. Schönherr): Natur denken. Eine Genealogie der ökologischen Idee, Frankfurt 1991 (2 Bde.)
G. W. McKee/T. J. Reed: Exposure of living plants to intense 60 Hz electric fields, US Department of Energy, Contractors Review, 1983
W. Mehlhardt: Akupunkturpunkte – Theorie und Praxis, in: *Elektrophysikalische Grundkenntnisse der Akupunkturpunkte*, Nr. 2/1975, S. 27
N. I. Meyer/R. H. Petersen/V. Sörensen: Aufruhr der Mitte. Modell einer künftigen Gesellschaftsordnung, Hamburg 1979

J. Michaelis: Statistisch-methodische Bewertung der Arbeit von D. A. Savitz: »Case-control study of childhood cancer and residential exposure to electric and magnetic fields«, in: *ÖZE*, Nr. 421/1989, S. 300–306
M. W. Miller et al.: 60 Hz Electric field parameters associated with the perturbation of a eukariotic system, in: R. D. Phillips et al. (Eds.): Biological effects of extremely low frequency electromagnetic fields, CONF-781016, US Department of Energy, 1979
L. Mumford: Mythos der Maschine, Frankfurt 1977
I. Nair: Power-Frequency electric and magnetic fields: Scientific knowledge, risk assessment, and risk management in the U. S., in: Niedersächsisches Umweltministerium (Hrsg.), Internationales Elektrosmog-Hearing (Tagungsband 9–93), Hannover 1993, S. F_1–F_{16}
I. Nair et al.: Biological effects of power frequency electric and magnetic fields. Background paper for the Office of Technology Assessment, Congress of the United States, Washington 1989
T. Narita/H. Kudo: Effect of melatonin on B-16 melanoma growth in athymic mice, in: *Cancer Res.*, Nr. 45/1985, S. 4175–4177
G. Nicolis/I. Prigogine: Self-organization in nonequilibrium systems, New York/Chichester 1977
G. Niehage: Der Einfluß der allelektrischen Versorgung auf die Gestaltung und Auslegung der Verteilernetze, in: *Elektrizitätswirtschaft* 68 (1969), Heft 22
G. Ohlenschläger/L. Berger: Aldehyde – Aktivierte Sauerstoffstufen – Radikale – Oxidativer Streß. Pathobiochemische Probleme komplexer lebender Systeme, in: *Praxis-Telegramm*, Nr. 4/1991
L. D. Parsch et al.: Effects of power lines in crop production costs, Arkansas Agricultural Experiment Station, *Bulletin* 896, 1987
F. S. Perry/M. Reichmanis/A. Marino/R. O. Becker: Environmental power-frequency magnetic fields and suicide, in: *Health Physics*, Nr. 41/1981, S. 267–277
H. P. von Peschke: Elektroindustrie und Staatsverhalten am Beispiel Siemens 1847–1914, Frankfurt/Bern 1981
R. Philo/A. S. Berkowitz: Inhibition of dunning tumor growth by melatonin, in: *J. Urol.*, Nr. 139/1988, S. 1099–1102
C. Polk/E. Postow (Eds.): Handbook of biological effects of electromagnetic fields, Boca Raton 1986
F. A. Popp: Neue Horizonte in der Medizin, Heidelberg 1987
Ders.: Langreichweitige elektromagnetische Wechselwirkungen im biologischen System (Vortrag 10/1991), Schallstadt 1991 (Eigenverlag der Bioresonanz-Ärztegesellschaft)
Ders.: Die Botschaft der Nahrung, Frankfurt 1993
Ders./J. Deny: Biophotonen-Information und Chaos-Theorie, in: Ganzheitsmedizin, hrsg. von A. Stacher, Wien 1991, S. 53–66
Ders./Q. Gu/M. W. Ho: Nonsubstantial biocommunication in terms of

Dicke's theory, in: M. W. Ho/F. A. Popp/U. Warnke (Eds.): Bioelectrodynamics and biocommunication, Singapore/London 1994
Ders./Q. Gu/K. H. Li (Eds.): Recent advances in biophoton research and its applications, Singapore/London 1992
Ders./U. Warnke/H. L. König/W. Peschka (Eds.): Electromagnetic Bio-Information, München 1989 (2. Aufl.)
A. S. Presman: Electromagnetic fields and life, New York 1970
I. Prigogine/G. Nicolis/A. Babloyanth: Thermodynamics of evolution, in: *Physics Today*, Nr. 11/1972, S. 23–28
V. v. Prittwitz (Hrsg.): Umweltpolitik als Modernisierungsprozeß. Politikwissenschaftliche Umweltforschung und -lehre in der Bundesrepublik Deutschland, Opladen 1993
J. H. Reichholf: Das Rätsel der Menschwerdung, Stuttgart 1990 (3. Aufl.)
R. J. Reiter: The pineal and its hormones in the control of reproduction in mammals, in: *Endocrine Rev.*, Nr. 1/1980, S. 109–131
Ders.: Pineal gland, cellular proliferation and neoplastic growth: An historical account, in: D. Gupta/A. Attanasio/R. J. Reiter (Eds.): The pineal gland and cancer, London 1988, S. 41–64
Ders.: Pineal responses to stress: implications for reproductive physiology, in biorhythms and stress in physiopathology of reproduction, New York 1988, S. 215–226
L. Rensling/G. Cornelius: Grundlagen der Zellbiologie, Stuttgart 1988
H. Rindfleisch: Technik im Rundfunk, Norderstedt 1985
L. E. Rogers et al.: Environmental studies of a 1100 kV prototype transmission line, An Interim Report, Battelle Pacific Northwest Laboratories, December 1980
Dies.: Environmental studies of a 1100 kV prototype transmission line, An Annual Report for the 1981 Study Period, Battelle Pacific Northwest Laboratories, 1982
Dies.: Environmental studies of a 1100 kV prototype transmission line, An Annual Report for the 1983 Study period, Battelle Pacific Northwest Laboratories, 1984
G. M. Rosenthal Jr.: Germination and early growth of sunflowers in weak ELF electromagnetic fields, IIT Research Institute, Chicago 1975
A. Roßnagel: Rechtliche Regelungen im Zusammenhang mit der EMVU bei der Nutzung von Telekommunikationsdiensten, Anlagenband zum Protokoll der 41. Sitzung des Ausschusses für Post und Telekommunikation, Öffentliche Anhörung am 24. Mai 1993, S. 144–151
F. Rosso/W. Caldwell: Biomagnetic phenomena: some implications for the behavioral and neurophysiological sciences, in: *Genetic Psychology Monographs*, Nr. 84/1971, S. 177–243
W. R. Roy/J. V. King: A study of the growth of winter wheat near an ultrahigh voltage transmission line, in: AEP/ASEA UHV Research Project, Report No. 83–3, October 1983

R. Ruzic et al.: Various effects of pulsed and static magnetic fields on the development of Castanea sativa Mill. in tissue culture, in: *Electro- and Magnetobiology*, Nr. 2/1993, S. 165–177
K. Sattelberg: Vom Elektron zur Elektronik. Eine Geschichte der Elektrizität, Aarau 1982
D. A. Savitz/H. Wachtel/F. Barns et al.: Case control study of childhood cancer and exposure to 60-Hz-magnetic fields, in: *American Journal of Epidemiology*, Nr. 1/1988, S. 21–38
H. Schaefer: Bewertung epidemiologischer Studien (Vortrag). 10. Intern. Kolloquium der Sektion Elektrizität der IVSS in Wien vom 21. bis 23.11.1990
M. Schäfer: Die Wirtschaft bin ich. Hugo Stinnes, in: ders., Die Mächtigen der Wirtschaft. Porträts bedeutender Unternehmerpersönlichkeiten aus 5 Jahrhunderten, Würzburg 1972
D. H. J. Schamhart/R. van Wijk: Photon emission and the degree of differentiation, in: B. Jezowska-Trebiatowska/B. Kochel/J. Slawinski/W. Strek (Eds.): Photon emission from biological systems, Singapore/London 1987, S. 137–152
H. Scharrer: Die Strombedarfsgestaltung der städtischen Kleinabnehmer unter besonderer Berücksichtigung der Elektrowärme, 1933
G. Schaub: Der Einfluß von magnetischen Feldern auf das Verhalten von Bienensozietäten, Universität Hannover 1981
H. W. Schiffer: Kostenfunktionen der Energieträger als Grundlage für Wirtschaftlichkeitsvergleiche auf dem Haushaltswärmemarkt (Hrsg.: Energiewirtschaftliches Institut Köln), München 1978
P. Schmidt: Symphonie der Lebenskräfte. Dem Geheimnis des Lebens und der Steuerung des menschlichen Körpers durch die »Höhere Radiästhesie« auf der Spur, Lennestadt 1989
W. Schöpfer: Hypothesen zur Walderkrankung im Spiegel der Inventurergebnisse, in: *Der Forst- und Holzwirt*, 1987, S. 578–581
G. Schoffa: Elektronenspinresonanz in der Biologie, Karlsruhe 1964
K. H. Schürch: Persönliche Mitteilung (1994)
Ders./G. Ebner: Überlebenskünstler im kristallinen Salz, Geschäftsbericht 1990, Vereinigte Schweizerische Rheinsalinen AG
R. Sheldrake: Das schöpferische Universum. Die Theorie des morphogenetischen Feldes, München 1984
Ders./T. McKenna/R. Abraham: Denken am Rande des Undenkbaren. Über Ordnung und Chaos, Physik und Metaphysik, Ego und Weltseele, Bern 1993
G. Siegel: Der Verkauf elektrischer Arbeit, Berlin 1917
J. Silny: Risiken elektromagnetischer Felder für den Menschen, in: *Versicherungsmedizin*, Nr. 5/1991, S. 142–148
R. Sinz: Zeitstrukturen und organismische Regulation, Berlin 1978
C. W. Smith: Elektromagnetfeld- und Bioresonanz-Effekte in lebenden Sy-

stemen (Vortrag 10/1990), Schallstadt 1990 (Eigenverlag der Bioresonanz-Ärztegesellschaft)
Ders./S. Best: Electromagnetic man. Health and hazard in the electrical environment, London 1989
B. Snell (Hrsg.): Heraklit. Fragmente (griechisch/deutsch), München 1979
Strahlenschutzkommission (SSK): Nichtionisierende Strahlung; Klausurtagung der Strahlenschutzkommission 7.–9. Dezember 1988 (Band 16), Stuttgart 1990
Dies.: Schutz vor elektromagnetischer Strahlung beim Mobilfunk (Band 22), Stuttgart 1992
G. Tischer: Strahlenbelastung bei Mobilfunk und Richtfunk – eine fachliche Analyse, in: Brennpunkt »Elektro-Smog«, Fiba Kongreß, Köln 1992
B. Toben: Raum-Zeit und erweitertes Bewußtsein, Frankfurt 1990
K. Traube/O. Ullrich: Billiger Atomstrom? Wie die Interessen der Elektrizitätswirtschaft die Energiepolitik bestimmen, Reinbek 1982
M. P. Travkin: The influence of an anomalous geomagnetic field on the yield of agricultural crops, in: National Research Council of Canada Technical Translation 1545, 1972
H. Tributsch: Wenn die Schlangen erwachen, Berlin 1981
A. Varga: Elektrobioklimatologie, Heidelberg 1981
Ders.: Krebs und elektromagnetische Umweltfaktoren, in: Krebsgeschehen, Nr. 2/1984, S. 39–45
Ders.: Physikalische Umwelt und Gesundheit der Menschen. Eine kritische Betrachtung, Heidelberg 1989 a (Eigenverlag)
Ders.: Embryonenentwicklung in Hühnereiern unter Einwirkung von nichtionisierender Strahlung, in: *Wohnung und Gesundheit*, Nr. 52/1989 b, S. 41–44
Ders.: Molekularbiologische Betrachtungen der Wirkung von elektromagnetischen Feldern und Strahlen (1994, in Vorbereitung)
W. Volkrodt: Wie elektromagnetische Strahlen Mensch und Umwelt beeinflussen, in: *Der Naturarzt*, Nr. 5/1990, S. 162–176
U. Warnke: Insekten und Vögel erzeugen elektrische Felder, in: *Umschau*, Nr. 15/1975, S. 479 ff.
Ders.: Die Wirkung von Hochspannungswechselfeldern auf das Verhalten von Bienensozietäten, in: Zeitschrift für Angewandte Entomologie, Nr. 1/1976, S. 88 ff.
Ders.: Information transmission by means of electric biofields, in: F. A. Popp et al. (Eds.): Electromagnetic bio-information, München 1989 (2. Aufl.), S. 74–101
Ders.: Survey of some working mechanisms of pulsation electromagnetic fields (PEMF), in: *Bioelectrochemistry and Bioenergetics*, Nr. 27/1992, S. 317–320
Ders.: Risiko-Wohlstandsleiden. Der archaische Zivilisationsmensch, Saarbrücken 1993 (2. Aufl.)

Ders./R. Paul: Bienen unter Hochspannung, in: *Umschau*, Nr. 13/1975, S. 416ff.

K. Weber: Erfahrungen mit Elektrospeicheröfen in Schulen, in: Verlags- und Wirtschaftsgesellschaft der Elektrizitätswerke m. b. H. (Hrsg.), Elektrische Raumheizung. Erfahrungen aus der Praxis; Empfehlungen für die Weiterentwicklung (RWE-Vortragsveranstaltung), Frankfurt 1966

R. Weinberg: Molekulare Grundlagen von Krebs, in: *Spektrum der Wissenschaft*, Nr. 1–2/1984

G. Wellenstein: Der Einfluß von Hochspannungsleitungen auf die Bienenvölker (Apis mellifica L.), in: *Zeitschrift für angewandte Entomologie*, Nr. 74/1973, S. 86–94

N. Wertheimer/E. Leeper: Electrical wiring configuration and childhood cancer, in: *American Journal of Epidemiology*, Nr. 3/1979, S. 273–284

Dies.: Electrical wiring configuration and childhood leukemia in Rhode Island, in: *American Journal of Epidemiology*, Nr. 112/1981, S. 461–462

Dies.: Adult cancer related to electrical wires near the home, in: *Intern. Journal of Epidemiology*, Nr. 11/1982, S. 345–355

J. A. Wheeler: Gravitation, San Francisco 1973

B. Wilson et al.: Extremely low frequency electromagnetic fields: The question of cancer, Columbus 1990

H. Wolf: Harmonische Schwingungen, Stuttgart 1990

World Health Organisation (WHO): Environmental Health Criteria 16; Radiofrequency and microwaves, Geneva 1981

Dies.: Environmental Health Criteria 35; Extremely low frequency (ELF) fields, Geneva 1984a

Dies.: Environmental Health Criteria 69; Magnetic fields, Geneva 1984b

Dies.: Nonionizing radiation protection (Band 25), Copenhagen 1989

Dies.: Environmental Health Criteria 137; Geneva 1993

W. Zängl: Deutschlands Strom. Die Politik der Elektrifizierung von 1866 bis heute, Frankfurt 1989

Ders.: Der Energiekonsens als Politik, in: T. Koenigs/R. Schaeffer (Hrsg.), Energiekonsens? Der Streit um die zukünftige Energiepolitik, München 1993, S. 216–230

Ders./S. Hamberger: Himmel und Hölle – Wir setzen auf die Sonne. Greenpeace-Energieausstellung, München 1990

L. Zeisel: Ein Meßverfahren zur Bestimmung der Körperbelastung durch das elektrische Wechselfeld bei tiefen Frequenzen, in: *Wohnung + Gesundheit*, Nr. 69, Neubeuern 1993/94, S. 20ff.

Autoren

Bednar, Helmut
geb. 1940, Studium an der Universität für Bodenkultur, Wien. Promotion zum Dr. nat. techn. Lehrbeauftragter an der Universität für Bodenkultur und an der Technischen Universität Wien. Vorsitzender der Interuniversitären Studienkommission für das Aufbaustudium »Technischer Umweltschutz«.

Braun-von Gladiß, Karl-Heinz
geb. 1948, Dr. med. Seit 1981 Landarztpraxis in Amelinghausen. Nach schulmedizinischen Anfängen heute ganzheitsmedizinische Orientierung. Entwicklung biokybernetisch inspirierter Therapien. Besonderes therapeutisches Interesse an Patienten, die von der offiziellen Medizin als therapieresistent aufgegeben wurden – mit solchen kybernetisch und biophysikalisch orientierten Heilungsmethoden, die er nach eigenem Bekenntnis vor 10 Jahren selbst noch als unwissenschaftliche Scharlatanerie abgetan hatte, die er heute aber für erfolgversprechender hält als viele sogenannte »wissenschaftlich anerkannte« Therapieverfahren.

Brüggemeyer, Hauke
geb. 1957, 1978–1987 Studium der Physik und Biophysik an der Universität Hannover; 1987–1992 Dezernatsleiter im Niedersächsischen Landesamt für Immissionsschutz (Röntgen – Nichtionisierende Strahlung). Seit 1992 Dezernatsleiter im Niedersächsischen Landesamt für Ökologie (Nichtionisierende Strahlung).

David, Eduard
geb. 1935 in Prag, Prof. Dr. med. Studium der Medizin an der Universität Erlangen. Seit 1965 Wissenschaftlicher Assistent am Physiologischen Institut der Universität Erlangen. Habilitation im Fach Physiologie. Nach Forschungsaufenthalten in den USA, der UdSSR, Japan und Österreich 1978 Berufung an die Universität Erlangen und 1984 an die private Universität Witten-Herdecke auf den Lehrstuhl für Physiologie. Zusammenarbeit mit der Fa. Siemens in den Gebieten Elektromedizin, Kernspintomographie und Elektrostimulation. Integration des (von Prof. Hauf begründeten) Freiburger Forschungslabors für Elektropathologie in das Physiologische Institut der

Universität Herdecke. Mitglied zahlreicher Fachgremien, u. a. der Strahlenschutzkommission. Hauptforschungsgebiet: Neurophysiologie und Wirkung elektromagnetischer Felder auf biologische Systeme.

Folkerts, Enno
geb. 1937 in Hamburg, Meisterprüfung im Elektroinstallateurhandwerk, Fernstudium der (Starkstrom-)Elektrotechnik. Diverse Positionen in der Energieversorgungswirtschaft. Seit 1971 in der Meisterausbildung an der Bundesfachanstalt für Elektrotechnik, Oldenburg, tätig. Zahlreiche Artikel und Bücher, u. a. Elektrischer Strom als Umweltfaktor (m. Herbert König), München 1992; Hausgeräte-, Beleuchtungs- und Klimatechnik, Würzburg 1977; Elektrotechnische Grundlagen für den Praktiker, München 1977; Ausbildung im Elektroinstallateurhandwerk, Frankfurt/M. 1989.

Gottwald, Franz-Theo
geb. 1955 in Wiesbaden. Studium der Katholischen Theologie (Dipl.-Theol.) und der Philosophie (Dr. phil), indologische und sozialwissenschaftliche Studien. Nach einer Lehrtätigkeit als Lehrbeauftragter für Philosophie und als Dozent in der Erwachsenenbildung seit 1984 Partner einer Unternehmensberatung, seit 1988 Vorstand der Schweisfurth-Stiftung und der Karl-Ludwig-Schweisfurth-Stiftung. Gründungspartner der Management-Trainingsfirma Dr. Howald & Partner, Haltern (1991), sowie Mitbegründer und Geschäftsführer der gemeinnützigen Dialogpartner-Agrarkultur GmbH, München (1993). Mitglied des Kuratoriums der Universität Witten-Herdecke und der Stiftung Bildungsforschung (Hannover) sowie weiterer geisteswissenschaftlicher Vereinigungen.

Hengstenberg, Werner
geb. 1927, Bastler »von Beruf«, Erfinder von Strahlenmeß- und Strahlenabschirmgeräten, Baubiologe, Gründer und Gesellschafter der Endotronic GmbH, Argenbühl-Siggen, die sich seit ihrer Gründung im Jahre 1978 mit Klimamessungen und der Erforschung der Auswirkungen technisch erzeugter elektromagnetischer Felder auf Biosysteme befaßt.

Käs, Günter
geb. 1932; Studium der Nachrichtentechnik an der TH München (1952–1957). Danach Entwicklungsingenieur für Radartechnik bei der Telefunken AG, Ulm. Ab 1963 Dozent für Radartechnik an der Technischen Akademie der Luftwaffe. Seit 1979 Professor für Elektronik und Radartechnik an der Universität der Bundeswehr, München. Bücher: u.a. Radar und andere Funkortungsverfahren (1973), Schichtelektronik (1978), Radartechnik (1981), Mikrowellentechnik (1991). Überdies zahlreiche Artikel zur biologischen Wirkung elektromagnetischer Wellen.

König, Herbert L.
geb. 1925, seit 1974 Professor für Technische Elektrophysik an der Technischen Universität München. Zweijähriger Aufenthalt als Gastprofessor an der University of Rhode Island, USA. Forschungsbereiche: Elektromedizinische Probleme, vor allem im Hinblick auf die Bedeutung elektromagnetischer Strahlungen, Felder und Energien natürlichen oder technischen Ursprungs als Umweltfaktoren und – auf interdisziplinärer Basis – der Komplex der biologischen Bedeutung dieser Energieformen. Publikationen (u. a.): Unsichtbare Umwelt (München ^{5}1985), (mit E. Folkerts) Elektrischer Strom als Umweltfaktor (München 1992).

Malunat, Bernd Michael
geb. 1943, Studium der Politischen Wissenschaft, Wirtschafts- und Sozialgeschichte sowie Völkerrecht, Dipl. sc. pol., Dr. rer. pol.; mehrjährige Tätigkeit als Lehrbeauftragter und Akademischer Rat an der Universität München; freier Mitarbeiter an der Forschungsstelle für Politische Ökologie und der Münchner Projektgruppe für Sozialforschung; verschiedene Veröffentlichungen, insb. im Bereich internationaler, ökologischer und sozialer Politik.

Mayer-Tasch, Peter Cornelius
geb. 1938 in Stuttgart, sollte eigentlich Papierfabrikant werden und wurde statt dessen ein Vordenker und Vorkämpfer der Ökologiebewegung. Rechts- und politikwissenschaftliche sowie (kunst-)historische und philosophische Studien an neun europäischen Universitäten. 1965 Promotion, 1971 Habilitation an der Universität Mainz. Seit 1971 Professor für Politikwissenschaft und Rechtstheorie an der Universität München und an der Münchner Hochschule für Politik. Mitglied des Kuratoriums des Öko-Instituts, Freiburg i. Br., der Deutschen Umweltstiftung und der E. F. Schumacher-Gesellschaft, München. Weitgespannte Vortrags- und Beratungstätigkeit im geistigen Umkreis der »Bürgerinitiativbewegung«, der er mit seinem gleichnamigen Buch (1. Aufl. 1976, 5. rev. Aufl. 1985, Rowohlt) den Namen gab. Zahlreiche Bücher aus dem Bereich der Politischen Philosophie und der Politischen Ökologie, zuletzt: Die Luft hat keine Grenzen (Frankfurt 1986; Fischer); Die verseuchte Landkarte. Das grenzen-lose Versagen der internationalen Umweltpolitik (München 1987, C. H. Beck); Ein Netz für Ikarus. Über den Zusammenhang von Ökologie, Politik und Ästhetik (München 1990^{2}, Goldmann); Natur denken. Eine Genealogie der ökologischen Idee (Frankfurt 1992, Fischer); Politische Theorie des Verfassungsstaates (München 1992, dtv); Altlast Recht (Frankfurt 1992, Fischer) sowie Schon wieder mischen sie Beton. Lebensräume zwischen Architektur und Politik (Zürich 1994, Edition Interfrom).

Popp, Fritz-Albert
geb. 1938 in Frankfurt; 1963 Diplom in Experimentalphysik an der Universität Würzburg; 1967 Promotion in Theoretischer Physik an der Universität Mainz; 1972 Habilitation in Theoretischer Radiologie an der Universität Marburg. Dort 1973–1980 Dozent für Radiologie. 1981–1983 Forschungstätigkeit in der Pharmaindustrie. Anschließend Leiter einer Forschungsgruppe an der Universität Kaiserslautern. Honorar- und Visiting-Professuren an verschiedenen Universitäten. Seit 1986 Direktor des Internationalen Instituts für Biophysik im Technologiezentrum Kaiserslautern.

Reißenweber, Jörg
geb. 1961 in Nürnberg; Dr. med. 1981–1988 Studium der Medizin an der Universität Erlangen/Nürnberg. Seit 1988 Wissenschaftlicher Mitarbeiter am Institut für Normale und Pathologische Physiologie (Forschungsabteilung für Elektropathologie) der Universität Witten–Herdecke. Bisherige Hauptforschungsgebiete (u. a.): Biologische Wirkungen niederfrequenter elektrischer und magnetischer Felder sowie hochfrequenter elektromagnetischer Felder; Störung implantierter Herzschrittmacher in äußeren elektrischen 50-Hz-Feldern; Melatonin-Forschung etc.

Scheingraber, Claus
geb. 1947 in München, 1972–1977 Studium der Biologie, der Mineralogie und der Zahnmedizin. 1977 Promotion zum Dr. med. dent. Seit 1981 eigene Praxis mit Ausrichtung auf biologische Zahnheilkunde. Seit 1985 Betätigung im Bereich der Bau- und Elektrobiologie mit Vortragstätigkeit. 1990 Mitbegründer, seit 1991 Vorsitzender des Arbeitskreises Elektro-Biologie e. V. Diverse Publikationen zur Bau- und Elektrobiologie in den Zeitschriften »Wohnung & Haus« und »Wohnung & Gesundheit«.

Varga, Andràs
geb. 1927, Dipl. Ing., Dr. Dr.; Studium der Elektrotechnik in Zagreb und München (1954–1965), Promotion zum Dr. rer. nat. an der Fakultät für Geo- und Biowissenschaften an der Technischen Hochschule Karlsruhe 1973 sowie zum Dr. med., Budapest 1992. Tätigkeit in der Wirtschaft (Siemens AG) sowie in der Forschung (u.a. Max Planck-Institut für Biochemie). 1965–1992 Leiter der Forschungsstelle für Elektro-Bio-Klimatologie an der Universität Heidelberg. Zahlreiche Bücher und Artikel in wissenschaftlichen Zeitschriften.

Warnke, Ulrich
geb. 1945, Studium der Biologie, Physik, Geographie und Pädagogik an den Universitäten Kiel und Saarbrücken; 1971 Staatsexamen, 1973 Promotion zum Dr. rer.nat. Seit 1969 Erforschung der Wirkung elektromagnetischer Schwingungen und elektromagnetischer Felder einschließlich des Lichts; seit

1978 Lehrauftrag an der Universität des Saarlandes. Dozententätigkeit in Biomedizin-Technik, Umweltmedizin und klinischer Ökologie, physiologischer Psychologie und Psychosomatik. Seit 1989 Leiter der Abteilung Biomedizin-Technik; Konstruktion diverser Diagnose- und Therapiegeräte. Erster Vorsitzender des Institutes Physiologieforum, Meß- und Diagnosetechnik e. V. sowie Vorstandsmitglied der Gesellschaft für Technische Biologie und Bionik e. V. an der Universität des Saarlandes. Zahlreiche Publikationen.

Wölke, Manfred
geb. 1952, Studium der Rechtswissenschaft, Ausübung einer Rechtsanwaltspraxis im oberbayerischen Weilheim. Vertretung zahlreicher Bürgergruppen in ihrem Abwehrkampf gegen die Einrichtung »strahlender« Sendeeinrichtungen der TELECOM.

Züngl, Wolfgang
geb. 1948, Studium Maschinenbau, Soziologie und Politische Wissenschaft; 1989 Promotion zum Dr. rer. pol. Gründungsmitglied der Gesellschaft für ökologische Forschung e. V., München. Mitautor der Ausstellungen »Grün kaputt«, »Alptraum Auto«, »Sein oder Nichtsein«, »Himmel und Hölle«. Zahlreiche Veröffentlichungen, darunter: Deutschlands Strom (Frankfurt am Main/New York 1989), Elektro-Autos: Nein danke! (München 1992), ICE: Die Geisterbahn (München 1993).

Stiftung Entwicklung und Frieden

Globale Trends 1996

Daten zur Weltentwicklung

Herausgegeben von Ingomar Hauchler

Band 12941

Die ›GlobalenTrends‹ sind eine konzeptionell neue Antwort auf die wachsende Komplexität und Interdependenz der Weltprobleme. Gestützt auf die Fülle international verfügbarer wissenschaftlicher Daten und Erkenntnisse werden Entwicklungen von vitaler Bedeutung für die Menschen in allen Teilen der Welt dokumentiert und analysiert. Ursachen, Folgen und Wechselwirkungen werden deutlich, sie führen zu Projektionen in die Zukunft und zu Schlußfolgerungen für die Praxis der internationalen Politik, aber auch für das Verhalten der Menschen in allen Gesellschaften. Das Buch leistet einen Beitrag zu dem wachsenden Bemühen, das Bewußtsein für die *eine* Welt zu schärfen und Politik in globaler Verantwortung auf allen Feldern durchzusetzen. Das Institut für Entwicklung und Frieden (INEF) der Universität Duisburg hat in enger Kooperation mit der Stiftung Entwicklung und Frieden wissenschaftliche Grundlagen für dieses Buch erarbeitet.

Fischer Taschenbuch Verlag

fi 5011 / 2